Jetzt erst recht!
Älterwerden für Anfängerinnen 2.0

Silvia Aeschbach

Jetzt erst recht!

Älterwerden für Anfängerinnen 2.0

Fotografien von Walter M. Huber

WÖRTERSEH

Wörterseh wird vom Bundesamt für Kultur für die Jahre 2021 bis 2024 unterstützt.

Lektorat: Andrea Leuthold
Korrektorat: Lydia Zeller
Fotos: Walter M. Huber
Umschlaggestaltung: Thomas Jarzina
Layout, Satz und Herstellung: Beate Simson
Druck und Bindung: Beltz Grafische Betriebe

Print ISBN 978-3-03763-136-2
E-Book ISBN 978-3-03763-825-5

www.woerterseh.ch

MIX
Papier aus verantwortungsvollen Quellen
FSC® C089473

»Alter ist irrelevant,
es sei denn, du bist eine Flasche Wein.«

JOAN COLLINS

Inhalt

Vorwort

Älter zu werden, hat viele Vorteile. Man wird in der Regel selbstbewusster, selbstbestimmter und selbständiger. Schöner wird man jedoch meistens nicht. Jedenfalls nicht auf jene Weise, die unsere Gesellschaft für eine sehr lange Zeit als Attraktivität verstand und teilweise immer noch versteht. Gemeint ist damit – jedenfalls in Bezug auf die Frauen – eine faltenlose Gesichtshaut, eine straffe und möglichst schlanke Figur und lange und dichte Haare, natürlich ohne einen Hauch von Grau. Doch seiner jugendlichen Schönheit hinterherzuhecheln, sei es mithilfe chirurgischer Eingriffe, überteuerter »Wundercremen« oder eines strikten Diät- oder Workout-Plans, ist nicht nur anstrengend, sondern auch hoffnungslos. Denn früher oder später – und spätestens dann, wenn aus den ersten körperlichen Zipperlein handfeste gesundheitliche Beschwerden geworden sind – ist es Zeit, sich einzugestehen, dass der süße Vogel Jugend uns längst verlassen hat und in Richtung Süden aufgebrochen ist. Dies, während uns im kühlen Herbst des Lebens im besten Fall die Erinnerungen an längst vergangene Frühlings- und Sommertage wärmen.

Schöne Erinnerungen sind eine tolle Sache. Aber wir können sie ja auch noch pflegen, wenn wir die achtzig oder die neunzig erreicht haben. Ist es nicht bereichernder, neue Erinnerungen zu schaffen, als alten nachzuhängen? Dies würde jedoch bedingen, dass wir die Gegenwart ganz bewusst leben. Etwas, das ich in jüngeren Jahren nie gemacht habe. Was mich damals interessierte, war die Zukunft. Was würde als Nächstes passieren? Meine Wunschliste, was ich erleben und erfahren wollte, war lang. Und ständig wurde sie mit neuen Ideen und Vorstellungen ergänzt. Rückblickend haben sich einige dieser Träume erfüllt, während andere verblassten. Und bei gewissen bin ich sogar froh, dass sie nie über den Zustand des Kopfkinos hinausgekommen sind.

Hochfliegende Träume und ein anstrengender Alltag sind kein gutes Gespann. Je mehr ich in meinem Leben beruflich und persönlich beansprucht wurde, desto mehr forderte die Realität ihren Tribut. Dann galt es, das Leben zu meistern, Enttäuschungen auszuhalten und Schicksalsschläge zu verkraften. Aufzustehen, wenn man lieber liegen geblieben wäre, weiterzumachen, wenn man lieber davongelaufen wäre, und durchzuhalten, weil die innere Stimme einem sagte: »Irgendwann wird alles wieder gut.« Glücklicherweise habe ich diesen Glauben auch in den dunkelsten Stunden nie ganz verloren. Auch nicht in den tiefschwarzen Momenten, in denen ich dachte: »Es geht nicht mehr.« Aber irgendwie ging es trotzdem weiter, und ich habe versucht, aus Erfahrungen zu lernen und sie in mein Leben zu integrieren. Das Träumen habe ich glücklicherweise bis heute nicht ganz verlernt. Ich mache zwar keine Listen mehr wie früher und habe nicht mehr den Anspruch, dass sich meine Wünsche erfüllen müssten. Aber ich hege und pflege meine Traumwelt in ruhigen Momenten durchaus, und zwar ausgiebig.

Mit Mitte dreißig spürte ich, wie sich mein Leben zu stabilisieren begann. Die seelischen Hochs waren nicht mehr so hoch, die Tiefs glücklicherweise auch nicht mehr so tief. Ich hatte mir als Journalistin beruflich einen Namen gemacht und lebte in einer stabilen und glücklichen Beziehung. Und ich hatte es geschafft, mir ein gewisses Selbstvertrauen aufzubauen. Später musste ich zwar erfahren, dass beruflicher Erfolg und eine gewisse Popularität, wie ich sie mir durch meine Arbeit als TV-Moderatorin geschaffen hatte, auch viel Neid und Missgunst wecken können. Doch mein Selbstbewusstsein war durch meine Erfahrungen gewachsen. Manche dieser Erlebnisse waren zwar schmerzhaft, aber dadurch, dass ich die Fehler nicht nur bei anderen suchte, sondern auch meinen Anteil an schwierigen Situationen und Beziehungen erkannte und dafür meinen Teil der Verantwortung übernahm, wurde ich stärker. Ich fand zu einem inneren Vertrauen, das mir lange Zeit gefehlt und dazu geführt hatte, dass mein Selbstwertgefühl von der Meinung, dem Urteil und der Zuneigung anderer abhängig gewesen war.

Die Jahre vergingen, die Herausforderungen nahmen zu. Ich musste Entscheidungen treffen. Wollte ich zusammen mit meinem Mann eine Familie gründen oder mich als Journalistin und Autorin weiterentwickeln? Nach langem Ringen wurde mir klar: Mein Beruf war auch meine Berufung, und so wie ich mich kannte, gab es für mich keine Zwischentöne. Ich hätte mich entweder in meine Mutterrolle gestürzt und das Schreiben vernachlässigt, oder meine Familie hätte nicht die Aufmerksamkeit bekommen, die sie verdient hätte. Heute sehe ich die damalige Situation differenzierter. Aber Teilzeitarbeit auf Redaktionen oder gar einen Job zu teilen, war in den 1990er-Jahren noch beinahe unmöglich. Karriere machte nur, wer bereit war, ihr vieles unterzuordnen.

Mit Mitte vierzig hatte ich so ziemlich alles erreicht, was ich mir erträumt hatte. Und gerade in diesem Moment begann ich zu zweifeln. Ich hatte zwar eine gute und liebevolle Beziehung und war in einen wunderbaren Freundeskreis eingebettet, aber war es vielleicht doch ein Fehler gewesen, für den geliebten Beruf auf Kinder zu verzichten? Irgendwann war es zu spät, sich darüber zu grämen, und heute profitieren meine Großneffen, meine Patenkinder und natürlich auch mein geliebter Hund von meinen mütterlichen Gefühlen.

Gerade als ich dachte, dass ich beruflich angekommen war, erlebte ich schmerzhaft, dass nichts im Leben sicher ist. Dass ich damals auf die fünfzig zuging, erleichterte die Situation nicht. Mein Arbeitsumfeld hatte sich verändert, jahrelange Erfahrung wurde immer weniger gewichtet. Gesucht wurden junge Talente, die man formen und überall einsetzen konnte. Ich erfuhr, dass es nur eine Veränderung in der Chefetage braucht, eine Person, die einem aus unerklärlichen Gründen nicht gut gesinnt ist – und das Berufsleben ändert sich um hundertachtzig Grad. Im einen Moment war ich noch ein angesehenes Mitglied der Chefredaktion einer der größten Zeitungen der Schweiz, im nächsten eine arbeitslose Journalistin, die zwar eine gute finanzielle Abfindung bekommen, jedoch den Boden unter den Füßen verloren hatte. Dass »wohlwollende« Kollegen meinten, diese Erfahrung würden die meisten Journalisten in Kaderpositionen mindestens einmal in ihrem Leben machen, tröstete mich nicht wirklich. Doch es bewahrte mich davor, dass meine Welt ein zweites Mal zusammenbrach, als mir ein paar Jahre später Ähnliches widerfuhr.

Statt in Trübsinn zu verfallen und zu hinterfragen, was ich falsch gemacht hatte – nämlich nichts –, beschloss ich, dieses Mal einen neuen Weg zu gehen. Ich wollte meine Erfahrungen und jene anderer Frauen in einem Buch übers Älterwerden zusammenfassen. Es sollte nicht nur die schwierigen und herausfordernden Seiten dieser Lebensphase beleuchten, sondern vor allem auch die positiven Seiten zeigen, die damit verbunden sind. Dass »Älterwerden für Anfängerinnen« ein solch schöner Erfolg wurde – das Buch war monatelang die Nummer eins auf der Schweizer Sachbuch-Bestsellerliste –, bewies, wie wichtig es ist, dass sich Frauen über ihre Erfahrungen austauschen, über ihre Gefühle und Ängste sprechen, sich unterstützen und gegenseitig Mut machen.

In letzter Zeit wurde ich immer wieder gefragt: »Gibt es eine Fortsetzung dieser Geschichten?« Oder: »Wie ist es den porträtierten Frauen ergangen?« Überraschenderweise bekam ich auch oft positive Feedbacks von jungen Frauen, die mich fragten, ob ich meine gemachten Erfahrungen und Einsichten nicht noch einmal teilen wolle. Es seien inzwischen doch einige Jahre vergangen, und sie seien ja auch älter geworden. Eine durchaus richtige Feststellung, schließlich altern wir ab unserer Geburt.

Anfänglich erstaunte mich dieses Interesse, denn ich hätte mich in jungen Jahren sicher nicht mit dem Älterwerden auseinandersetzen wollen. Aber diese Neugierde und Offenheit beweist auch, dass sich die harten Grenzen zwischen jung und alt aufzulösen beginnen und das Alter wirklich immer mehr nur eine Zahl ist. Die vielleicht etwas über unseren körperlichen Zustand aussagt, aber sicher nicht darüber, wie wir uns innerlich fühlen. Außerdem haben immer mehr Frauen, und auch Männer, keine Lust mehr, von der Gesellschaft aufgrund ihres Alters in eine Schublade gesteckt zu werden. Wir alle können voneinander lernen, egal, welcher Generation wir angehören.

»Jetzt erst recht! – Älterwerden für Anfängerinnen 2.0« ist ein Motivationsbuch für Frauen jeden Alters. Das aber bedeutet nicht, dass ich und die von mir porträtierten Frauen das Wissen besitzen, wie man perfekt altert. Ich mag es auch nicht, »gute« Ratschläge zu geben, denn was für mich stimmt, muss für andere keine Gültigkeit haben. Ich kann Ihnen, liebe Leserin, aber versprechen, dass Sie durch die Lebensgeschichten der wunderbaren Frauen, die Sie in diesem Buch lesen können, inspiriert sein werden, neue Wege zu gehen oder alte zu hinterfragen. Vielleicht finden Sie Parallelen zu eigenen Erfahrungen oder erkennen sich in gewissen Erlebnissen wieder. Und wenn Sie durch die Lektüre sogar die Erfüllung des einen oder anderen Traums in Angriff nehmen, wäre es das schönste Geschenk, das eine Autorin erwarten kann. Denn egal, ob wir zwanzig oder achtzig Jahre alt sind: Der Traum von heute kann die Wirklichkeit von morgen sein.

Silvia Aeschbach, im Sommer 2022

Von der Kunst, die eigene Schönheit zu erkennen

Man sieht sie in Magazinen und in der Werbung. Oft haben sie lange graue oder weiße Haare, ein paar Lachfältchen um die Augen und einen leicht gebräunten Teint, der Vitalität und Gesundheit impliziert. Es überrascht auch nicht, dass die meisten dieser groß gewachsenen Models noch nicht von der Altersschrumpfung betroffen sind, so wie die meisten normalsterblichen Frauen ab sechzig, die jährlich mindestens einen Zentimeter kleiner werden. Denn wenn man wie diese Gazellen Gardemaß hat, spielen ein paar Zentimeter keine Rolle. Hauptsache, die anderen Maße stimmen noch. Die meisten reifen Models, die immer noch oder wieder in ihrem Beruf arbeiten, tragen jedenfalls die gleiche Kleidergröße wie in jüngeren Jahren.

Was während Jahrzehnten unmöglich schien, hat sich in den letzten Jahren geändert. Plötzlich sind reife Models gefragt. Und eben nicht nur wie bis anhin in der Werbung für Inkontinenzhöschen, Zug- und Carreisen oder Versicherungen, sondern für die ganze Luxusgüterbranche. Denn das kaufkräftige Publikum findet sich eben nicht in erster Linie bei den Youngstern, die meist für diese Werbekampagnen engagiert werden, sondern bei der Käuferschaft jenseits der vierzig. Immer mehr Kosmetikunternehmen konnten den Unmut ihrer reifen Kundinnen nicht mehr überhören. Diese beklagten zu Recht, dass Firmen nicht glaubwürdig seien, die ihre teuren Anti-Aging-Cremen von neunzehnjährigen Models mit einer »Babyfüdlihaut« präsentieren lassen. Da aber die Verantwortlichen noch nicht mutig genug waren, mit unbekannten, reifen Modellen zu werben, setzten sie zuerst auf berühmte Stars jenseits der fünfzig.

Den Anfang machte die Hollywood-Legende Jane Fonda, 85, die schon immer ein ausgezeichnetes Gespür dafür hatte, was die Menschen bewegt, und die sich mit ihrem politischen und gesellschaftlichen Engagement einen Namen gemacht hat, egal, ob sie in den 1970er-Jahren an vorderster Front als eine der prominentesten Aktivistinnen der Antikriegsbewegung in den USA agierte oder ob sie 1982 ihr erstes Fitnessvideo veröffentlichte und damit einen unglaublichen Aerobic-Boom auslöste. Jane Fonda wäre nicht Jane Fonda, wenn sie nicht noch einmal von sich reden gemacht hätte. Dies geschah, als sie mit über siebzig Jahren ein hoch dotiertes Engagement annahm, um für einen Beautykonzern für Haarfarben und später auch für andere Schönheitsprodukte zu werben. Es ist sicher kein Zufall, dass es sich beim Auftraggeber um L'Oréal handelte – ein französisches Unternehmen. Denn im Gegensatz zu den amerikanischen kennen europäische Firmen keine Altersguillotine, wenn es darum geht, mit reifen Frauen zu werben. So wie neben Fonda beispielsweise auch mit der wundervollen Schauspielerin Julianne Moore, 61. Diese zwei prominenten Frauen waren quasi die Türöffnerinnen dafür, dass langsam, aber stetig mehr reife weibliche – und männliche – Models gefragter wurden. Und in der Folge dieser Öffnung wurde mehr gesellschaftliche Diversität möglich.

Doch ab wann gehört man eigentlich zu den Silver Agern? Jetzt müssen Sie stark sein: Bereits ab 49 ist der Zutritt zum Klub möglich, für den Wikipedia eine Reihe anderer Bezeichnungen hat – »Best Ager, Generation Gold, Generation 50 plus, Golden Ager, Third Ager, Master Consumer, Mature Consumer, Senior Citizens«. Nicht klar ist indes, wann diese »besten Jahre« denn wieder enden. Mit der Pensionierung, mit dem Tod oder einfach dann, wenn das Geld knapp wird und man als Konsument uninteressant wird?

Ich war selber eine Zeit lang als »Classic Model« bei einer großen Agentur unter Vertrag. Und nein, nicht weil ich eine dieser grau- oder weißhaarigen Amazonen gewesen wäre, sondern weil mein Typ angeblich gefragt war. Ich war Mitte vierzig – also noch im frühen

Stadium, wenn es um den Reifegrad eines älteren Models geht –, als ich eines Tages von der Besitzerin einer bekannten Agentur angesprochen wurde. Ich schleckte gerade – gar nicht modelmäßig – an einer Vanille-Magnum-Glace, als ich von einer cool gekleideten Frau angesprochen wurde, die wissen wollte, ob ich schon einmal professionell vor einer Kamera gestanden sei. Zuerst dachte ich an einen Scherz, aber sie meinte es ernst. Wenig später besaß ich meine eigene Sedcard. Natürlich war ich stolz wie Antonia, als meine Fotos online auf der Agentur-Website neben internationalen Topmodels zu sehen waren. Ein kräftiger Schub auch für mein Selbstbewusstsein, das zu diesem Zeitpunkt gerade im »downfall« war, spürte ich doch die ersten Vorboten der Wechseljahre.

Leider wurde es dann doch nichts mit meinem Durchbruch, obwohl ich nichts dagegen gehabt hätte, einmal in meinem Leben den berühmten Satz des Supermodels Linda Evangelista wiederholen zu können: »Für weniger als zehntausend Dollar stehen wir am Morgen nicht auf.« Mit »wir« meinte sie natürlich nicht mich, sondern ihre Kolleginnen wie Claudia Schiffer, Cindy Crawford oder Naomi Campbell. Da ich nicht geldgierig erscheinen will: Mir hätte auch ein Tausender pro Tag genügt. Dass es nicht so weit gekommen ist – jedenfalls bis jetzt nicht –, hatte weniger mit meinen Qualitäten als Model zu tun, sagte jedenfalls meine Agentin, sondern damit, dass sich mein Beruf als Journalistin nicht wirklich mit jenem eines Models verbinden ließ.

Mit Anfang fünfzig bekam ich überraschenderweise die Anfrage eines großen internationalen Beautykonzerns für eine TV-Kampagne. Die Aufnahmen für den Werbespot sollten in Amsterdam stattfinden – werben würde ich zusammen mit drei anderen Models für ein neues Pflegeprodukt der Firma. Der Flug war bereits gebucht, in wenigen Stunden würde das Abenteuer beginnen. Doch im letzten Moment untersagte mir mein Arbeitgeber, den Auftrag anzunehmen. Dies mit der Begründung, dass ich danach als Journalistin möglicherweise befangen sein könnte. Ich schluckte die

Kröte, weil ich ja auf meinen Job angewiesen war, auch wenn ich nur in einem Teilzeitpensum arbeitete. Als ich später die Werbespots mit meiner »Zweitbesetzung« im Fernsehen sah, tat das schon etwas weh.

Glücklicherweise habe ich nie zu den makellos schönen Frauen gehört, die es bekanntlich besonders schwer haben, älter zu werden. Nicht nur, weil bei ihnen die Zeichen der Alterung stärker ins Auge fallen, sondern auch, weil dies, wenn sie prominent sind, von der Boulevardpresse mit besonders unvorteilhaften Fotos gnadenlos ausgeschlachtet wird. Ich habe Verständnis dafür, dass sich viele von ihnen künstlich verschönern lassen, auch wenn die Ergebnisse manchmal alles andere als optimal sind.

An dieser Stelle möchte ich noch einmal an das vielleicht schönste Model der Welt erinnern: Linda Evangelista. Sie war ja unlängst in den Schlagzeilen, weil bei ihr eine Schönheitsbehandlung fehlgeschlagen war. Mit der sogenannten »Cool Sculpting«-Methode wollte sie Fettpölsterchen verlieren. Leider hatte sie das Pech, eine äußerst seltene Nebenwirkung dieser Behandlung zu erleiden: Die Fettpölsterchen wurden nicht weniger, sondern vermehrten sich. Und ihr ehemals kantig geschnittenes Gesicht wirkte seltsam aufgeplustert. Es brauchte mehrere Jahre des Rückzugs, bis Evangelista auf ihrem Instagram-Kanal an die Öffentlichkeit ging und sich selber als »arbeitsunfähig« und »verunstaltet« bezeichnete. Offenbar wurden ihr, im Gegensatz zu ihren ehemaligen Topmodel-Kolleginnen, keine lukrativen Aufträge mehr angeboten. Natürlich ist es nicht erfreulich, wenn einem so etwas passiert, aber Lindas erfolgreichste Jahre waren wohl zum Zeitpunkt des missglückten Eingriffs schon vorbei. Und wenn sie in ihrer Blütezeit morgens nicht zu oft im Bett geblieben ist – Sie erinnern sich an den Satz mit den zehntausend Dollar –, sollte sie eigentlich nicht mehr auf Arbeit angewiesen sein. Sie scheint aber ihre ehemals hohen Gagen nicht besonders gewinnbringend angelegt zu haben, oder sie hat ihre ganze Kohle verjubelt.

Gesund zu sein, auch mit den gewissen Zipperlein, die das Älterwerden mit sich bringt, ist mir heute wichtiger als eine faltenlose Haut. Darum versuche ich auch, so wenig wie möglich in den gnadenlosen Vergrößerungsspiegel zu schauen, der jedes Fältchen und jede Pore in zwanzigfacher Vergrößerung reflektiert. Aber wie bitte soll ich ohne ihn meine Brauen in Form bringen oder, noch wichtiger, meine blonden Kinnhaare auszupfen, die für mich zu den fiesesten Altersboten gehören? Meine ältere Schwester und ich haben uns jedenfalls das feierliche Ehrenwort gegeben, einander – sollten unsere Augen immer schwächer und die Härchen immer borstiger werden – diesen Dienst aus Nächstenliebe gegenseitig zu leisten.

Wenn ich gerade beim Thema Schönheit bin, möchte ich meinen jüngeren Leserinnen einige nicht wirklich weltbewegende, aber durchaus nützliche Erfahrungen weitergeben. Mir wären nicht nur einige Enttäuschungen erspart geblieben, hätte ich einst ähnliche Tipps bekommen, sondern auch eine Menge Geld.

Wunder dauern manchmal länger – oder passieren gar nicht

Auch wenn uns die Werbung jeden Frühsommer verspricht, dass jetzt eine »revolutionäre Formel« erfunden und wissenschaftlich getestet wurde, die die Matratzenstruktur unserer Oberschenkel glättet: Vergessen Sie es! Wenn es wirklich ein wirksames Mittel gegen Orangenhaut oder Cellulite geben würde, wäre damit jemand sehr, sehr reich geworden. Ein schwaches Bindegewebe – von dem leider hauptsächlich Frauen betroffen sein können – ist in erster Linie Veranlagung. Meine acht Jahre ältere Schwester hat diesbezüglich das große Los gezogen. Ihre Beine sind so straff und glatt wie früher. Meiner Mutter sei Dank! Ich tendiere eher in die Richtung der väterlichen Verwandtschaft. Hier war in Sachen Formen weniger Grazie, sondern eher Bodenständigkeit angesagt. Als sich in meiner Pubertät abzeichnete, dass ich eine eher kurvenreiche Frau werden würde – inklusive kräftiger, wenn auch gerader und langer Beine –, meinte mein Vater jeweils tröstend: »Dich bläst dafür nichts so schnell um.« Nicht gerade die Worte, die eine Dreizehnjährige, die sich mit ihren wachsenden Formen rumschlägt, hören möchte.

Doch zurück zur ungeliebten Orangenhaut: Schlechte Gewohnheiten wie der stete Wechsel zwischen Junkfood und Diäten führen nicht nur zu einem gewichtsmäßigen Jo-Jo-Effekt, sondern sorgen auch dafür, dass die Haut ihre natürliche Elastizität verliert. Wer schon frühzeitig beginnt, die Schwachstellen regelmäßig mit einem natürlichen Bioöl sanft zu massieren, kann einen positiven Effekt erwarten. Vor allem während einer Schwangerschaft soll dies vor ungeliebten Schwangerschaftsstreifen schützen. Und ja: Auch Influencerinnen, Stars und Sternchen, die ihre straffe Haut in den sozialen Medien präsentieren, bleiben nicht von Cellulite verschont. Doch sie verstehen es, sie auf ihren Posts mithilfe gewisser Filter glatt zu bügeln. Vergleicht man diese unrealistischen Bilder auf Instagram und Co. mit Bikinifotos, die von Paparazzi bei hellem Sonnenlicht geschossen wurden, hat man den Beweis dafür.

Ich weiß, es ist schwierig, sich mit Dingen anzufreunden, die man an sich nicht mag. Aber je früher man mit seinem Körper Frieden oder wenigstens Waffenstillstand schließen kann, umso besser. Denn es ist kein Geheimnis, dass die ästhetischen körperlichen Baustellen im Lauf des Lebens zunehmen – bis zu jenem Zeitpunkt, wo sie in den Hintergrund rücken und wir einfach nur froh und dankbar sind, dass wir fähig sind, uns ohne Schmerzen zu bewegen. Und wer weiß, vielleicht gibt es dann wirklich einmal ein Wundermittel gegen die ungeliebten Dellen. Ich würde es dann vielleicht auch zur Glättung meiner Nasolabialfalten verwenden.

Weniger ist oft mehr

Obwohl ich Schönheitsmittel liebe und durch meinen Beruf immer üppig mit neuen Testprodukten eingedeckt wurde, glaube ich längst nicht alles, was versprochen wird. Kein noch so hochpreisiges Serum kann Falten »ausbügeln«. Ganz einfach darum, weil seine Wirkstoffe nicht so tief in die Haut eindringen können, dass eine wirkliche Glättung möglich wäre. Ich gehöre nicht zu den Frauen, die auf Seife und Niveacreme schwören, und gönne mir immer wieder Beautyprodukte, die mich von ihrer Textur, ihrem Duft und ihrer Aufmachung her ansprechen. Bei einer regelmäßigen Anwendung erkenne ich auch eine positive Wirkung, weil sie mir helfen, dass ich mich wohlfühle in meiner Haut. So kann an einem trüben Montagmorgen eine wohlriechende Körperlotion meine Sinne beleben. Und alle Frauen (und sicher auch einige Männer) kennen das gute Gefühl, wenn nach dem Waschen mit dem neuen Lieblingsshampoo die Haare nicht nur glänzen, sondern auch so sitzen, wie sie sollten. Ich bin ohnehin der Meinung, dass ein guter Haarschnitt und ein unterhaltender Klatsch mit dem Friseur des Vertrauens den Besuch beim Psychologen ersetzen können.

Wer es in Sachen Pflege unkompliziert mag, dem empfehle ich, mindestens ab dem Frühling einen guten Sonnenschutz zu verwenden, zum Beispiel in einer Tagescreme, und bei kälteren Temperaturen morgens und abends ein nährendes Produkt. Und bitte nie mit »scharfen« Reinigungslotionen und ebensolchen Peelings operieren! Wenn aus einem Pickel mehrere werden, die nicht abheilen wollen, ist das sogenannte Ausdrücken eine schlechte Lösung. Vor allem, wenn man keine Aknenarben als »Andenken« möchte. Apropos Mitesser: Sie kommen nicht nur bei Jugendlichen und jungen Erwachsenen vor. Auch Frauen mittleren Alters können einen Akneschub erleiden. Dann ist oft ein hormonelles Problem die Ursache, zum Beispiel zu Beginn der Wechseljahre. Wenn die Haut leidet, ist ein Besuch bei der Dermatologin angesagt, um weitere Schäden zu verhindern.

Sag niemals nie!

Auch ich gehörte zu meinen attraktivsten Zeiten zu jenen Frauen, die im Brustton der Überzeugung behaupteten: »Ich lasse nie etwas an meinem Gesicht machen!« Und wissen Sie was? Ich bin mir treu geblieben. Aber heute bin ich in einem Alter, in dem die Überheblichkeit früherer Jahre einem nötigen Realitätssinn gewichen ist. Ich lasse es mir für die Zukunft offen, ob ich eines Tages vielleicht doch noch einmal etwas »Unterstützung« in Anspruch nehmen möchte. Zum Beispiel dann, wenn mir meine Nasolabialfalten – Sie sehen, sie machen mir Sorgen – künftig den Ausdruck eines traurigen (vierbeinigen) Boxers verleihen würden. Dann könnte es sein, dass ich mir von einem erfahrenen Dermatologen Hyaluronsäure spritzen lasse.

Botox kommt mir allerdings nicht ins Gesicht. Auch wenn ich weiß, dass seine tausendfache Verdünnung ungefährlich ist. »Es ist die Menge, die das Gift macht«, predigte schon mein Vater, Chemiker von Beruf, wenn es um solche Fragen ging. Aber nachdem ich in meiner Jugend erlebt hatte, wie eine Linsendose, deren Ablaufdatum schon ewig überschritten war, in unserer Küche explodierte, als meine Mutter sie öffnete, weiß ich, wie Tod und Teufel riechen. Die durch das Bakterium Clostridium botulinum produzierten äußerst gefährlichen Toxine sorgten für einen unsäglichen Gestank und auch dafür, dass unsere Küche mehrere Wochen kalt blieb. Dieses vorhersehbare Unglück – die Wölbung des Konservendeckels war gut sichtbar – ereignete sich übrigens nicht nur einmal, sondern nach ein paar Jahren sogar ein zweites Mal. Ich glaube darum, dass ich an einem posttraumatischen Botox-Syndrom leide. Und ich bin heute der Meinung, dass jeder zurechnungsfähige Mensch selber entscheiden soll, ob und was er an seinem Gesicht machen lassen will – er muss es ja auch herumtragen.

Mühe habe ich jedoch damit, dass sich immer jüngere Frauen und Männer unsichtbare Falten oder ihre Lippen aufspritzen lassen. Nichts gegen ein bisschen Nachhilfe, wenn die Lippen so schmal sind, dass man beim Essen auf ein Messer verzichten kann. Aber den von Influencerinnen geprägten Einheitslook – langes, glattes Haar, dreidimensionale Wimpern-Extensions, ein schmales Näschen und überproportionierte Schlauchbootlippen – empfinde ich als alles andere als schön. Ja, die Geschmäcker sind verschieden. Und auch in meiner Generation gab es Schönheitsauswüchse, die sich oft schwer korrigieren ließen. Ich denke da etwa an ultradünn gezupfte Brauen oder an durch Dauerwellen und schlechte Färbemittel malträtierte Haare. Aber Stirn- wie Kopfhaare wuchsen in den meisten Fällen nach und ließen den »Unfall« nach einer gewissen Weile vergessen. Etwas, das bei schlecht ausgeführten Schönheitseingriffen nicht immer möglich ist. Mein Rat: Ob Sie zwanzig oder sechzig sind, lassen Sie immer nur ausgebildete Profis an ihren Körper, auch wenn diese teurer sind als jene furchtlosen Mitmenschen, die in einem Online-Kurs »gelernt« haben, mit Spritzen umzugehen.

»Meine Heimat habe ich in mir selber gefunden«

EVA EYHOLZER-MASCHEK, 55
Familienmanagerin, freischaffende Journalistin, lebt mit ihrem Mann, einem Hotelier, und dem gemeinsamen Sohn Lionel, 15, auf der Bettmeralp im Wallis. Ihre Tochter Sophie, 20, ist vor kurzem zu Hause ausgezogen und studiert in St. Gallen.

Wir waren jung, ehrgeizig und voller Träume, was unsere Zukunft betraf. Als Journalistinnen teilten wir uns Anfang der 1990er-Jahre ein Büro bei der »Schweizer Illustrierten«. Wir standen jedoch nicht nur in den Startlöchern, um beruflich durchzustarten, wir waren auch Singles und hegten die Hoffnung, in der »coolen Stadt«, in der wir arbeiteten, die große Liebe zu finden. Zürich war schon damals der »place to be«, vor allem, wenn man, wie Eva, aus dem Zürcher Oberland und, wie ich, aus Winterthur kam. Gemeinsam war uns auch die etwas naive Erwartungshaltung, dass uns die Welt nicht nur offenstehen würde, sondern auch auf uns wartete.

Fast dreißig Jahre später sitzen wir uns in einer Hotellobby in Zürich gegenüber. Eva, schlank und rank, im sommerlichen Blumenkleid mit trendigen Sneakers, die blonden Haare immer noch lang, die Haut leicht gebräunt, sieht so frisch und ausgeruht aus, als käme sie gerade aus ausgedehnten Sommerferien zurück. Um rechtzeitig zum Interview zu kommen, musste sie zu Hause um fünf Uhr in der Früh aufstehen und mit der ersten Gondel von der Bettmeralp ins Tal fahren. Ich hingegen lag noch bis kurz vor dem Treffen in meinem Bett. Obwohl ich sicher einige Stunden mehr geschlafen habe als Eva, wirkt sie bei unserem Treffen um einiges frischer und wacher, als ich mich fühle.

Als ich Eva auf ihr gutes Aussehen anspreche, lacht sie nur: »Du übertreibst! Das Bergklima und die extrem trockene Luft auf zweitausend Metern über Meer haben auf meiner Haut ihre Spuren hinterlassen. Und da nützen weder die tägliche Sonnencreme mit Lichtfaktorschutz 50 noch die teuersten Anti-Aging-Produkte.« Dies mache ihr manchmal durchaus zu schaffen. Vor allem, weil sie sich innerlich »noch ziemlich jugendlich« fühle. »Also, so zwischen 35 und 40«, sagt sie schelmisch lächelnd, als ich genauer wissen will, was »ziemlich jugendlich« denn in Zahlen bedeute. »Aber der morgendliche Blick in den Spiegel holt mich jeweils sehr schnell in die Realität zurück.«

Die Gefühle, die Eva beschreibt, sind mir nicht fremd. An meinen »guten« Tagen fühle ich mich ebenfalls um einiges jünger, als ich bin. Und dann mag ich auch mein eigenes Spiegelbild. Doch im Gegensatz zu Eva, die sich »voll im Saft« fühlt, mehren sich bei mir die Tage, an denen ich mehr Ruhe und Schlaf brauche, um mich fit zu fühlen. Liegt der Grund in den sechs Jahren, die ich älter bin als sie? Oder sind es ihr naturnaher Alltag auf der Alp und, damit verbunden, die konstante körperliche Aktivität, die diesen Unterschied ausmachen?

Für einen Moment mustern wir uns gegenseitig, und ich frage mich, was ihr wohl durch den Kopf geht. Teilt sie mein vertrautes Gefühl, das ich bei diesem Wiedersehen spüre, oder bin ich ihr fremd geworden? Als hätte sie meine Gedanken erraten, schaut sie mir direkt in die Augen und sagt: »Silvchen, ich freue mich so, dass wir uns endlich wieder einmal sehen.« In diesem Moment ist auch das letzte bisschen Eis zwischen uns geschmolzen, und wir knüpfen da an, wo wir vor langer Zeit aufgehört haben.

Es dauert also nicht lange, und wir tauschen Erinnerungen aus. Eva und ich waren nicht nur Bürokolleginnen, auch einen Teil unserer Freizeit verbrachten wir zusammen. Jedenfalls, solange es um städtische Aktivitäten wie Shoppen, Bar- oder Kinobesuche ging. Die sportlichen Aktivitäten, Evas Hobbys wie Biken, Joggen und Skifahren, überließ ich ihr gern. Ich war eben die »Stadtmaus« und sie das »Landei«, wie wir uns gegenseitig neckten.

Bevor wir nach der Arbeit jeweils in den Ausgang gingen, trafen wir uns etwas konspirativ auf dem Redaktions-WC. Die männlichen Kollegen aus den »seriösen« Ressorts Wirtschaft oder Politik mussten ja nicht mitbekommen, wie die beiden Girls aus dem Unterhaltungsressort sich herrichteten, um Zürich unsicher zu machen. Ich sehe uns noch heute, wie wir vor dem Spiegel unsere langen blonden Haare bürsteten und sie mit einer kräftigen Ladung Haarspray fixierten, um danach den hellblauen Lidschatten und die dritte Ladung schwarze Wimperntusche aufzutragen. Natürlich war auch unser Look zeitgerecht: Wir kombinierten gemusterte Leggings oder die damals so trendigen »Rüebli-Jeans« mit Blazern in leuchtenden Farben – natürlich inklusive Schulterpolster – und weißen Plateau-Sneakers. Nicht zu vergessen die obligaten Bauchtaschen, in denen wir so lebenswichtige Utensilien wie Lipgloss, Kaugummi und unsere Visitenkarten, auf die wir so stolz waren, verstauten. Man wusste ja nie, wem wir so alles begegnen würden. Und vielleicht stießen wir ja auch während des Ausgangs auf eine brennend heiße Geschichte. Als Gesellschaftsjournalistinnen waren wir immer im Dienst. Jedenfalls verstanden wir unseren Job so. Und vielleicht hatten wir ja auch Glück und bekamen in der »Kronenhalle«-Bar nicht nur einen Drink von einem Verehrer spendiert, sondern konnten zufällig mitverfolgen, wie Udo Jürgens wieder einmal ein paar junge Damen in seine nahe gelegene Penthouse-Wohnung einlud.

Mein Engagement bei der »Schweizer Illustrierten« dauerte nur ein knappes Jahr. Während Eva die Leitung des People-Ressorts übertragen wurde, arbeitete ich nun in meinem neuen Job als Redaktorin und Moderatorin beim Schweizer Fernsehen. Ihre Aufgabe war es, wöchentlich über das Leben der Schönen und Reichen zu berichten. Dank ihrer offenen und umgänglichen Art gelang ihr das spielend. Später machte Eva den nächsten Karriereschritt und wurde stellvertretende Chefredaktorin bei einer TV-Zeitschrift. Doch dazwischen passierte etwas, das ihr ganzes bisheriges Leben auf den Kopf stellen würde: Während der Skiferien auf der Bettmeralp im Wallis verliebte sie sich in einen ortsansässigen Skilehrer.

»Ich kannte Chris schon länger, allerdings nur flüchtig«, erinnert mich Eva an den Anfang ihrer Beziehung. Er hielt sie für ein eingebildetes »Grüezi«, sie ihn für einen trockenen Bergler. Eines Abends trafen sie sich dann zufällig im Pub, kamen ins Gespräch, und sogleich funkte es zwischen ihnen. »Das war nicht nur ein kleiner netter Ferienflirt. Schnell merkten wir, dass da mehr war«, erzählt Eva. »Auch wenn es kitschig tönt, war es so: Es dauerte nicht lange und wir spürten, dass wir füreinander bestimmt waren.« Ich muss lachen – das war jedenfalls die kürzeste Liebesgeschichte, die ich je gehört habe. Und es ging zügig weiter – die beiden schmiedeten schnell Zukunftspläne. »Lange Diskussionen, wo wir leben würden, gab es nicht, da Chris gerade den elterlichen Hotelbetrieb übernommen hatte.«

»Hättest du dir, bevor du Chris kennen gelernt hast, vorstellen können, deinen Traumjob und Zürich für einen Mann zu verlassen, um mit ihm auf einer Alp zu leben?«, necke ich Eva. »Natürlich nicht!«, antwortet sie mit diesem ansteckenden Lachen, das ich schon früher so mochte. »Aber nachdem ich mich in Chris verliebt hatte, zögerte ich keine Sekunde, mein altes Leben aufzugeben und mit ihm ein neues zu beginnen.« Gut anderthalb Jahre nach dem ersten Treffen feierten Eva und Chris mit ihren Familien und Freunden auf der Alp eine romantische Hochzeit.

Obwohl Evas neuer Wohnort nicht mehr wirklich zentral lag, stellte sich für sie nie die Frage, ob sie ihren geliebten Beruf aufgeben sollte. Doch sie beschloss, ihr Pensum zu reduzieren. Neu würde sie vier Tage in Zürich arbeiten und während dieser Zeit bei ihren Eltern wohnen, die drei nächsten Tage dann in ihrem neuen Zuhause im Wallis. »Da Chris während der Saison eh von sieben Uhr morgens bis elf Uhr nachts im Hotel ist, war das auch kein Problem für uns. Auch der lange Weg nach Zürich war gut machbar. Jetzt würde ich statt der S-Bahn und des Trams die Gondel nehmen, die mich innert sieben Minuten ins Tal brachte, und danach mit dem Auto nach Zürich fahren.« Dass ihr neuer Arbeitsweg zweimal wöchentlich nicht mehr vierzig Minuten, sondern dreieinhalb Stunden dauern würde, nahm Eva in Kauf. »Ich war ja jung und gesund, und ich freute mich auf dieses Abenteuer.«

Ein ungewöhnliches Lebensmodell, das damals im Dorf zu reden gab. Als Frau eines Hoteliers gehörte es sich, im Betrieb mitzuarbeiten. »Ich wollte meinen Beruf, der meine Passion und ein Teil von mir war, nicht aufgeben. Mein Mann unterstützte das zum Glück voll. Zudem hatten wir beide großen Respekt davor, unsere Liebe der gemeinsamen Arbeit wegen aufs Spiel zu setzen.«

Evas und meine beruflichen Wege führten uns noch einmal zusammen. Im Frühling 2000 hatte ich die Chefredaktion der ehemaligen traditionellen Zeitschrift »Meyers Modeblatt« übernommen, um sie auch für eine jüngere Leserschaft attraktiv zu machen. Ich freute mich, Eva als Journalistin in mein Team zu verpflichten, weil wir ja immer davon geträumt hatten, zusammen ein Frauenmagazin zu gestalten. Wenige Wochen nach ihrem Arbeitsbeginn und ihrer Heirat teilte mir Eva jedoch mit, dass sie schwanger sei. Bis zur Geburt des Kindes wolle sie weiterarbeiten. Das war für mich eine zwiespältige Nachricht: Einerseits war ich enttäuscht, andererseits wusste ich ja, dass es schon immer Evas größter Wunsch gewesen war, eine Familie zu gründen. Dass dies bereits in den Flitterwochen geschehen würde, damit hatte ich nicht gerechnet. Ich war mir allerdings sicher, dass Eva bis zur Geburt ihres Kindes ihr Bestes geben würde. Denn ich hatte sie nie anders als äußerst pflichtbewusst erlebt. Und was sollte sonst schiefgehen? Eva war ja jung, gesund und fit.

Die Antwort auf diese Frage lautete: einiges. Eva erlitt im fünften Schwangerschaftsmonat frühmorgens um drei Uhr auf der Alp einen Kreislaufzusammenbruch. Die Reiserei, der Höhenunterschied und die Schwangerschaft hatten ihren Tribut gefordert. Beim Sturz verletzte sie sich im Gesicht. Aber das war nichts im Vergleich zu den Sorgen, die sie sich um ihr ungeborenes Kind machte. Da ihr damaliger Arzt keine Hausbesuche machte, es auf der autofreien Bettmeralp keinen Krankenwagen gab und der Rettungshelikopter wegen des schlechten Wetters nicht fliegen konnte, packte Chris seine Eva kurzerhand in ein wärmendes Duvet und auf einen Holzschlitten und zog diesen gemeinsam mit seinem Bruder hinauf zu ihrem Arzt. Dort zeigte sich ziemlich klar, was die Einheimischen von »der Städterin« hielten. »Bevor der Doktor meine durchgebissene Lippe nähen ›durfte‹, kanzelte mich seine Gattin erst einmal ab, indem sie mir erklärte, dass es nun höchste Zeit sei, mich zwischen einem Leben auf der Alp und meiner Arbeit in Zürich zu entscheiden. Denn so, tadelte sie mich, würde es ja definitiv nicht weitergehen.« Diese Strafpredigt einer ihr fast unbekannten Frau ärgerte Eva zwar, war ihr aber egal. Wichtig war nur, dass das ungeborene Baby durch den Sturz hoffentlich keinen Schaden erlitten hatte. Eva beschloss, ab diesem Moment keine weiteren Risiken einzugehen, und hörte nicht nur auf zu pendeln, sondern würde auch in Zukunft nicht mehr auf die Redaktion zurückkehren.

Als fünf Monate später Sophie gesund zur Welt kam, schwelgte Eva im Mutterglück und legte all ihre beruflichen Pläne erst einmal auf Eis. Das im wahrsten Sinne des Wortes, denn auf zweitausend Metern herrscht während mindestens acht Monaten im Jahr Winter. Was das konkret für ihren Alltag bedeuten würde, spürte die neue Mutter bald auch körperlich. »Sommers wie winters war ich zu Fuß unterwegs und buckelte die Einkäufe im Rucksack oder auf dem Schlitten nach Hause.« Daran hat sich auch bis heute nicht viel geändert. »Außer dass ich jetzt ein Elektrovelo habe, das mein Leben in der schneefreien Zeit vereinfacht«, schwärmt sie. Dennoch träume sie schon mal von einer modernen Wohnung mit einer Tiefgarage und einem Lift, der direkt in die Wohnung führt.

Als frischgebackene Mutter machte Eva damals auch Bekanntschaft mit einer neuen Begleiterin: der Einsamkeit. »Früher war ich ja dauernd unterwegs, ich traf viele Menschen, war immer beschäftigt und auf Trab. Plötzlich saß ich auf einer Alp mit wenig Verbindung zur Außenwelt und noch weniger Kontakten zu den Einheimischen, und ich fragte mich: Was ist nur mit meinem Leben passiert?« Obwohl ihr bei der Hochzeit bewusst war, dass sie in der acht Monate dauernden Saison von Chris keine große Unterstützung erwarten konnte, war die Realität härter als gedacht. »Das hat mich oft an meine Grenzen gebracht«, sagt Eva leise, und ich spüre, dass dies für sie sehr schwierige Zeiten gewesen sein müssen. »Während der langen Hotelsaison war und bin ich praktisch Alleinerziehende. In den ersten Jahren hatte ich keine Ansprechpersonen oder gar Vertraute. Andere junge Mütter im Dorf waren in ihre Familien eingebettet, hatten Schwestern, Freundinnen und Großeltern, die sie unterstützten. So ein Beziehungsnetzwerk fehlte mir.«

Auch ließen die Sechzehnstundentage ihres Mannes im Hotel keine geteilte Kinderbetreuung zu. Dass Eva ihre Tochter Sophie und auch ihren Sohn Lionel, der fünf Jahre später geboren wurde, in den ersten Lebensjahren fremd betreuen lassen würde, war nicht möglich, da es keine Krippe gab, und ein Au-pair oder eine Nanny wollte sie nicht engagieren. »Hätten wir in Zürich gelebt, mit meinen Eltern oder einer Freundin in der Nähe, hätte ich bestimmt mit einem reduzierten Pensum weitergearbeitet. So wurde ich in den ersten Lebensjahren der Kinder zur Vollzeitmutter.« Als Eva dann schrittweise begann, wieder als freie Journalistin zu arbeiten, war dies für sie mit einem großen organisatorischen Aufwand verbunden. Meistens kamen ihre Eltern angereist und hüteten die Großkinder, damit Eva einen Interviewtermin wahrnehmen konnte. »Geschrieben habe ich dann abends, wenn die Kids im Bett waren.« Auch wenn diese Arbeitsweise anstrengend war, Eva war es wichtig, dass sie auch weiterhin ihren Beruf als freie Journalistin ausüben konnte.

Immer wieder wurde Eva von ehemaligen Kollegen, aber auch von ihrem Umfeld mit der Frage konfrontiert: »Was machst du eigentlich so den ganzen Tag?« Dieser beiläufige Satz brachte sie auf die Palme. »Ich war nicht nur genervt, sondern fühlte mich auch minderwertig und genötigt, mich zu rechtfertigen. Ja, ich war Vollzeitmutter, und ja, ich war – nennen wir es beim Namen – Hausfrau. Als solche wird eine Frau nämlich betitelt, wenn sie nicht an mindestens zwei oder drei Tagen in der Woche ihr trautes Familienheim in Richtung Arbeitsplatz verlässt.« Eva sieht sich selber eher als »Familienmanagerin«: »Hausarbeit, Kindererziehung, Hausaufgaben und Fahrdienste zum Fußball und Ehrenämter unter einen Hut zu bringen, verlangt von jeder Frau Managerqualitäten. Dass ich regelmäßig als Freelancerin schreibe, meinen Mann hinter den Kulissen in personal- und strategischen Fragen, in der Konzeption und der Weiterentwicklung des Betriebs tatkräftig unterstütze, für die neue Innenarchitektur und das Styling des Hotels verantwortlich bin, mich zu Hause um den ganzen Bürokram, die Gartenarbeit, Reparaturen oder einen Autokauf kümmere und ehrenamtliche Arbeiten verrichte, passiert dann einfach noch so nebenbei.« Man merkt ihr an, dass sie sich als Familienfrau mehr Wertschätzung wünschen würde. Auch vom Staat. »Es geht ja nicht nur um mich, sondern um alle anderen Frauen, die für ihre Kinder, das Wohl der Familie sorgen, kranke und alte Angehörige betreuen oder ehrenamtlich Care-Arbeit leisten. Das alles für einen Gotteslohn und eine schlechte Altersvorsorge, das ist einfach nicht in Ordnung«, sagt Eva in bestimmtem Ton.

Etwas anderes war auch nicht ganz einfach: In einem katholischen Dorf zu leben, in dem die Kirche einen hohen Stellenwert hat, daran musste sich Eva, obwohl selber Katholikin, zuerst einmal gewöhnen. »Doch ich habe mit der Zeit einen Weg gefunden, so zu leben, wie ich es möchte, aber gleichzeitig auch die archaischen Rituale und die Traditionen schätzen gelernt«, erzählt Eva und nennt mir ein Beispiel: Am Tag vor unserem Treffen war sie beim jährlichen Alpabzug dabei. »Wenn ich jeweils die schön bekränzten Kühe sehe, muss ich jedes Mal weinen. Denn es wird mir bewusst, dass wieder ein Jahr vorbeigeht. Und dann finde ich es auch wundervoll, dass ich mein Leben in dieser Natur und mit diesen Menschen und Tieren verbringen darf.«

Nicht nur Traditionen prägen das Leben auf der Alp, auch das Sterben und der Tod werden bewusster erlebt als in der Stadt, ist Eva überzeugt. Und dies findet sie »unglaublich bereichernd«. Zusammen mit anderen Familienangehörigen begleitete Eva etwa ihren Schwiegervater zu Hause während seines zehntägigen Sterbeprozesses. »Nach seinem Tod war es ganz natürlich, dass sein Leichnam bis zur Aufbahrung in der Kapelle auf dem Bett in seinem Schlafzimmer blieb.« Für Eva eine völlig neue Erfahrung war auch, dass das ganze Dorf in diesen endgültigen Abschied mit eingebunden war. »Hier oben leben und sterben wir nicht in der Anonymität.« Es sei für sie »unglaublich tröstlich« gewesen, ein solch gemeinsames Trauern zu erleben. »Berührend war für mich auch, zu spüren, dass die Emotionen der Menschen echt waren und sie gemeinsam mit uns diesen schweren Weg gehen wollten.« Diese Erfahrung habe auch dazu geführt, dass sie sich in der Dorfgemeinschaft besser aufgehoben fühle.

Eva und mich trennen einige hundert Kilometer, gut fünfzehnhundert Höhenmeter und ein anderer Lebensstil. Ich, die kinderlose Städterin, die mit ihrem Mann und dem Hund Millie in einer schönen Jugendstilwohnung in der Zürcher City wohnt und die, wie vor 25 Jahren, als Journalistin, Autorin und Kolumnistin arbeitet. Eva dagegen hat es geschafft, nicht eben einfache Lebensumstände für sich so zu verändern, dass sie heute ein glückliches und zufriedenes Leben führt. Dazu beigetragen hat auch der Umzug vor einigen Jahren in ihr schönes Chalet in einem Quartier mit vielen Familien. Doch auch wenn Eva sich gern mit anderen austauscht und auch Mitbegründerin des örtlichen Frauenvereins war, ihr Wunsch, »beruflich noch einmal richtig durchzustarten«, ist aktueller denn je. Sie hat sich letztes Jahr zur Social-Media-Managerin ausbilden lassen, »denn schließlich muss man auf dem neusten Stand in der digitalen Welt sein, wenn man auf einer Alp lebt«, scherzt sie. Die Schwierigkeiten, die sie erfolgreich gemeistert hat, hätten sie stärker gemacht.

Das Schöne ist, dass Eva nichts von ihrem mädchenhaften Charme verloren hat. Nur dass sich dieser jetzt mit dem Selbstbewusstsein einer erfahrenen Frau mischt. Ich habe mir oft vorzustellen versucht, wie es für mich wäre, so zu leben wie sie. Ehrlich gesagt: Ich würde es keine Woche aushalten, selbst wenn die Liebe meines Lebens auf der Alp auf mich gewartet hätte. Und das nicht etwa, weil ich eine snobistische Städterin bin, sondern weil mich hohe Berge auf seltsame Weise ängstigen. Dieses Gefühl kannte ich bereits als Kind während langer Bergwanderungen im Wallis. Während sich meine Eltern an der Schönheit der Viertausender ergötzten, wollte ich nur eines: runter ins Tal. Nicht weil ich Höhenangst gehabt hätte, sondern weil ich die Bergwelt als Bedrohung empfunden habe. Vielleicht hatte Eva diesbezüglich einen Vorteil, weil sie im Zürcher Oberland aufgewachsen ist und sich auf diese Weise »akklimatisieren« konnte. Scherz beiseite: Für Eva ist die Natur »das größte Geschenk«. Je älter sie werde, desto mehr genieße sie deren Einzigartigkeit. »Für mich gibt es fast nichts Schöneres, als während des täglichen Laufens frische Luft, Wind, Sonne, aber auch den Regen oder den Schnee zu spüren und die Intensität von Farben, Düften und Stimmungen wahr- und aufzunehmen«, schwärmt sie.

Auch die Spiritualität nimmt einen wichtigen Teil in ihrem Leben ein. »Ich lebe das im Stillen für mich, mag es nicht an die große Glocke hängen, denn es ist für mich kostbar und persönlich.« Das alles bedeutet aber nicht, dass sich Eva nicht mehr für die anderen schönen weltlichen Dinge des Lebens interessieren würde. Sie ist noch immer ein Fashionfreak, hat ein Gespür für Trends, sucht und ordert ihre Kleider heute aber meist online statt in Geschäften.

Auch der regelmäßige Coiffeurbesuch mit dem Auffrischen der blonden Strähnchen gehört zu ihrem Lebensstil – einfach in Brig statt in Zürich. »War es für dich nie eine Frage, deine Haare kürzer zu tragen?«, frage ich sie etwas provokant. Eva lacht und erwidert: »Doch, als ich vierzig wurde, habe ich kurz darüber nachgedacht, sie schneiden zu lassen, weil die Meinung verbreitet war, dass lange Haare für eine reife Frau nicht von Vorteil seien. Zum Glück hat sich mein Coiffeur geweigert.« Heute würden sie solche Konventionen ohnehin nicht mehr interessieren. »Ich mache einfach das, was für mich stimmt.«

Dazu gehört auch, dass sich Eva nicht gehen lässt. Das betrifft nicht nur ihre gute Figur, sondern auch andere Facetten ihrer Erscheinung. Neben der Körper- und Gesichtspflege ist ein natürliches Make-up für Eva Pflicht. »Selbst zu Hause bin ich immer geschminkt, und ich trage während des Tages nie Jogginghosen. Da komme ich nach meiner etwas extravaganten Urgroßmutter, die Wert auf ein gepflegtes Aussehen und gute Kleidung legte.« Zum zweiten Mal regt sich heute in mir der Hauch eines schlechten Gewissens. Nicht nur, dass ich vor dem Treffen bloß eilig etwas Lippenstift aufgetragen habe, um nicht wie ein blasses Gespenst auszusehen. Nein, was meine Outfits betrifft, bin ich, jedenfalls in meinen vier Wänden, lässig bis nachlässig geworden. Ich trage, wie vor 25 Jahren, Leggings. Nur dass diese, im Gegensatz zu früher, heute modisch verpönt sind.

Auch wenn ich keine Kinder habe, so kann ich Evas Gefühle nachvollziehen, wenn sie schildert, was sie empfunden hat, als ihre Tochter auszog, um in St. Gallen zu studieren. »Man gibt den Kindern Wurzeln und Flügel, danach lebe ich. Auf dem Heimweg ins Wallis, nachdem ich meine Tochter in ihrer WG zurückgelassen hatte, fühlte ich mich aber wie amputiert und vergoss auch einige Tränen. Doch schon am nächsten Tag, als ich am Telefon Sophies Aufgeregtheit und ihre Freude auf den neuen spannenden Lebensabschnitt spürte, war die Welt für mich wieder in Ordnung. Ich gönne ihr von Herzen alle Freiheiten, die ich ja auch einmal hatte, lebe und fiebere mit ihr mit. Das ist Glück.« Trotzdem hätte Eva keine Lust, noch einmal zwanzig zu sein. »Aber wenn es eine Möglichkeit gäbe, nochmals zwanzig Jahre jünger zu sein, würde ich nicht Nein sagen«, lacht sie. »Ich vermisse dieses unbekümmerte Lebensgefühl und die Vorstellung, dass einem alle Türen offenstehen.«

Das Gefühl, dass vieles für sie auch heute noch möglich ist, bewahrt sich die 55-Jährige. »Ich weigere mich, es aufzugeben«, sagt Eva fast ein bisschen trotzig. »Ich bin dankbar für mein heutiges Leben, den Mann an meiner Seite und meine Kinder. Aber vor allem schätze ich, dass ich endlich bei mir angekommen bin. Dieses Gefühl hat nichts damit zu tun, ob ich auf der Alp oder in der Stadt lebe. Meine inneren Wurzeln sind über viele Jahren durch schöne und schwierige Erlebnisse und Erfahrungen gewachsen. Und ich spüre jetzt: Die wirkliche Heimat habe ich in mir selber gefunden.«

Mehr Marilyn als Bilitis: Warum Ideale alles andere als ideal sind

»Hätte ich das doch schon früher gewusst!« Diese etwas weinerliche Aussage höre ich von meinen Freundinnen in letzter Zeit immer öfter. Der Grund: Sie betrauern, dass sie sich in jüngeren Jahren ihrer Schönheit nicht bewusst gewesen sind. Sei es, weil es ihnen an Selbstvertrauen gefehlt hatte, oder weil es sich damals einfach nicht schickte, stolz auf sein Äußeres zu sein. Denn dann wäre man ja eitel gewesen. Und dies galt als verpönte Eigenschaft, nicht nur bei jungen Frauen.

Ich gehöre manchmal selber zum Klub der Wehmütigen, vor allem, wenn ich alte Fotos von mir anschaue und nicht nachvollziehen kann, warum ich jahrelang mit meinem Körper gehadert und mich immer zu dick gefühlt hatte. Die Kurven, die ich bereits als junge Frau hatte, waren mir damals richtiggehend peinlich. Meine Freundinnen gaben mir in Teenagerjahren den Übernamen Marilyn. Aber statt auf meinen schönen Körper stolz zu sein, schämte ich mich seiner. Vor allem, wenn ich ihn mit dem von Gleichaltrigen verglich. Mein Ideal waren die ätherischen Mädchen, die der heute umstrittene britische Fotograf und Filmemacher David Hamilton in den 1970er- und 1980er-Jahren porträtierte und damit zu (zweifelhaftem) Weltruhm kam. Mein Zimmer war mit Kalenderbildern dieser langhaarigen Kindfrauen tapeziert, die oft nur in einen Hauch eines durchsichtigen Kleides gehüllt waren und mit verlorenem Blick in die Ferne schauten. Unwirkliche Geschöpfe, die Hamilton mit einer Mischung aus natürlichem Licht und Weichzeichner inszenierte. Dass diese Kindfrauen nicht nur von jungen Mädchen geliebt, sondern auch von sehr viel älteren Männern begehrt wurden, kam mir damals gar nicht in den Sinn. Erst Jahre später, als ich Hamiltons »Bilitis« im Kino sah und mir klar wurde, dass es sich dabei um nichts anderes als einen Softporno handelte, begann ich die Fotos in einem anderen Licht zu sehen.

So fiel ich auch nicht aus allen Wolken, als 2016 bekannt wurde, dass Hamilton seine Leidenschaft für junge Mädchen nicht nur als Fotograf und Filmemacher ausgelebt haben soll, sondern auch privat: Die französische Moderatorin Flavie Flament beschuldigte ihn, sie im Alter von dreizehn Jahren vergewaltigt zu haben. Doch der Fall war schon verjährt, und weitere Missbrauchsvorwürfe wurden nicht weiterverfolgt, nachdem der 83-Jährige, nur wenige Tage nachdem Flament ihre Vorwürfe öffentlich gemacht hatte, in seiner Wohnung tot aufgefunden worden war.

Doch zurück zu meinem Idealbild: Dass ich sehr wenig Ähnlichkeit mit einer Nymphe hatte, wurde mir als Siebzehnjähriger ziemlich brutal mitgeteilt. Ich hatte mich in der Mittelschule in einen Kollegen aus einer Parallelklasse verliebt und war mir sicher, dass diese Gefühle auf Gegenseitigkeit beruhten. Denn wenn unsere Mädchenklasse jeweils im Freien Turnunterricht hatte, stand P. wie zufällig an der Bande und schien mich zu beobachten. Dass sein Interesse allerdings nicht mir, sondern meiner Freundin Vera gelten könnte – die wir im Kolleginnenkreis wegen ihrer kindlichen Figur scherzhaft »Zahnstocher« nannten –, wäre mir nie in den Sinn gekommen. Eines Tages, nachdem die Turnstunde geendet hatte, nahm ich all meinen Mut zusammen und sprach meinen Schwarm an. Ob er nicht Lust hätte, einmal mit mir nach der Schule eine Cola zu trinken. Er schaute mich etwa so entgeistert an, als hätte ich ihm vorgeschlagen, mit uns Mädels zu duschen. »Ich glaube, du hast da etwas missverstanden – ich schaue nicht dir zu, sondern dem Mädchen dort drüben«, sagte er und zeigte auf meine Freundin, den »Zahnstocher«. »Sie sieht wie eines der Kalendermädchen von David Hamilton aus«, fügte er schwärmerisch hinzu. Dass ich vor Scham nicht ohnmächtig geworden bin, wundert mich noch heute. Jedenfalls rauschte es bereits kräftig in meinen Ohren, als ich mich mit gesenktem Kopf und hochroten Backen so schnell ich konnte vom Acker machte.

Natürlich half dieser für mich damals so desaströse Vorfall nicht gerade, dass ich mich bezüglich meiner Kurven selbstbewusster fühlte. Dass P. mit seinem unsensiblen Verhalten einfach ein Idiot sein könnte, zog ich damals natürlich ebenso wenig in Betracht. Es half auch nicht, dass ich immer wieder Komplimente von älteren Jungs und sogar von jungen Männern bekam. Meinen wachsenden Busen versteckte ich jahrelang unter den XL-Pullovern meines Vaters. Erst als mir meine erste große Liebe das Gefühl vermitteln konnte, dass er mich wunderschön fand, so wie ich war, schaffte ich es langsam, mich mit anderen Augen zu sehen. Rückschläge inbegriffen, denn es ist ja »einfach«, seine Figur dafür verantwortlich zu machen, wenn man enttäuscht wird oder die Dinge nicht so laufen, wie man es sich wünscht. Und dazu gehört auch, dass wir alle gewisse Vorlieben haben, was uns gefällt. Wobei ich denke, dass es vor allem die Männer sind, die sich auf einen bestimmten Frauentyp festlegen.

Inzwischen bin ich überzeugt, dass es, wenn es mit der Anziehung zwischen zwei Menschen wirklich stimmt und der erste Funke nicht zum Strohfeuer, sondern zum wärmenden Kachelofen wird, völlig egal ist, ob die Haare blond oder schwarz sind, der Bauchumfang ein bisschen mehr oder weniger misst oder ob die Nase groß oder zierlich ist. So ist mein Mann beispielsweise einige wenige Zentimeter kleiner als ich, was mich zuerst etwas verunsicherte. Nicht weil es *mich* gestört hätte, nein, ich befürchtete, ich sei ihm zu groß gewachsen. Als ich das Thema bald einmal sachte aufs Tapet brachte – man weiß ja am Anfang einer Beziehung nicht so genau, wie es um das männliche Selbstbewusstsein steht –, lachte er nur und meinte: »Mir gefallen große Frauen! Von mir aus kannst du gern auch hohe Absätze tragen, wenn wir ausgehen.« Diese Ansage gefiel mir sehr, und noch mehr gefällt mir heute, dass er diesbezüglich seine Meinung nie geändert hat. Dasselbe gilt allerdings auch umgekehrt: Nie hätte ich mir gewünscht, dass er dichteres Haar gehabt oder über eine sportlichere Figur verfügt hätte. Er gefiel und gefällt mir noch genauso wie damals. Und das sage ich ihm auch, wenn *er* etwas wehmütig alte Fotos von sich anschaut. Diesbezüglich ticken wir doch alle gleich.

Auch wenn ich meinen Körper heute schätzen gelernt habe und dankbar bin, dass er mich all die Jahre vor schweren Krankheiten beschützt hat, träume ich manchmal davon, wie cool es wäre, wenn meine Jeans lose auf meinen Hüften sitzen würden und ich ein weißes Rippstrick-Trägerleibchen ohne BH tragen könnte. Kürzlich seufzte eine Kollegin in unserer Frauenrunde theatralisch: »Könnte ich nur meine Erfahrungen und die Reife, die ich heute besitze, mit meinem Aussehen als Dreißigjährige koppeln. Dann wäre mein Leben perfekt.« Wir lachten, weil diese Vorstellung doch ziemlich absurd war. Doch ich war sicher nicht die Einzige, die vor ihren inneren Augen den Versuch machte, sich diesen Mix vorzustellen. Doch so verführerisch die Vorstellung ist, eines Morgens extrem verjüngt und, noch besser, ohne Knieschmerzen aufzustehen, sich vor dem Spiegel die langen blonden Locken zu bürsten und das Haus nur mit einem Hauch Wimperntusche statt mit einem aufwendigen »natürlichen No-Make-up« zu verlassen: Das Ganze würde in der Realität doch nicht funktionieren. Vor allem, weil ich es nicht riskieren möchte, dass meinen Mann beim Anblick dieses Supergirls, das ihn weit entfernt an seine Frau erinnern würde, vor Überraschung der Schlag trifft.

Aber es wäre natürlich hilfreich, als junge Frau schon über den späteren Erfahrungsschatz verfügen zu können. Denn hätte ich damals schon gewusst, wie schmerzlich sich gewisse Erlebnisse anfühlen, in die ich mit einem kräftigen Schuss Naivität und ohne große Überlegungen gesprungen war, hätte ich sicher dankend auf viele verzichtet. Aber wäre mein Weg dadurch einfacher gewesen, hätte ich mich in meiner Persönlichkeit auch anders entwickelt. Denn eigentlich lernt man ja nur aus schwierigen Situationen. Wenn ich beispielsweise schon damals gewusst hätte, dass das Engagement, das ich bis heute in meinen Beruf stecke, so ausschließlich sein würde, dass ich meinen Kinderwunsch immer weiter nach hinten schob, bis es zu spät war – wäre ich dann vielleicht in meinem ursprünglichen Beruf als Kindergärtnerin geblieben, statt Journalistin zu werden? Und wäre ich mit dieser Entscheidung glücklicher geworden?

Ich mag diese »Was wäre gewesen, wenn …?«-Gedankenspiele nicht wirklich. Nicht nur, weil sie mich eher deprimieren als aufheitern, sondern weil ich ja zum heutigen Zeitpunkt sowieso nichts mehr ändern kann. Und auch, weil ich der Meinung bin, dass man Entscheidungen trifft, die einem zum jeweiligen Zeitpunkt richtig erscheinen. Auch wenn man deren Auswirkungen als junger Mensch oft nicht abschätzen kann. Und wer kann mit Sicherheit sagen, was aus einer Situation geworden wäre, wenn wir einen anderen Weg gewählt hätten?

Manchmal frage ich mich trotzdem, wie meine persönliche Entwicklung verlaufen wäre, wenn ich als junge Frau meine Fragen, Ängste und Sorgen mit einer vertrauten Person hätte teilen können. Damit meine ich nicht meine damaligen Freundinnen, die ja mit den gleichen Irrungen und Wirrungen zu kämpfen hatten. Auch das Beratungsteam des legendären »Dr. Sommer« in der »Bravo«, die in meiner Jugend von praktisch allen jungen Mädchen gelesen wurde, wäre nicht die richtige Adresse gewesen, ging es in dieser beliebten Rubrik doch in erster Linie um Sex. Auch meine Eltern hätten sich nicht wirklich für solche Gespräche geeignet. Ja, sie wollten das Beste für ihr Kind. Aber das Beste sollte bitte ihren Vorstellungen entsprechen. Selbst wenn sie mir damals mehr Freiraum geschenkt und mir mehr Vertrauen entgegengebracht hätten, wäre sicher irgendwann der Punkt gekommen, an dem ich gegen ihre Ansichten rebelliert hätte. Nicht weil diese für mich vielleicht nicht gestimmt hätten, sondern einfach, weil als Heranwachsende ein gewisser Grad von Rebellion normal ist.

Wie oft habe ich mir damals gewünscht, eine erfahrene Freundin zu haben. Mit der ich über alles hätte sprechen können und die selber erlebt hätte, welche »Wachstumsschmerzen« mit dem Erwachsenwerden verbunden waren. Und die nicht, wie die Erwachsenen, immer die gleichen Sprüche herunterleierte, wenn es mir offensichtlich nicht gut ging. Noch heute kräuseln sich meine Nackenhaare, wenn ich Bemerkungen höre wie: »Wenn du einmal älter bist, wirst du verstehen, was ich meine.« Oder: »Die Zeit heilt alle Wunden.« Mein Hasszitat war damals: »Auch andere Mütter haben schöne Söhne.« Selbst wenn eine gewisse Wahrheit in diesem Ausspruch liegt: Wenn das Herz auf Grundeis liegt, vermitteln solche hohlen Floskeln keinen Trost. Im Gegenteil, ich fühlte mich nur noch unverstandener.

Heute ist es ein beliebter Trend, Follower in den sozialen Medien zu fragen, was sie ihrem »jüngeren Selbst« aus heutiger Sicht raten würden. Erst kürzlich habe ich ein Video auf Youtube gesehen, in dem hundert Menschen aus verschiedenen Altersgruppen sowie unterschiedlicher Herkunft und Ethnien sich dazu äußerten. Immer wieder kamen Antworten wie: »Ich wünschte, ich wäre selbstbewusster, mutiger, weniger kritisch und liebevoller mit mir umgegangen.« Jedenfalls von den weiblichen Befragten. Während die Männer eher Dinge bereuten, die sie in jungen Jahren gemacht hatten, »unüberlegte Dummheiten«, wie sie es nannten. Am meisten amüsierte mich ein sehr junger Schwarzer, der, proper in Anzug und mit Krawatte gekleidet, schelmisch in die Kamera lächelte und sagte: »Meinem jüngeren Selbst würde ich raten: Kein Wort zu den Cops ohne meinen Anwalt!«

Wenn es um den Selbstwert von Mädchen und jungen Frauen geht, könnte man meinen, in den letzten Jahren hätte sich diesbezüglich viel verbessert. Bei Instagram, Tiktok und anderen sozialen Medien posieren viele von ihnen mit perfektem Make-up und trendig gekleidet, wie es ihnen die erfolgreichen Influencerinnen vorleben. Es ist jedoch ein Irrtum, wenn man das Sendungsbewusstsein junger Frauen automatisch mit einem guten Selbstbewusstsein verbindet. Ich wage sogar zu behaupten, dass dieses sehr davon abhängt, wie viele Likes sie mit einem Posting generieren können. Im umgekehrten Fall können die Nichtbeachtung eines Beitrags und, noch schlimmer, gehässige oder neidische Kommentare schnell einmal dazu führen, dass vom Selbstwertgefühl wenig übrig bleibt.

Fragt man weibliche Teenager nach ihrem Berufswunsch, antworten gefühlt mehr als die Hälfte: »Ich möchte hauptberuflich Influencerin, Model oder Moderatorin werden.« Das Ziel ist also mediale Aufmerksamkeit, die mit Prominenz, Glamour und Reichtum verbunden ist. Diese Träume verblassen schnell, wenn es darum geht, sich den Realitäten des Lebens zu stellen. Zum Beispiel, wenn sich die jungen Frauen entscheiden müssen, wie ihre berufliche Zukunft konkret aussehen könnte. Das bedeutet für mich nicht, dass man seine Träume, wie immer diese auch aussehen mögen, schon frühzeitig begraben sollte. Ich bin überzeugt, dass einem das Schicksal einen Weg aufzeigt, wenn man eine wirkliche Leidenschaft für etwas hegt, auch wenn er durchaus mit konstanter Arbeit, Disziplin und Engagement verbunden sein mag. Jedenfalls habe ich es so erlebt.

Und was mein Selbstbewusstsein betrifft, hatte ich kürzlich ein aufschlussreiches Erlebnis. Nachdem ich Eva Eyholzer-Maschek, deren Leben ich im vorherigen Porträt skizziert habe, den Text über sie zugeschickt hatte, dankte sie mir in einer liebenswürdigen Mail. Sie fügte an, dass sie mich schon immer bewundert hätte: »Du warst immer die schöne, erfahrene Silvia, der die Männer zu Füßen lagen und die umringt von Freunden war. Ich war immer das etwas naive Landei.«

Mir fiel fast der Kiefer runter. Schön? Erfahren? Männer zu meinen Füßen? Welche Silvia meinte Eva? Die Silvia, die nie Kaffee trank, weil sie auch ohne immer so nervös war, dass ihr oft die Hände zitterten? Und die ständig Angst davor hatte, dass die Kollegen oder der Chef ihre Unsicherheit bemerken könnten? Die Silvia, die ständig mit ihrer Figur haderte, weil sie sich zu dick fand? Und was meine Verehrer betraf: Die waren für mich völlig unwichtig, weil ich damals während Jahren nur Augen für einen Mann hatte, für den ich aber immer nur eine Affäre blieb.

Wenn ich heute auf mein 25-jähriges Selbst zurückschaue, dann möchte *ich* seine Freundin sein, möchte es ermuntern, an seine Fähigkeiten zu glauben und sich nicht immer so kritisch zu betrachten. Ich würde ihm sagen, dass es keine Angst vor dem Leben zu haben braucht. Dass sich die Dinge vielleicht nicht so entwickeln würden, wie es sich dies erträumt hatte. Aber dass es trotzdem gut kommen würde.

Freundinnen haben in meinem heutigen Leben einen wichtigen Stellenwert. Sei es, weil wir ein kürzeres oder längeres Stück Lebensweg zusammen gegangen sind, uns gemeinsame Interessen verbinden, oder einfach nur, weil wir die gleiche Wellenlänge haben. Ich freue mich auch immer, wenn über die Jahre die eine oder andere neue Freundschaft dazukommt, wenn vielleicht eine andere verblüht ist. Denn auch das ist eine Gegebenheit, mit der ich umzugehen lernen musste: Nicht nur die Liebe kann ein Ende haben, auch Freundschaften verändern sich oder kommen an einen Punkt, an dem man sie überdenken sollte.

Die einzige Person, mit der man allerdings immer ein Auskommen finden muss, ist man selbst. Oder, wie es Eva während unseres Gesprächs formulierte: »Die schweren Dinge im Leben muss man allein meistern.« Ich teile Evas Ansicht. Darum versuche ich, nicht nur anderen eine gute Freundin zu sein, sondern auch mir. Das ist schwieriger, als es tönt. Jedenfalls wenn es darum geht, die eigene innere Kritikerin zum Schweigen zu bringen. Oder darum, nicht nur seinen Lieben Fürsorge und Aufmerksamkeit zu gönnen, sondern auch sich selbst. Dass wir unser inneres Kind heilen sollten, um seelisch gesund zu werden und weiter zu wachsen, ist inzwischen allgemein bekannt. Aber damit ist es nicht getan. Die gleiche Aufmerksamkeit sollten wir auch dem unsicheren Mädchen oder der jungen Frau in uns widmen, die sich immer dann meldet, wenn alte Wunden aufgerissen werden und wir an uns zweifeln, uns kritisieren und uns verurteilen. Obwohl wir über unseren Intellekt genau wissen, dass diese Gefühle nichts mit uns als erwachsenen Frauen zu tun haben, sondern schmerzhafte Überbleibsel aus alten Tagen sind.

Das nagende Gefühl, nicht zu gefallen, nicht zu genügen oder nicht geliebt zu werden, macht unsicher und unglücklich. In solchen Momenten versuche ich, mir Mut zuzusprechen, mich zu verwöhnen oder mir bewusst zu machen, was ich in meinem Leben bereits alles gemeistert habe. Manchmal braucht es aber auch eine gewisse Strenge, nämlich dann, wenn ich mir mit meinem Gejammer selbst auf die Nerven gehe. Und in seltenen Fällen muss ich mir auch einen imaginären Tritt ins Hinterteil verpassen.

»Ich möchte eine crazy Granny werden«

ADRIANA DEL BON, 53
Schneiderin und Modegestalterin mit eigenem Atelier, verheiratet; sie hat einen 18-jährigen Stiefsohn. Nach vielen verschiedenen Lebensstationen hat sie in der Schweiz ihre zweite Heimat gefunden.

Wenn ich nur drei Eigenschaften aufzählen dürfte, die mir in den Sinn kommen, wenn ich an Adriana denke, es wäre beinahe unmöglich. Ich würde ihr auch nicht gerecht, wenn ich sie »nur« als positiv, energetisch und hilfsbereit bezeichnen würde. Denn »Adi«, wie ich sie nenne, ist eine Frau mit einer vielfältigen Persönlichkeit: ein Überraschungspaket! Unser Kennenlernen vor zwölf Jahren verlief denn auch ungewöhnlich: Adriana rettete mich damals aus einer »modischen Notfallsituation«. Einige Stunden bevor ich zu einem beruflichen Event musste, riss der Saum meines Kleides. Und da dessen Stoff extrem heikel war, brauchte ich jemanden, der, im Gegensatz zu mir, professionell mit Nadel und Faden umgehen konnte. Und die Reparatur musste sehr schnell passieren. Im Internet fand ich das Angebot eines mobilen Schneiderateliers. Dessen Inhaberin, so war zu lesen, würde die Ware vor Ort abholen, im Atelier die Änderungen machen und sie express zurückbringen. Das war genau das, was ich brauchte! Fünfundvierzig Minuten später stand eine attraktive, modisch gekleidete Frau vor der Tür, die sich als Adriana vorstellte. Da sie nur gebrochen Deutsch sprach, erklärte ich ihr mein Problem auf Englisch. Knapp drei Stunden später brachte sie mir mein Kleid, gebügelt und mit perfektem Saum, zurück.

Bei der Übergabe in den frühen Abendstunden wunderte ich mich allerdings, dass die doch sehr sportlich wirkende Blondine so außer Puste war. Da ich noch Zeit hatte, bevor ich mich in Schale werfen musste, lud ich sie auf einen Kaffee ein. Mir fiel auf, dass Adrianas Hände leicht zitterten, und ich sprach sie darauf an. Sie erzählte mir, dass sie und ihr Freund Stefan auf der Fahrt zu mir in einen unverschuldeten Auffahrunfall verwickelt waren, der glücklicherweise glimpflich verlief. Nach dem ersten Schreck hatte Adriana ihrem Freund aufgetragen, sich um den Schaden und den Austausch von Versicherungsangaben zu kümmern, bevor sie im Laufschritt die letzten fünfhundert Meter zu meiner Wohnung zurückgelegt hatte. Eine halbe Stunde vor dem vereinbarten Termin. Die Erfahrung, dass auf die gebürtige Slowakin immer Verlass ist, machte ich in den nächsten Jahren immer wieder.

Aufgewachsen ist Adriana in Košice, einer mittelgroßen Stadt im Osten der Slowakei. »Ich war ein glückliches Kind, sehr lebhaft und immer die Lauteste in der Gruppe. Obwohl ich jünger als die meisten anderen Kinder in der Nachbarschaft war, galt ich als ›Chefin‹.« Wenn mir Adi jeweils Geschichten aus ihrer Kindheit erzählt, muss ich immer schmunzeln, denn sie scheint die perfekte Kombination ihrer Eltern zu sein. Sie vereint die disziplinierte Art und die technische und praktische Begabung ihres Vaters mit dem fröhlichen, kreativen und stets positiven Charakter ihrer Mutter, »der Entertainerin der Familie«, wie sie Adriana beschreibt. Immer wieder ist zu spüren, wie stark Adriana mit ihrer Heimat und vor allem mit ihren Eltern und ihrer Schwester, die in der Slowakei leben, verbunden ist. Und wie sehr sie manchmal unter der Distanz leidet. Das Schöne an Adi ist, dass sie auch zeigen kann, wenn sie hin und wieder traurig ist, und sie geniert sich auch nicht, vor mir zu weinen. Für mich ein Zeichen von echter Stärke. Ich bewundere sie dafür, dass sie ihre Gefühle so offen zeigen kann.

Adriana ist in der Tschechoslowakischen Sozialistischen Republik, der ČSSR, aufgewachsen. Sie träumte schon früh davon, zu reisen und die Welt zu entdecken. »Ich wollte immer wissen, was hinter dem Eisernen Vorhang ist.« Nach einem Universitätsabschluss arbeitete sie in verschiedenen Jobs, um so Geld für ihren großen Wunsch zu sparen. Noch keine zwanzig Jahre alt, bekam sie einen Bürojob in der größten Firma der Stadt. Und auch hier zeigte sich ihre Zielstrebigkeit: Aufgrund ihrer Arbeitsdisziplin, ihres Fremdsprachentalents und ihrer offenen und fröhlichen Art wurde sie innerhalb eines Jahres zur persönlichen Assistentin des Direktors ernannt. Wer jetzt aber denkt, dass die ehrgeizige junge Frau dafür ihr Privatleben geopfert hätte, irrt. Adriana war der Typ, der bis in die Puppen feiern konnte, aber morgens um neun Uhr wieder konzentriert an ihrem Schreibtisch saß. So, als hätte sie spätestens um Mitternacht geschlafen.

Es dauerte jedoch noch einige Zeit, bis Adi die weite Welt offenstehen würde. »Nach der Samtenen Revolution 1989 öffnete sich eine neue Welt für mich, und ich reiste in viele europäische Länder, aber auch in die USA und nach Australien. Ich habe so viele Erfahrungen gemacht und Freundschaften geschlossen, die bis heute halten«, erinnert sie sich. Vor allem die Zeiten, in denen sie allein unterwegs gewesen war, hätten sie geprägt: »Die Erfahrung, dass es für mich nie beängstigend oder problematisch wurde, solo unterwegs zu sein, hat mich stärker und selbstbewusster gemacht.«

Diese Stärke konnte sie auch brauchen, als ihre langjährige Beziehung mit ihrem damaligen Partner in die Brüche ging. »Ich hatte einen großen Teil meines Erwachsenenlebens mit diesem Mann verbracht und war jetzt zum ersten Mal allein.« Was ihr in dieser Zeit, aber auch später in schwierigen Situationen immer wieder geholfen habe, sei die Natur gewesen. »Ausgedehnte Spaziergänge halfen mir, meine Batterien neu zu laden, den Schmerz zu verarbeiten und neue Kraft zu tanken.« Kraft brauchte sie auch für eine neue Herausforderung, für die sie ihre kreative und unternehmerische Seite einsetzte. Bei einem Besuch bei einer ihrer Freundinnen in Florida hatte Adriana eine Geschäftsidee, die sich sehr erfolgreich entwickeln sollte. Weil sie wusste, dass viele Frauen in der Slowakei amerikanische Mode liebten, jedoch wenig Möglichkeiten hatten, diese zu kaufen, begann sie, Abendmode aus den USA zu importieren, und baute sich so ein erfolgreiches geschäftliches Standbein auf. Und damit auch ihre analytische Seite gefordert war, begann sie, für die Leasingfirma ihrer jüngeren Schwester zu arbeiten.

Aber Adriana wäre nicht Adriana, wenn sie nicht bald das nächste Abenteuer in Angriff genommen hätte. Gerade vierzig geworden und »voll Saft und Kraft«, wie sie es nennt, bekam sie das Angebot, in der Schweiz für eine russische Tradingfirma zu arbeiten. Und so brach sie in ihrer Heimat alle Zelte ab, um sich in Zürich ein neues Leben aufzubauen. »Ich war mir sicher, dass dies eine tolle Sache würde, denn ich war ja noch jung und fühlte mich fit genug für einen neuen Start.« Aber dieser verlief nicht wie gewohnt erfolgreich, sondern harzig. »Normalerweise hatte ich nie Probleme, neue Kontakte zu knüpfen und Freundschaften zu schließen. Aber nun wollte es mir nicht richtig gelingen«, erinnert sich Adriana. Und zum ersten Mal in ihrem Leben verspürte sie Heimweh. »Ich fühlte mich verloren in dieser neuen Stadt, fernab von meiner Familie und meinen Freunden.«

Und plötzlich habe sie sich damals auch Gedanken übers Älterwerden gemacht. »Ich hatte wohl eine verfrühte Midlife-Crisis«, sagt sie. »Vorher war ich ja ständig unterwegs gewesen. Mein aktiver Lebensstil hatte mich davon abgehalten, mich intensiv mit mir selbst auseinanderzusetzen.« Adriana, die immer stolz auf ihre Freiheit und ihre Unabhängigkeit gewesen war, stellte ihren Lebensstil jetzt plötzlich manchmal infrage: »Andere Frauen meines Alters waren verheiratet, hatten Kinder und lebten ein so anderes Leben als ich.«

Adriana wusste, was ihr in dieser Situation guttun würde, nämlich der Aufenthalt in der Natur. Und so begann sie, die Schweiz auf eigene Faust zu erkunden, ging spazieren und wandern und immer auch regelmäßig schwimmen. »Ich wollte mich richtig körperlich anstrengen, denn ich wusste, das würde mich nicht nur fitter machen, sondern auch psychisch stärken.« Aber nicht nur die körperliche Betätigung half Adriana, sich wieder besser zu fühlen, auch die Freundschaft mit einem Arbeitskollegen tat ihr gut: »Stefan half mir, mich einzuleben, und wir unternahmen auch viel zusammen.« Es dauerte nicht lange, und sie verliebten sich ineinander. Die Beziehung entwickelte sich allerdings langsam, da Stefan noch verheiratet war. Und weil Adriana keine Ehe zerstören wollte, auch wenn diese nicht gut war, dauerte es eine gewisse Zeit, bis die beiden offiziell ein Paar wurden und 2013 heirateten.

Aus Adriana wurde nicht nur eine Ehefrau, sondern auch die Stiefmama des damals zehnjährigen Elia. Er lebte zwar bei seiner Mutter, aber verbrachte auch viel Zeit bei ihr und Stefan. Wenn Adriana von Elia spricht, dann voller Zuneigung und Fürsorge. »Ich sah mich nie als Ersatzmutter, sondern immer mehr als Elias Freundin«, sagt sie über ihr Verhältnis zu dem heute achtzehnjährigen jungen Mann. »Ich habe ihn auch nie gedrängt, mir etwas zu erzählen, wenn er nicht mochte.« Vielleicht ist auch darum das Verhältnis zwischen den beiden so gut und offen.

Weil sie die Arbeit in der Tradingfirma nicht glücklich machte und sie unbedingt wieder kreativer arbeiten wollte, entwickelte Adi die Idee einer mobilen Express-Schneiderei. »Ich wusste, ich konnte schnell und exakt arbeiten, und Stefan half mir bei der logistischen Umsetzung.« Es ging nicht lange, und Adriana verfügte über einen soliden Kundenstamm, der nicht nur ihre professionelle Arbeit schätzte, wenn es um Reparaturen und Änderungen bei Kleidern ging, sondern sie bekam auch zunehmend Aufträge für neue Designs und Maßanfertigungen.

Adriana war stets zur Stelle, wenn es galt, meine Garderobe instand zu halten. Immer öfter tranken wir, wenn es die Zeit erlaubte, einen Kaffee zusammen. So lernten wir uns immer besser kennen. Mir gefielen ihr positives, aufgeschlossenes Wesen und ihre nie versiegende Energie. Auch nach vielen Arbeitsstunden hatte sie immer noch Lust, etwas zu unternehmen oder sich sportlich zu betätigen. Bei Adi musste im wortwörtlichen Sinn immer »etwas laufen«. Und sei es nur, wenn sie ihren Kunden, meist mit den öffentlichen Verkehrsmitteln, die Kleider nach Hause brachte. Kam sie zu mir, erzählte sie dann stolz, wie viele Schritte sie an diesem Tag geschafft hatte. Meistens waren es mehr, als ich in einer Woche machte. »So bleibt mein innerer Motor in Bewegung«, sagte sie jeweils, wenn ich sie fragte, was ihre Motivation sei, nicht ihr Auto zu benützen.

Dazu passt auch, dass sie öfter mal versuchte, mich zu einem gemeinsamen Pilates-Training zu überreden. Ich fand jedoch immer wieder Wege, ihre Pläne zu sabotieren und sie davon zu überzeugen, dass es doch viel angenehmer war, sich ein bisschen zu unterhalten, als gemeinsam zu schwitzen. Wenn ich sie aber dazu verführen wollte, mit mir ein Stück Kuchen oder sonst etwas Süßes zu naschen, biss ich auf Granit. Dann schaute sie mich gespielt vorwurfsvoll an und sagte leicht tadelnd: »Silvinka, no, no, no! You have to wear your bikini in just two months. No cookies for you!« Worauf ich jeweils so tat, als würde ich sie nicht verstehen, und leicht schnippisch antwortete: »No, no, no, Adi, you would better improve your German instead of doing so much Pilates!« Adriana versteht die deutsche Sprache durchaus, und sie spricht auch etwas Schweizerdeutsch. Vor allem nach ein oder zwei Gläschen Weißwein oder Prosecco. Aber sie besteht bis heute darauf, sich auf Englisch mit mir zu unterhalten, damit ich meine Ausdrucksweise perfektioniere. Außerdem würden die meisten ihrer Kunden Englisch sprechen.

Irgendwann fiel mir bei unseren Treffen auf, dass Adi nicht wie bisher vor Energie sprühte. Obwohl sie sich Mühe gab, sich nichts anmerken zu lassen, war für mich klar, dass es ihr nicht gut ging. Sie war nicht mehr schlank, sondern dünn, und um ihre Augen zeichneten sich dunkle Ringe ab. Wenn ich sie fragte, was sie jeweils an den Wochenenden unternommen habe, schüttelte sie nur den Kopf und sagte: »Leider nichts, ich habe einfach zu viel Arbeit.« An einem

Nachmittag, als mich Adriana wieder einmal besuchte, fragte ich sie zum wiederholten Male, warum sie so müde aussehe. Da brach sie in Tränen aus und erzählte mir, dass sie beinahe einen schweren Autounfall gehabt habe, weil sie vor Erschöpfung für ein paar Sekunden hinter dem Steuer eingeschlafen war. Für einmal sprachen wir an diesem Nachmittag nicht über Kleider, Männer und Fitnessübungen, sondern über Adrianas gesundheitlichen und psychischen Zustand. Und sie erzählte mir, dass sie pro Nacht nicht mehr als vier oder fünf Stunden schlief. »Früher hatte ich kein schlechtes Gewissen, wenn ich einmal nichts tat, und genoss es einfach, heute gönne ich mir keine freie Minute«, sagte sie mit leiser Stimme. Sie setze sich ständig unter Druck, weil sie einerseits das Gefühl habe, genauso viel arbeiten zu müssen wie in früheren Tagen. Andererseits wolle sie sich eine gewisse finanzielle Sicherheit schaffen. »Man weiß ja nie, was in der Zukunft passiert. Und vielleicht muss ich eines Tages wieder von vorn beginnen.«

Was Adriana allerdings nicht bedachte, war, dass ihre Energien nicht mehr die gleichen waren wie vor zwanzig Jahren. Und offenbar hatte sie Mühe, sich das einzugestehen. »Lange Zeit spürte ich das Älterwerden nicht. Oder ich verdrängte es. Ich wollte einfach jung, fit und aktiv bleiben, vor allem auch, weil mein Mann einige Jahre jünger ist.« Lange Zeit gelang es ihr auch, den Energielevel hochzuhalten, bis zu dem Punkt, an dem sie sich selber in Gefahr brachte.

Wie so oft im Leben brauchte es ein einschneidendes Erlebnis, bis Adriana bereit war, gewisse Dinge zu ändern. Aber sie erkannte die Zeichen und begann nach und nach, ihren Lebensstil zu verändern. »Ich bin langsamer geworden«, sagt sie nun in einem leicht leidenden Tonfall, um kurz darauf in schallendes Gelächter auszubrechen – was Adi unter »langsam« versteht, bedeutet bei vielen anderen Menschen immer noch ein erhöhtes Tempo. Doch noch etwas anderes hat der Beinahe-Unfall Adriana bewusst gemacht, nämlich dass sie immer die Bedürfnisse der anderen an die erste Stelle gesetzt hatte.

»Irgendwann machte es klick in meinem Kopf, und ich sagte mir: Jetzt komme ich. Und das müsst ihr wohl oder übel akzeptieren.«

Konkret heißt das, dass sie wieder öfter in die Natur geht, sich bewusster ernährt und sich immer gewisse Stunden gönnt, in denen sie sich einfach treiben lässt. An den Wochenenden arbeitet sie nicht mehr und unternimmt mit Stefan und Elia Ausflüge. »Ich genieße es, einfach loslassen zu können und mich auszuruhen«, schwärmt sie über ihr neues Lebensgefühl. »Anfänglich fiel es mir nicht leicht, beim Einschlafen die kreisenden Gedanken abzustellen. Aber mit der Zeit lernte ich, mich besser zu entspannen, was dazu beitrug, dass ich auch gelassener bin.« Es sind auch nicht mehr die großen Pläne, die Adriana antreiben. »Ich bin in meinem Leben angekommen und freue mich an dem, was ich habe.«

Und nachdem sie die »Hürde« ihres fünfzigsten Geburtstags geschafft hat, haben sich auch die Sorgen vor dem Älterwerden relativiert. »Dadurch, dass ich akzeptieren konnte, dass ich nichts dagegen machen kann, außer besser auf mich selbst zu schauen, habe ich mich mit dem Unausweichlichen anfreunden können.« Geholfen habe ihr dabei auch, dass sie sich in Gesellschaft alter Menschen eigentlich immer sehr wohlgefühlt habe. »Ich habe es bereits als Kind geliebt, alten Menschen zuzuhören, wenn sie über ihr Leben und von ihren Erfahrungen erzählt haben.« Zu schaffen macht ihr heute also weniger das eigene Älterwerden, sondern jenes ihrer Eltern. Zwar tauschen sie sich fast täglich über die sozialen Medien aus, chatten und facetimen regelmäßig, aber wenn die Mutter oder der Vater gesundheitliche Probleme haben, was in letzter Zeit immer öfter vorgekommen ist, leidet Adi sichtlich unter der Distanz.

Doch Adriana will alten Menschen auf Augenhöhe begegnen: »Nur weil sie vielleicht körperlich geschwächt sind, heißt es nicht, dass sie nicht ein wichtiger Teil der Gesellschaft sind. Ich möchte eine crazy Granny werden. Mit wachem Verstand, neugierig, interessiert – und natürlich werde ich mich nie gehen lassen.« Ich glaube, Adriana hat dafür die besten Voraussetzungen.

Raus aus dem Kokon und rein ins Leben!

Der Goldschatz

»Du bist einfach zu nett!« Das ist einer jener Sätze, die ich in meinem Leben immer und immer wieder gehört habe. Als junger Mensch empfand ich ihn als Kompliment. Denn war es nicht eine gute Sache, dass ich nicht nur für mein eigenes Wohlergehen schaute, sondern auch auf das meines Umfeldes? War ich doch keine Einzelkämpferin, sondern Teil der Gesellschaft. Mit dieser Form der Nächstenliebe war ich aufgewachsen. Sie zeigte sich auch darin, dass mein Vater jeweils mit einem Zehntel seines Einkommens verschiedene gemeinnützige Projekte unterstützte. Zudem hat der katholische Glaube meine Erziehung stark geprägt, jedenfalls bis ich in die Pubertät kam. Ab diesem Zeitpunkt lehnte ich mich gegen alles auf, was mit Geboten und Verboten einherging. Die Sache mit der gelebten Nächstenliebe ist mir jedoch auch heute noch wichtig, was aber wenig bis nichts mit einer bestimmten Form der Religion zu tun hat, sondern mit meinem Wunsch, dass es den Menschen, die ich liebe, gut geht.

Als ich eine junge Frau war, waren sämtliche Religionen für mich komplett überflüssig, hielt ich es doch mit John Lennons zeitlosem Song »Imagine«, der 1971 veröffentlicht wurde. Lennon träumt da von einer Gesellschaft, die frei von Nationalismus, Religion und Krieg ist und in der die Menschen harmonisch miteinander leben. Mit der Sicht auf die heutige Weltlage erscheint dieser Songtext zwar ziemlich weltfremd. Doch ohne Idealisten und ihren Glauben an eine bessere Zukunft sähe diese wohl noch düsterer aus.

Imagine there's no countries
It isn't hard to do
Nothing to kill or die for
And no religion, too

Imagine all the people
Livin' life in peace
You

You may say I'm a dreamer
But I'm not the only one
I hope someday you'll join us
And the world will be as one

Ja, man kann sagen, dass Lennons Song idealistisch und weltfremd ist. Für mich aber steht er stellvertretend für den Wunsch vieler Menschen nach einem friedlicheren Leben. Und eben, seine Aussage ist leider gut fünfzig Jahre später so aktuell wie nie. Als ich das Lied kürzlich während einer Autofahrt hörte, trieb es mir fast die Tränen in die Augen. Einerseits weil Lennon nur neun Jahre später ermordet wurde, andererseits weil ich mich als ewige Träumerin so gut mit dem Song identifizieren kann.

Dass mir viel am Wohlergehen anderer liegt, kommt sicher nicht nur von meiner katholischen Erziehung, sondern auch daher, dass ich schon früh in meinem Leben zu spüren glaubte, wenn es jemandem nicht gut ging. Meine Mutter erzählte lange jedem, ob er es hören wollte oder nicht, dass ich schon als kleines Kind »einen sechsten Sinn« gehabt habe. Ohne dass jemand ein Wort über deren jeweiligen Gefühlszustand gesagt habe, sei ich jeweils auf irgendwelche Personen zugegangen, hätte sie fixiert und meine »Diagnose« abgegeben: »Gell, du bist traurig.« Oder: »Ich spüre, dass dir etwas wehtut.« – »Deine Tochter ist ein richtiger Engel«, hörte ich die Leute dann zu meiner Mutter sagen. Und obwohl ich mich durch dieses Kompliment geschmeichelt fühlte, verstand ich es nicht wirklich, handelte ich doch einfach aus einem inneren Bedürfnis heraus.

Peinlicher wurde es für meine Mama aber in Situationen wie jener, als ich im Bus eine junge Frau musterte und zu ihr sagte: »Du hast aber ein hübsches Baby im Bauch.« Die Frau, deren Schwangerschaft ihr noch nicht anzusehen war, sei aus allen Wolken gefallen und stotterte: »Woher weiß die Kleine das bloß?« Woher ich das wusste? Keine Ahnung. Ich wusste es eben. Heute nennt man diese Form des intuitiven Spürens Hellfühlen. Später würde mir meine Mutter im Vertrauen erzählen, dass sie als Kind genau die gleichen Fähigkeiten hatte, aber nie darüber sprechen durfte, da sie sich nicht mit den Prinzipien der katholischen Kirche vertrugen. Es sei eine schöne Gabe, die wir beide hätten, aber es sei besser, anderen gegenüber nichts darüber anzudeuten.

Ich war nicht nur der Liebling meiner Mutter und meiner Großmutter, auch die Verwandtschaft und alle Freundinnen meiner Mutter liebten das »süße Silveli« mit seinen hellblonden Löckchen, den blitzblauen Augen und den prallen Wangen. Natürlich war es damals auch angenehm, der »Goldschatz« der Familie zu sein. Ich wurde geliebt, beschützt und sprichwörtlich in Watte gepackt, denn so ein »liebes, sensibles Mädchen« musste ja vor allem Bösen beschützt werden. Heute sage ich manchmal, wenn ich auf diese Zeit zurückblicke: Ich bin mit »Helikoptereltern« aufgewachsen – mit dem Unterschied zu heute, dass es damals sehr viel weniger Gefahren gab, denen Kinder ausgesetzt waren.

Dass meine Hellfühligkeit aber auch eine andere, schwierige Seite hatte, lernte ich ebenfalls früh. Dadurch, dass ich spüren konnte, wie es anderen ging, fühlte ich mich auch instinktiv für deren Wohlergehen verantwortlich. Gelang es mir für einmal nicht, Mama aufzuheitern, wenn sie niedergeschlagen war oder weinte, dann war es doch meine Schuld, und ich bekam ein schlechtes Gewissen. Um dieses zu besänftigen, strengte ich mich noch mehr an, um ihre Stimmung zu heben. Ich bastelte etwas für sie, sammelte Blumen oder schrieb ihr einen Brief. Und meistens funktionierte diese »Taktik« auch, und sie nahm mich in den Arm und flüsterte mir ins Ohr, dass sie mich von der ganzen Familie »am liebsten« habe. »Lieber noch als Papa oder Jeannette?«, wollte ich jeweils eifrig wissen. Wenn sie dies dann bestätigte, war ich überglücklich.

Natürlich wusste ich als Kind noch nicht, dass sich durch solche Situationen ein Verhaltensmuster bei mir einprägte, das mich fortan viele Jahre begleiten würde. Nämlich dass ich mich nicht nur für das Glück anderer verantwortlich fühlte, sondern auch, dass ich mich vor allem in Liebesbeziehungen auf die Bedürfnisse meines Gegenübers konzentrierte, während ich meine Vorstellungen und Wünsche zurückstellte. Und dass ich mehr machte, als gut für mich war, um meinem jeweiligen Partner zu gefallen. Anfangs war das auch kein Problem, da ich als junge, eher unsichere Frau ältere und von ihrem Auftreten her selbstbewusste Männer bevorzugte, die den Ton in einer Beziehung angaben. Aber schon damals regte sich dennoch ein innerer Widerstand in mir, den ich schon immer gespürt hatte, wenn es um Autoritäten ging. Erst als ich älter wurde und merkte, wie mein Selbstwertgefühl zu wachsen begann, schaffte ich es, mich in Liebesbeziehungen nicht immer zurückzunehmen, sondern meine eigenen Bedürfnisse ernst zu nehmen und diese auch zu äußern. Dieser Prozess war jedoch schwierig und ging nicht so geschmeidig, wie sich diese Zeilen jetzt hoffentlich lesen. Er dauerte viele Jahre, die reich bestückt mit Dramen, Tränen und Kämpfen waren, und oft streckte ich die Waffen, nur um meine Ruhe zu haben. Diese Scheinharmonie dauerte jedoch nie lange, und der nächste Konflikt brach wieder aus, weil sich etwas in meinem Inneren gegen meinen Wunsch, den anderen glücklich zu machen, wehrte. Wie das in solchen Situationen häufig ist, suchte ich mir auch die Männer aus, die in dieser Beziehung ebenfalls einen blinden Fleck hatten.

Im Rückblick würde ich meinem jüngeren Selbst also raten, gewisse Verhaltensmuster zu hinterfragen, vor allem, wenn sie sich schmerzhaft wiederholen. Und sich Hilfe zu holen, wenn der Leidensdruck zu groß wird. Ja, auch eine enge und ehrliche Freundin kann einem den Spiegel vorhalten, wenn es darum geht, gewisse Dinge zu erkennen. Aber da sie meist auch befangen ist und ihre eigene Erfahrung mit einbringt, ist es besser, sich von außen professionell beraten zu lassen. Es gibt heute viele Therapieangebote, und es braucht keine mehrjährige Analyse, wie ich sie gemacht habe, um Vergangenes aufzuarbeiten. Am besten fragt man im Freundeskreis, wer eine gute Adresse kennt, oder folgt seinem Bauchgefühl, wenn es darum geht, einen ersten Termin zu buchen. Ganz nach dem Trial-and-Error-System spürt man schnell, ob man bei den richtigen Therapeuten gelandet ist.

Im Kokon

Doch zurück zu meinen jungen Jahren. Wenn Sie den Eindruck bekommen haben sollten, dass das »liebe Silveli« ein Rühr-mich-nicht-an-Mauerblümchen war, liegen Sie falsch. Ja, ich war ein »Sensibeli«, aber in meinem gewohnten und vertrauten Umfeld war davon nicht viel zu spüren. Ich war unternehmungslustig, lachte oft und viel und war für jeden Schabernack zu haben. Da ich im Freundeskreis auch gern das Sagen hatte, war ich stets von einer Gruppe gleichaltriger »Follower« umgeben, die mir bereitwillig die Führung überließen, wenn es darum ging, zu entscheiden, was wir spielten, welchen Streich wir ausheckten, oder auch nur, wen wir jetzt gut fanden und wen nicht.

Meine Ängste kamen erst dann zu Besuch, wenn ich abends im Bett lag. Dann stellte ich mir vor, wie es wäre, wenn meine Eltern sterben würden. Ich kann dieses Gefühl auch heute noch nachvollziehen. Ich sah mich dann jeweils als winzigen Stern, der total verloren im riesigen Weltall war. Dieses Bild tauchte auch später in meinem Leben nach schmerzhaften Trennungen und Verlusten auf. Ich lernte erst, damit umzugehen, als ich begriff, dass es für mich das Sinnbild für den Tod war. Und dieser war lange Jahre für mich ein wahres Schreckgespenst. Als ich mich später intensiv mit diesem Thema auseinanderzusetzen begann, weil ich darin die Ursache meiner jahrelangen Panikattacken vermutete, erfuhr ich, dass man diese Angst Thanatophobie nennt. Ich finde, irgendwie klingt dieser Begriff noch originell.

Ohne meiner großen Schwester den schwarzen Peter zuschieben zu wollen – es war für sie sicher auch nicht einfach, nach acht Jahren als Einzelkind ein Schwesterchen zu bekommen –, war es doch so, dass sie meine Verlustängste so gut, wie sie nur konnte, schürte. Sie ließ nicht nur keine Gelegenheit aus, mich auszulachen, wenn mich nachts böse Träume plagten, sondern nährte meine Panik noch, indem sie jedes Mal, wenn ich ihrer Meinung nach nicht brav gewesen war, sagte: »Du bist schuld, wenn Mami stirbt.« Oder sie legte sich bewegungslos aufs Bett und spielte tot. Ihre Spezialität waren kleine Briefe, die sie aufs Fensterbrett legte und darin den Samichlaus, das Christkind, den Osterhasen oder auch nur den Pöstler oder den Milchmann bat, mich mitzunehmen und nie wieder nach Hause zu bringen.

Natürlich arbeiteten meine Schwester und ich unsere gemeinsame Vergangenheit auf und haben heute gegenseitig Verständnis für unsere damalige Situation. Aber es brauchte eine lange Zeit, bis mir klar wurde, dass ein Grund für meine heftigen Verlustängste, die mich jahrelang plagten, in meiner Kindheit zu finden war. Auch dass meine Eltern bei meiner Geburt schon 47 Jahre alt waren, hatte dazu beigetragen. Dadurch, dass sich meine Mutter zehn Jahre jünger machte, als sie wirklich war, und mich damit anlog, wurde das Ganze auch nicht einfacher. Ich weiß noch genau, wie sie mir, als ich zwölf war, dieses Geheimnis anvertraute – eben, dass sie zehn Jahre älter war, als man mich immer glauben ließ. Dann stimmte es wirklich, was Jeannette immer gesagt hatte, nämlich dass sie bald sterben würde. Umso mehr bemühte ich mich, ihr keine Sorgen zu machen, sondern sie zu erfreuen. Da Mama in dieser Phase auch immer wieder kränkelte, war ich jetzt quasi für ihr Überleben zuständig. Im Gegensatz zu den Müttern meiner Freundinnen war meine Mutter mit ihren bald sechzig Jahren damals uralt. Da half es auch nicht, dass sie hübscher und gepflegter als die meisten Mütter aussah.

Ich mache meiner Mutter keinen Vorwurf, dass sie mir ihr wahres Alter lange Zeit verheimlichte. Sie wollte vielleicht nicht, dass mich die anderen Kinder deswegen auslachen würden. Was sicher nie passiert wäre, denn sie wurde von meinen Freundinnen heiß geliebt. Auch weil es bei uns immer Süßigkeiten und feine Desserts gab. Leider haben wir nie konkret über dieses Thema gesprochen. Aber ich weiß aus vielen Gesprächen, dass sie Mühe hatte mit dem Älterwerden. Das hatte sicher auch damit zu tun, dass Mama über eine gesunde Eitelkeit verfügte. Diese, verbunden mit guten Genen, einer gesunden Lebensführung und viel Disziplin, führte dazu, dass sie bis ins hohe Alter eine attraktive Frau blieb.

Die späte Mutterschaft war für sie nicht nur »ein großes Glück«, wie sie immer betonte. Sie verstand sie auch als Verpflichtung, geistig aktiv zu bleiben, und nahm darum nicht nur Anteil am Leben ihrer Familie, sondern blieb bis zu ihrem Tod wissbegierig und interessiert und wollte immer über die neuesten Ereignisse auf der Welt informiert sein. Natürlich hatte sie auch zu allen mehr oder weniger weltbewegenden Themen eine feste Meinung, egal, ob es um die Heirat von Caroline von Monaco mit dem »Liebesschuft« Philippe Junot ging, die »schrecklich unvorteilhafte Frisur« der französischen Sängerin Mireille Matthieu oder um den Berliner Mauerfall und das Ende des Kalten Krieges. Jedenfalls bewies mir meine Mutter, dass man auch mit zunehmendem Alter alles andere als zum alten Eisen gehören muss und es zu einem guten Teil an einem selber liegt, wie man das Älterwerden erlebt und lebt.

Bei aller Liebe und allem Respekt für meine Eltern wäre ich sehr froh gewesen, sie hätten mich nicht in einen solch schützenden Kokon gehüllt, wie sie es taten und der mich vor allem Ungemach schützen sollte. Ich war ja nicht nur ein sehr sensibles Kind, sondern hatte auch eine lebendige, aktive und fröhliche Seite, die es wert gewesen wäre, dass man sie mehr gestärkt und gefördert hätte. Denn ist es nicht wichtig, dass ein Kind lernt, dass die Welt nicht untergeht, auch wenn einmal etwas schiefgeht? Dass man aus schwierigen Erfahrungen lernen kann und dass einem diese helfen, stärker und selbstbewusster zu werden? Und dass es wichtig ist, eine andere Meinung zu vertreten und den Mut zu haben, »Stopp!« zu sagen, wenn einem etwas unangenehm ist? Denn nur so lernen wir, uns gegen andere abzugrenzen und Übergriffe zu vermeiden.

Meine Eltern haben mich eindringlich vor den »bösen Männern« gewarnt, die einen einladen, mitzukommen oder sich zu ihnen ins Auto zu setzen, wo ein Hündchen oder Süßigkeiten auf einen warten würden. Dass solche Männer auch in Gestalt des netten Nachbarn oder des besorgten Lehrers ihr Unwesen treiben könnten, ahnte ich damals nicht. Diese Realität würde ich später am eigenen Leib erleben. Doch wer weiß, ob sich gewisse Übergriffe mit diesem Wissen hätten vermeiden lassen. Was ich allerdings weiß, ist, dass ein Kind, das zu Selbstbewusstsein und Eigenständigkeit erzogen wird, auch später nicht in der Naivität lebt, dass einem als liebem und anständigem Mädchen nichts passieren kann.

Freundin oder Feindin?

Dass ein altruistischer Wesenszug nicht vor Enttäuschungen und Liebesentzug schützt – was ich ja wegen meiner Verlustangst vermeiden wollte –, erfuhr ich schmerzhaft in der zweiten Klasse der Primarschule. Astrid, eine meiner Schulfreundinnen, kam aus sehr bescheidenen Verhältnissen. Ihre Eltern hatten sich vor kurzem scheiden lassen, und jetzt lebte sie mit ihrer Mutter Ellen und mit ihrem jüngeren Bruder Johnny in einer Mansardenwohnung im Dachgeschoss einer ehemaligen Garage. In den 1960er-Jahren war eine alleinstehende junge Mutter noch eine Seltenheit, was zu allerlei Tratsch und Klatsch in der Nachbarschaft führte. Dies auch, weil

Ellen eine bildhübsche Amerikanerin war, die für ihren Ex-Ehemann in die Schweiz gezogen war. Sie hatte lange, blonde Haare, die in der Mitte gescheitelt waren, leuchtend blaue Augen und trug meistens bunte, bodenlange Kleider oder verwaschene Jeans, die sie mit gehäkelten, knappen Oberteilen kombinierte.

»Sie ist halt ein Hippiemädchen«, hörte ich Mama einmal zu meinem Vater sagen, als dieser scherzhaft bemerkte, dass es ihm auch gefallen würde, wenn meine Mutter einmal »solche Schlaghosen« tragen würde. Ich musste grinsen: Mein Vater hatte einen echt guten Sinn für Humor. Denn Mama war genau das Gegenteil eines Flower-Power-Girls. Sie war die Eleganz in Person, trug stets ein klassisches Kostüm und hochhackige Schuhe, die sie mit ausgesuchten Accessoires kombinierte. Ich kann mich an keinen einzigen Tag erinnern, an dem sie nachlässig gekleidet gewesen wäre. Und dies, obwohl wir finanziell nicht gerade auf Rosen gebettet waren. Zweimal im Jahr ging sie ins beste Damenmodegeschäft am Platz einkaufen, und sie verstand es perfekt, die neuen Teile mit der schon bestehenden Garderobe zu kombinieren. Sogar im hohen Alter, als sie bettlägerig war und von der Spitex betreut wurde, wirkte sie stets wie aus dem Ei gepellt. Selbst ihre Nachthemden und Morgenröcke waren immer geschmackvoll und absolut fleckenlos.

Hin und wieder begleitete ich meine Mama, wenn sie Astrids Mutter, die als Schneiderin Heimarbeit verrichtete, nicht nur Änderungsarbeiten, sondern auch ein paar Kleider von mir brachte, die mir zu klein geworden waren. Ich war schnell enorm in die Höhe geschossen und überragte praktisch alle anderen Kinder in meiner Klasse, so auch Astrid. Wenn sie in der Schule jeweils meine ehemaligen Pullis oder Hosen trug – ich schreibe hier bewusst »ehemaligen« und nicht »alten«, denn beim Geschmack meiner Mutter können Sie sich sicher vorstellen, dass die Teile immer noch modern und von guter Qualität waren –, freute mich das. Weil es mir Mama verboten hatte, sprach ich Astrid aber nie darauf an, wenn sie Kleider von mir trug. Ich hätte sie ja sonst in Verlegenheit bringen können. Ganz verstand ich dies nicht wirklich, war es doch für mich ein Zeichen von Freundschaft, wenn zwei Mädchen etwas teilten, das ihnen wichtig war.

Sosehr ich Astrid mochte, ich besuchte sie nie gern bei ihr zu Hause. Im Treppenhaus war es immer düster, und es roch nach Benzin und nach Essen. Wenn wir nach unzähligen Stufen die Wohnung im Dachgeschoss endlich erreicht hatten, waren wir stets außer Atem. Doch Sitzgelegenheiten, wo wir uns einen Moment lang hätten ausruhen können, gab es nicht. In der kleinen Stube stand einzig ein abgewetztes, hellblaues Sofa, auf dem zwei alte Katzen schliefen, die einen mit ihren gelben Augen fixierten, wenn man sich ihnen näherte. Ihre Botschaft war klar und unmissverständlich, sodass ich mich nicht getraute, mich zu ihnen zu setzen.

Astrids Zimmer, das sie mit Johnny teilte, machte nicht den Eindruck, dass sich hier Kinder aufhielten. Es gab praktisch keine Spielsachen und auch keine Kinderbücher. Irgendwie wirkte es seltsam unbelebt. Die Küche, die Astrids Mutter auch als Arbeitsplatz diente, war genau das Gegenteil: Auf dem hölzernen Esstisch stand ihre Nähmaschine, und daneben lagen unsortierte Kleidungsstücke, Schnittmuster, Fadenrollen, Scheren und Stopfkugeln. Wenn mich Astrid aufforderte, mit ihr im Kinderzimmer zu spielen, während unsere Mütter Kaffee tranken, war mir immer etwas unwohl. In Ermangelung von Spielsachen legten wir uns meistens auf den Boden und zeichneten. Ich war jeweils froh, wenn wir die alte Holztreppe wieder hinunterstiegen. Was für ein Unterschied zu meinem Zuhause und den hellen und luftigen Räumen, in denen wir lebten und die meine Mama immer mit frischen Blumen schmückte.

»Bist du sicher, dass du deine Barbie verschenken möchtest?«, insistierte sie, als ich ihr eines Abends von meinem Entschluss erzählte, Astrid meine neue Barbiepuppe zu schenken. Ich hatte ja mit eigenen Augen gesehen, dass meine Freundin keine einzige Puppe besaß. Wenn wir bei mir zu Hause spielten, war diese Barbie Astrids Favoritin, denn man konnte ihren Pferdeschwanz verlängern, indem man an ihm zog. Eine erste Art von Extensions, auch wenn die blonden Strähnen nicht angeklebt wurden, sondern aus dem Inneren von Barbies Schädel kamen. Rossschwanz-Barbie zu verschenken, nachdem ich sie erst vor ein paar Wochen zu Weihnachten bekommen hatte, fiel mir nicht leicht. Doch ich tröstete mich damit, dass ich ja noch zwei ihrer Schwestern besaß.

Am nächsten Morgen konnte ich die Zehn-Uhr-Pause kaum erwarten, und kaum läutete die Glocke, nahm ich Astrids Hand und zerrte sie in Richtung des großen Busches, unseres Lieblingsverstecks. »Was ist denn los?«, fragte sie mich, nachdem ich sie aufgefordert hatte, sich zu setzen und die Augen zu schließen. »Ich habe eine Überraschung für dich«, sagte ich ganz aufgeregt und kramte das Päckchen, das ich am Abend zuvor liebevoll gemacht hatte, aus meiner Schultasche. Astrid hatte keine Augen für das Geschenkpapier und riss es mit ein paar schnellen Handgriffen weg. »Das ist doch deine alte Barbie«, sagte sie ohne jedes Lächeln, nachdem sie die Puppe prüfend angeschaut hatte. »Ja, und ich schenke sie dir, weil du doch keine eigene hast«, antwortete ich hastig und verwirrt. Warum freute sich Astrid nicht über mein Geschenk? »Wie blöd bist du denn? Ich habe dich angelogen. Natürlich habe ich ganz viele Puppen, und zu meinem Geburtstag wird mir Papa die allerneuste Barbie und ein ganzes Puppenhaus schenken!«, schrie sie mich mit hochroten Wangen an und warf die Rossschwanz-Barbie ins feuchte Gras.

Ich war fassungslos. Warum war Astrid so gemein zu mir? Und warum hatte sie mich angelogen? Mir schossen die Tränen in die Augen, und halb blind, wie ich in diesem Moment war, griff ich nach dem verschmähten Geschenk und rannte so schnell ich konnte zurück zum Schulhaus. Im Ohr Astrids Stimme, die mir nachrief: »Behalte deine Barbie, sie ist so hässlich wie du!«

Die Stunden bis zum Schulschluss am Nachmittag zogen sich unerträglich in die Länge. Als es dann endlich so weit war, blieb ich absichtlich noch ein paar Minuten länger im Schulzimmer, denn ich wollte Astrid unter keinen Umständen begegnen. Ihr schien es gleich zu gehen, und von diesem Zeitpunkt an gingen wir uns aus dem Weg.

»Du bist einfach zu lieb«, tröstete mich meine Mutter am Abend des Streits und streichelte mir über die Haare. »Weißt du, vielleicht schämt sich Astrid, weil ihre Mutter so wenig Geld hat und ihr keine schönen Sachen kaufen kann. Ihren Vater hat Astrid schon lange nicht mehr gesehen, er lebt mit seiner neuen Frau und ihren Kindern im Ausland.« Ich verstand Astrid trotz dieser Erklärung nicht. Ihre Reaktion zeigte mir, dass ich etwas falsch gemacht haben musste. Astrid vielleicht zu einem späteren Zeitpunkt auf ihren Wutausbruch anzusprechen, war für mich unmöglich, da ich so verletzt war. Also beschloss ich einfach, das Ganze schnellstmöglich zu vergessen. So wie ich es von daheim gewohnt war.

Ärger oder gar Wut passten nicht in unsere harmonische Familienstruktur: Wenn man diesen Gefühlen keine Aufmerksamkeit schenkte, dann verflogen sie von selber wieder. So lernte ich schon früh, wie wichtig es war, die schöne Oberfläche zu wahren, selbst wenn es tief im Inneren brodelte. Meine Mutter war eine Meisterin auf diesem Gebiet, und ich versuchte, es ihr gleichzutun, während meine ältere Schwester, die als »Rebellin« galt, sich schon früh von zu Hause abseilte und ihren eigenen Weg ging.

Astrid kam übrigens einige Wochen später nicht mehr zum Unterricht, und die Lehrerin informierte uns, dass sie mit ihrer Mutter und ihrem Bruder zurück in die USA gezogen war. Auch wenn ich unsere Freundschaft vermisste, war ich froh über diese Distanz.

Der »Antrag«

Ein weiteres hübsches Beispiel meiner naiven und »zu lieben« Art ereignete sich kurze Zeit später. Mein bester Freund Walter war schon als Bub sehr geschäftstüchtig. Er wusste nicht nur, was er wollte, sondern auch, wie er seine Ziele erreichen konnte. Und ich war mehr als einmal sein »Opfer«, obwohl ich dies damals nicht so empfand. Ich hatte ihn einfach gern und wollte ihm gefallen. Darum ließ ich mich von ihm, wie es meine Mutter formulierte, immer wieder mal »übers Ohr hauen«. So auch als er mir meine Briefmarkensammlung abluchste – mit der Begründung, die vielen Marken, die er unsortiert in einem Schuhkarton hortete, seien mehr wert als meine ausgesuchten Exemplare, die ich in meinem Album sammelte. Seither kenne ich den Unterschied zwischen Quantität und Qualität.

Ein weiteres Beispiel seiner Cleverness bewies er, als es um die Mineraliensammlung meines Vaters ging, die dieser teilweise selber im Wallis gestrahlt hatte und die sein ganzer Stolz war. In seinem Arbeitszimmer hatten die edlen Steine einen Ehrenplatz, und Walter bewunderte sie bei jedem Besuch. Ein großer, goldfarbener Pyrit hatte es ihm besonders angetan. Dies in der Annahme, dass der Kristall, der auch »Narrengold« genannt wird, echt sei. Als Walter eines Tages bei uns zu Mittag aß, stand er während des Essens plötzlich auf und stellte sich vor meinen erstaunten Vater. Feierlich begann er: »Herr Doktor Aeschbach! Ich mache Ihnen einen Vorschlag: Wenn Sie Silvia den Goldbrocken als Mitgift geben, werde ich sie später heiraten, obwohl sie nicht wirklich mein Typ ist. Ich stehe eigentlich auf braunhaarige Mädchen.«

Meine Eltern konnten sich das Lachen kaum verkneifen. Um Ernsthaftigkeit bemüht, antwortete mein Vater: »Danke für dein Angebot, Walter, wenn die Zeit gekommen ist, werden wir es überdenken. Und vielleicht sind dann auch Silvias Haare nachgedunkelt, und sie entspricht mehr deinem Typ.« Hatte mich Walters auch für mich überraschendes Angebot beleidigt? Mitnichten! Ich fühlte mich geschmeichelt. Welche Zwölfjährige konnte schon behaupten, dass sie einen Heiratsantrag bekommen hatte? Dass dieser mit einer doch ziemlich frechen Forderung verbunden war, störte mich nicht. Dass ich es auch ohne »Gold« wert gewesen wäre, geheiratet zu werden, kam mir nicht in den Sinn. Nein, ich war ihm sogar dankbar, dass er mich »erwählt« hatte.

Mit Walter – und seiner braunhaarigen (!) Frau Ivana – bin ich auch heute noch befreundet. Wie sehr, zeigt sich auch darin, dass er für dieses Buch nicht nur mich fotografiert, sondern auch die vorgestellten Frauen porträtiert hat. Sie sehen, was für ein lieber Mensch ich immer noch bin.

Rebellion und Rückzug

Auch während meiner Teenagerzeit lebte ich wohlbehütet wie unter einer Glasglocke. Das bedeutete nicht nur, dass meine Eltern weiterhin versuchten, alles Ungemach von ihrer naiven Tochter fernzuhalten, auch ich selber verspürte nicht den Drang, wie viele meiner Kollegen Abenteuer zu erleben oder Risiken einzugehen. Auch wenn ich jetzt mehr unterwegs war, änderte sich mein Wesen nicht wirklich. War ich in einer Gruppe mit Gleichaltrigen, hielt ich mich gern im Hintergrund. Ich galt als Anlaufstelle, wenn es jemandem schlecht ging. Mir gefiel es, Vertraute und Trösterin zu sein, denn so konnte ich »miterleben«, ohne selber etwas zu riskieren. Gespannt hörte ich zu, wenn meine Freundinnen und Freunde über ihre Erlebnisse berichteten. Sei es, weil sie planten, nach der Matura mit dem Rucksack durch die Welt zu reisen, sich für ein Austauschjahr interessierten oder sich über ihre sexuellen Erfahrungen unterhielten. Bei diesem Thema konnte ich eh nicht mitreden. Denn neben mehr oder weniger gelungenen Knutschattacken und ungeschickten Fummeleien war ich unerfahren.

Die wenigen zaghaften Befreiungsversuche, die ich unternahm, um meine Selbständigkeit zu beweisen, wurden oft mit den Worten »Für ein anständiges Mädchen, wie du es bist, ist es viel zu gefährlich, sich draußen rumzutreiben« abgeblockt. Natürlich hätte ich mich gegen meine Eltern auflehnen und rebellieren können, aber das entsprach weder meinem Wesen noch meiner Erziehung oder meinen bisher gemachten Erfahrungen.

Irgendwann kitzelte mich aber dann doch noch die Neugierde, und ich schloss mich einer Gruppe Gleichaltriger an, deren »Höhepunkt« ihrer Freizeitbeschäftigung darin bestand, mit ihren Velos und Töffli nach dem Nachtessen rumzukurven, um sich danach in einem Restaurant zu treffen, eine Cola zu trinken und Musik zu hören. Punkt 22 Uhr war für mich Sperrstunde, am Wochenende durfte ich eine Stunde länger unterwegs sein. Als ich mit knapp siebzehn meinen ersten Freund hatte, begleitete mich dieser manchmal nach Hause, damit wir noch ein bisschen knutschen konnten. Eines Abends riss mein Vater, der das Treiben vom Badezimmer im ersten Stock aus beobachtet hatte, das Fenster auf und schrie wutentbrannt: »Wenn du nicht sofort verschwindest, rufe ich die Polizei!« Mein gleichaltriger Freund schaute mich völlig entgeistert an. »Ist der noch richtig im Kopf?«, sagte er und verschwand so schnell er konnte in der Dunkelheit. Ich schämte mich zu Tode für die Reaktion meines Vaters und schlich wie ein begossener Pudel in mein Zimmer. Meinen sanften und lieben Vater so außer sich zu erleben, war eine völlig neue Erfahrung für mich. Über den Vorfall wurde nicht gesprochen; wie so vieles in unserer Familie wurde er unter den Teppich gekehrt. Dieses Erlebnis hatte zur Folge, dass ich meinen bescheidenen Ausflug in die Freiheit beendete und mich wieder in meine Traumwelt mit meinen geliebten Büchern und Filmen vertiefte.

Auch was meine beruflichen Wünsche betraf, trat ich an Ort. Meine Ambition war es, die Schauspielschule zu besuchen. »Für die Welt des Theaters bist du viel zu sensibel«, war die stete Antwort meiner Eltern auf meine Bitte, wenigstens die Aufnahmeprüfung machen zu dürfen. Dass ich schon seit Jahren in Schulaufführungen aufgetreten war und den Inhalt gelber Reclam-Büchlein auswendig zitieren konnte, war für sie kein Grund, mich diesbezüglich zu unterstützen. Meine Liebe zu den »schönen Künsten«, wie sie es nannten, sei ein nettes Hobby, aber auch nicht mehr. Künstler seien nichts anderes als »arme Hungerleider«. Meine Mutter hatte als jüngste Tochter zu Hause erlebt, welche Knochenarbeit hinter kreativen Berufen steckte – einer ihrer Brüder war Regieassistent am Theater, der andere Dirigent, und ihre Schwester ließ sich zur Opernsängerin ausbilden –, darum wollte sie unter keinen Umständen, dass ihre Tochter einen ähnlichen Weg ging, auch wenn keines ihrer Geschwister zu wenig zu essen hatte. Im Gegenteil: Alle waren in ihrem Tun erfolgreich und hätten so gute Vorbilder für mich sein können.

Wie es nicht anders zu erwarten war, fügte ich mich den Wünschen meiner Eltern, und statt die Bühnenbretter zu betreten, begann ich eine »bodenständige« Ausbildung zur Kindergärtnerin. Denn diese würde ja auch eine gute Vorbereitung für spätere Zeiten sein, wenn ich heiraten und Kinder haben würde. Das war jedenfalls die Vorstellung meiner Eltern. Die dreijährige Ausbildung und die zwei Jahre, die ich danach als Kindergärtnerin arbeitete, gehören zu den dunkelsten Phasen in meinem Leben. Obwohl ich Kinder liebte, war ich in meinem Beruf nicht ausgefüllt. Ich fühlte mich einsam, hatte kaum noch Kontakt zu meinen alten Freundinnen, und wie immer, wenn ich unglücklich war, plagten mich immer häufiger Panikattacken.

Es gibt aus diesen fünf Jahren zwischen neunzehn und vierundzwanzig kaum Fotos von mir. Aber die wenigen, die ich besitze, mag ich eigentlich gar nicht anschauen. Die junge Frau, die ich sehe, ist im wahrsten Sinne nur ein Schatten ihrer selbst. Natürlich lächelt sie in die Kamera, aber es ist ein aufgesetztes, müdes Lächeln. Wie sehr meine Selbstachtung verschwunden war, von der ich eh nicht viel besaß, sieht man auch an meinen Haaren. Sie wirkten strähnig und ungepflegt: ein wirklicher Ausnahmezustand! In dieser Beziehung komme ich nämlich ganz nach meiner Mutter, die immer sagte. »Wenn es auf dem Kopf nicht mehr stimmt, dann auch nicht mehr im Kopf.« Das ist etwas hart ausgedrückt, aber hatte für mich durchaus seine Berechtigung.

Irgendwann fiel dann auch meinen Eltern auf, dass ich immer dünner und unglücklicher wurde. Glücklicherweise hatte mein Vater eine Ärztin kennen gelernt, die ganzheitlich arbeitete. Zu dieser Zeit war diese Behandlungsform noch eine Ausnahme. Schon nach der ersten Begegnung mit Sophie, die mir auch sofort das Du anbot, spürte ich, dass ich auf dem richtigen Weg war, und ich begann mich ihr gegenüber zu öffnen. Auch wenn mir die Akupunktur und die pflanzlichen Mittel guttaten, die sie mir verschrieb, war es die Gesprächstherapie, die mir am meisten half, Mut zu entwickeln, nicht nur meine Wünsche und Träume ernst zu nehmen, sondern auch zu beginnen, diese in die Realität umzusetzen.

Viele Jahre später traf ich Sophie per Zufall in einem Café. Wir hatten viel Gesprächsstoff, und als ich sie fragte, wie sie mich in Erinnerung hatte, lächelte sie und meinte: »Ich spürte bereits sehr schnell, dass hinter deiner liebenswürdigen Art und deinem sensiblen Wesen Stärke und Kraft lagen, die nur darauf warteten, entdeckt und entwickelt zu werden.« Es war ein schönes Wiedersehen, und natürlich freute sich Sophie, dass ich zu diesem Zeitpunkt nicht nur meinen beruflichen Weg als Journalistin gefunden hatte, sondern auch privat glücklich war.

Neue Träume und alte Ängste

Sophie hatte mich auch unterstützt, meinen Beruf als Kindergärtnerin an den Nagel zu hängen und mich zur Journalistin ausbilden zu lassen. Neben der Schauspielerei war der Journalismus immer mein zweiter Traumberuf gewesen. Diesen Entscheid habe ich nie bereut, auch wenn mein weiterer Berufsweg einiges von mir abverlangte. Ich musste mich nicht nur als Schreiberin beweisen, sondern mich vor allem auch an den ungewohnten Umgang gewöhnen, der auf Redaktionen herrschte. Neid, Eifersucht und Intrigen hatten bis jetzt in meinem Leben keine Rolle gespielt. Jetzt musste ich lernen, auch damit umzugehen, dass mir nicht alle Menschen in meinem Umfeld wohlgesinnt waren.

Ich liebte und liebe meine Arbeit als Journalistin, und es gab selten einen Tag, an dem ich nicht gern auf die Redaktion ging. Als Teammensch mochte ich die Zusammenarbeit, den Austausch und die Tatsache, dass wir meistens alle am gleichen Strick zogen. Auch wenn die Meinungen über den Weg zum Ziel – nämlich das bestmögliche Produkt zu machen – manchmal auseinandergingen, waren wir ein Team. Und ich liebte die Suche nach neuen Geschichten, den Kontakt zu Menschen, denen ich ohne meinen Beruf nie begegnet wäre.

Natürlich hörte ich auch immer wieder, dass es hintenherum hieß, ich hätte meine Karriere meinem Aussehen zu verdanken. Als ich später in männerdominierten Kaderpositionen in den Medien arbeitete, bekam ich nicht selten den Stempel »Quotenfrau« aufgedrückt. Anfangs verletzten mich solche Angriffe. Es machte mich wütend, dass Menschen, die mich gar nicht kannten, so über mich urteilten. Erst als ich verstand, wie viele Neider der Erfolg mit sich bringt, schaffte ich es, mich besser zu distanzieren. Ich wusste ja, wie viel Arbeit, Verzicht und Disziplin es neben meinem Schreibtalent gebraucht hatte, um diesen Weg zu gehen. Und ich hatte auch immer das Glück, dass es Menschen gab, die an meine Fähigkeiten glaubten, und dies zu einem Zeitpunkt, zu dem sie mir selbst noch nicht bewusst waren. Ich wurde als »nette Blondine« wegen meiner offenen und empathischen Art regelmäßig unterschätzt, was mir bei gewissen Interviews durchaus zugute kam. Mussten meine Gegenüber doch nicht befürchten, dass ich sie in die Pfanne hauen würde. Zudem spürten sie, dass ich ein echtes Interesse an ihnen hatte und dass es mir nicht nur um eine fette Schlagzeile ging.

Die gewisse Gelassenheit im Umgang mit Anfeindungen fehlte mir allerdings, wenn es um Konflikte in meinem engeren Umfeld ging. Ich strebte überall einen harmonischen Umgang an, und wenn es Streitereien oder Gefühlsausbrüche in meinen Teams gab, hätte ich mich am liebsten verkrochen, denn in solchen Situationen fühlte ich mich hilflos. Am meisten aber bereitete es mir Mühe, wenn ich spürte, dass die Menschen, mit denen ich beruflich zu tun hatte, nicht ehrlich zu mir waren, eine sogenannte versteckte Agenda verfolgten und mir ins Gesicht lächeln konnten, während ihre Absichten alles andere als freundlich waren. Wenn ich in solchen Situationen gezwungen war, sie damit zu konfrontieren, kam mir oft meine eigene Emotionalität in die Quere. Meine Enttäuschung über ein solches Verhalten war so stark, dass ich es nur mit Mühe schaffte, äußerlich ruhig zu bleiben, wenn es in mir brodelte. Hier konnte ich glücklicherweise auf meine Kindheitserfahrungen zurückgreifen, die mir halfen, den Schein zu wahren. In innere Konflikte kam ich auch, wenn es darum ging, unangenehme Entscheidungen, die ganz oben getroffen wurden, meinen Mitarbeitern schmackhaft zu machen. Dies vor allem, wenn ich damit eigentlich nicht einverstanden war, was ich natürlich nicht durchblicken lassen durfte. Diplomatie war also gefragt.

Je länger ich in beruflichen Kaderpositionen arbeitete, desto schwerer fiel es mir, diese Diplomatie walten zu lassen. Vor allem, wenn ich als Überbringerin fragwürdiger Entscheidungen meiner Chefs Mitverantwortung übernehmen musste. Dieser innere Zwiespalt besserte sich erst, als ich nicht mehr hundert Prozent für einen Arbeitgeber tätig war, sondern mehr Zeit für eigene Lieblingsprojekte hatte, das Kolumnen- und Bücherschreiben und natürlich auch das Bloggen. Dass dadurch meine Existenzgrundlage unsicherer wurde, war der Preis. Bekanntlich ist im Leben ja nichts umsonst. Aber für die dadurch gewonnene Freiheit zahle ich ihn noch so gern.

»Das Leben ist für mich ein Leiterlispiel«

MONIKA BINDER, 54
Pflegedienstleiterin, geschieden, hat eine 24-jährige Tochter, Anna. Monika kann sich eine Beziehung sowohl mit einem Mann wie auch mit einer Frau vorstellen. Wenn sie Gefühle für einen Menschen entwickle, komme es ihr auf die Persönlichkeit und die Ausstrahlung an und nicht darauf, welches Geschlecht dieser habe.

Monika oder Moni, wie ich sie nenne, habe ich vor einigen Jahren bei einem Nachtessen bei Freunden kennen gelernt. Bereits von ihrem Äußeren her war sie ein Hingucker: groß, die Figur sportlich schlank, mit dunklen, etwas zerzausten Locken. Doch es war vor allem der schelmische Blick, der sie mir auf den ersten Blick sympathisch machte.

Oft verlaufen Treffen im privaten Rahmen mit Menschen, die man vorher noch nicht kannte, eher etwas zurückhaltend: Man ist freundlich, aber nicht zu freundlich, denn man weiß ja nie, wie sich der weitere Abend entwickeln wird. Man gibt sich interessiert, aber nicht zu interessiert. Denn sonst könnte das Gegenüber ja glauben, man sei unglaublich neugierig. Zuvorkommend, aber nicht zu zuvorkommend. Denn wer möchte schon, dass man später über ihn sagt, man hätte ihn als aufdringlich erlebt.

Bei Moni waren solche Small-Talk-Regeln überflüssig. Beim Nachtessen saßen wir uns am langen Holztisch vis-à-vis. Und noch bevor die Vorspeise serviert wurde, waren wir bereits in eine Unterhaltung vertieft. So stellten wir fest, dass wir beide einen gemeinsamen »guten Bekannten« hatten. Genauer gesagt, war es Monis Exmann, ein Journalist, mit dem ich vor vielen Jahren auf der gleichen Redaktion gearbeitet hatte. Ich erzählte ihr, dass ich mich noch gut daran erinnern konnte, wie er mir während eines gemeinsamen Team-Nachtessens erzählt hatte, dass er vor kurzem Vater einer Tochter geworden sei. Ich wusste von ihm damals nur, dass er verheiratet, sehr sportlich und oft mit dem Rennvelo unterwegs war – und eben, dass er frischgebackener Vater war. Das war alles.

All das lag schon sehr lange zurück, und ich konnte mich nicht daran erinnern, dass ich jemals seine damalige Frau Moni oder seine kleine Tochter auf der Redaktion angetroffen hätte. Da mir Moni an diesem Abend bereits vertraut war, erzählte ich ihr von meinen damaligen Beobachtungen. Sie lachte nur und meinte: »Ja, ja, mein Exmann war eher der unabhängige Typ und weniger der klassische Familienvater.«

Als sich die Gäste später für den Kaffee in kleinen Grüppchen in der Wohnung verteilten, erzählte sie mir mehr über die damalige Situation: Sechs Jahre sei sie mit ihrem Mann zusammen gewesen, bevor die gemeinsame Tochter Anna zur Welt kam. »Es war eine gute Zeit, wir waren sehr aktiv, machten gemeinsam Sport und reisten viel.« Dies änderte sich mit Annas Geburt. »Mit einem kleinen Kind war es nicht mehr möglich, den bisherigen schnellen Lebensrhythmus beizubehalten.« Während Moni die Zeit im Mutterschaftsurlaub genoss, wollte ihr Mann mit seinen Freizeitaktivitäten und journalistischen Tätigkeiten nicht wirklich kürzertreten. »Eigentlich hatte ich bereits vor der Geburt geahnt, dass es für ihn schwierig sein würde, einen geregelten Familienalltag zu leben, der sich an die Bedürfnisse eines Babys anpasst. Aber irgendwie hatte ich gehofft, dass es doch anders kommen würde und wir zu einem Halbe-halbe-Modell finden würden«, erzählte Moni etwas betrübt, aber ohne jegliche Bitterkeit.

»Gegen außen waren wir eine glückliche Familie. Wir hatten es gut. Wir führten ein privilegiertes Leben. Doch mit der Zeit spürten wir auch, dass wir uns in verschiedene Richtungen bewegten. Er lebte sein ehemaliges ›Junggesellenleben‹ weiter, und ich koordinierte das Familienleben, Freundschaften und den eigenen Job.« Erschwerend kam dazu, dass die junge Mutter auf ihren Mann die Anziehung verloren hatte, »jedenfalls schlief unser Sexualleben ein«, fasste Moni ihre damalige Situation zusammen. Nach verschiedenen Bemühungen, die Beziehung zu retten, beschloss das Paar, sich zu trennen, und ließ sich später auch scheiden. »Das war keine einfache Zeit für mich«, erinnerte sich Moni. Doch sie verfügte schon damals über ein gewisses Selbstbewusstsein, das sie sich vor allem über ihren Beruf und den Sport aufgebaut habe. Und Moni wäre nicht Moni, wenn nicht bald nach der Trennung ihre Lebenskraft wieder erwacht wäre: »Da meine Tochter die meiste Zeit bei mir lebte, hatte ich zwar Verantwortung zu tragen. Aber ich hatte auch jede Menge Energie und den festen Willen, das Beste aus dieser Situation zu machen. Und ich hatte ein super Netzwerk mit einer tollen Familie als Fundament.«

Moni wirkte auch nicht wie eine Frau, die der Vergangenheit nachtrauert, und begeistert erzählte sie mir von ihrer Liebe zur Natur und zum Sport. Sie joggt, schwimmt, wandert, im Winter macht sie Skitouren mit ihrer Schwester, und sie ist eine begeisterte Langläuferin. »Nach einem anstrengenden Tag gibt es für mich nichts Entspannenderes, als mich an der frischen Luft zu bewegen. Und je älter ich werde, desto mehr hilft mir das Laufen, den Kopf freizukriegen und einen klareren Blick auf das Hier und Jetzt zu bekommen.«

Nun wurde mir auch klar, warum Moni so energiegeladen wirkte. Dadurch, dass sie ständig in Bewegung war, war sie quasi ihr eigenes Perpetuum mobile. Zugespitzt gesagt, wirkte sie an jenem Abend auf mich, als glühe sie von innen heraus. Und hätte jemand ein Streichholz in ihre Nähe gehalten, es hätte sich entzündet. Die Zeit verging wie im Flug. Als wir uns voneinander verabschiedeten, sagte ich zu ihr: »Falls ich eine Fortsetzung von ›Älterwerden für Anfängerinnen‹ schreibe, möchte ich dich gern dafür porträtieren.« Die

Sympathie war anscheinend gegenseitig, denn Moni war sofort einverstanden.

Es dauerte dann aber fast drei Jahre, bis es dazu kam. Als ich mit dem Schreiben dieses Buchs begann, war Moni eine der ersten Frauen, die ich fragte, ob sie Lust hätten, bei dem Projekt mitzumachen. Sie wollte immer noch, und ich freute mich sehr auf unser Wiedersehen. Natürlich war ich gespannt, zu erfahren, was seither in ihrem Leben passiert war, und vor allem auch, was sie mir über ihre Erfahrungen mit dem Älterwerden erzählen würde. Bei unserem ersten Treffen hatten wir kaum darüber gesprochen. Obwohl sie damals Anfang fünfzig war, hatte ich irgendwie das Gefühl, dass dies für sie noch kein Thema war. Wie würde es heute sein?

Als ich an diesem frühen Abend an unserem Treffpunkt, einer Hotellobby, ankomme, bin ich beinahe überzeugt, dass mein energiegeladenes »Date« im abgedunkelten Raum wie ein Glühwürmchen leuchten würde. In freudiger Erwartung lasse ich meinen Blick durch den Raum schweifen, doch ich sehe kein Blitzen und erspähe auch kein weibliches Wesen mit langen, dunklen Locken. Doch halt! Von einem kleinen Bistrotisch ganz hinten in einer Ecke winkt mir jemand zu. Auf diese Entfernung sehe ich allerdings nur eine Frau mit kurzen, grauen Haaren. Das ist sicher nicht Moni. Also sage ich dem Kellner, als er mich zu einem freien Tisch führen will, dass ich noch auf meine Begleitung warten würde. Als ich etwas später noch einmal in die Richtung der grauhaarigen Frau schaue, winkt sie mir nochmals zu. Dieses Mal aber um einiges energischer. Und trotz der Distanz erkenne ich diesmal Monis schelmisches Lächeln.

»Gell, du hättest mich fast nicht erkannt«, sagt sie in ihrer direkten Art nach unserer herzlichen Umarmung. »Von weitem jedenfalls nicht, von nahem gefällst du mir schon besser«, entgegne ich ebenso direkt. Ich spüre, dass sie mit meinem trockenen Humor umgehen kann. Auch wenn mir Moni mit ihren langen, dunklen Locken sehr gefallen hatte, muss ich zugegeben, dass ihr der moderne Kurzhaarschnitt sehr gut steht. Das Grau finde ich allerdings etwas gewöhnungsbedürftig. Das hat jedoch weniger mit Moni zu tun als damit, dass sich zu diesem Zeitpunkt immer mehr jüngere Frauen die Haare grau färben. Und mir gefällt dieser Trend nur bei ganz wenigen. Nämlich bei jenen, die ihre Haare lang und glatt tragen. Der Grund für den Farbwechsel ist bei Moni allerdings nicht der Wunsch, als »Trendsetterin« zu gelten, nein, sie war es einfach leid, »alle drei Wochen den Ansatz zu färben«. Außerdem habe sie keine Lust mehr, sich »gängigen Schönheitsidealen zu unterwerfen«. Auf meine Frage, wie denn ihr neuer Look ankäme, sagt sie lachend: »Vielen Frauen gefällts, den Männern eher weniger. Aber ein Mann, der sich an meiner Haarfarbe stören würde, wäre auch nicht der richtige für mich.«

Wenn wir schon beim Thema sind: Was war denn diesbezüglich bei Moni in den Jahren seit unserem ersten Treffen geschehen? »Ich hatte zwar Beziehungen, aber sie reichten nicht für eine längerfristige Partnerschaft oder erfüllten mich nicht so, wie ich es mir gewünscht hätte. Und in einer Beziehung zu bleiben, die sich für mich nicht wirklich richtig anfühlt, das passt einfach nicht zu mir.« Ich knüpfe da an, wo wir am Abend vor drei Jahren aufgehört hatten, und frage Moni, wie sich die Dinge denn nach der Trennung von Annas Vater für sie weiterentwickelt hätten. »Das Verhältnis zu meinem Exmann ist und bleibt gegenseitig immer respektvoll, er ist und war stets ein wunderbarer Vater und eine wichtige Bezugsperson für unsere gemeinsame Tochter.«

Dadurch, dass ihr Exmann sie in der Vergangenheit zunehmend als Mutter seiner Tochter und immer weniger als attraktive Frau wahrgenommen hat, habe sie damals ganz stark das Bedürfnis verspürt, sich selber, aber auch anderen zu zeigen: »Es gibt mich noch! Ich war schließlich nicht zum Neutrum geworden, nur weil ich für ihn nicht mehr körperlich attraktiv war. Erotik und Sinnlichkeit sind und waren immer ein wichtiger Bestandteil in meinem Leben.«

In jüngeren Jahren hatte Moni eine, wie sie sagt, »einmalige Liebesgeschichte« mit einer Frau, die sie als Geschenk sieht. Weshalb für sie nicht nur ein Mann für eine Beziehung infrage komme. »Wenn ich Gefühle für jemanden entwickle, kommt es auf die Persönlichkeit, die Ausstrahlung und die Anziehung dieses Menschen an. Und nicht darauf, welches Geschlecht er hat.« Frauenfreundschaften seien immer ein wichtiger Bestandteil in ihrem Leben gewesen. »Ich finde den persönlichen und offenen Austausch mit ihnen wichtig. Auf meinem Lebensweg haben mich stets gute Frauen wie meine Freundinnen, meine Mutter und meine Schwester begleitet. Diese Art der ›Schwesterlichkeit‹ habe ich immer wieder als unterstützend, inspirierend und motivierend erlebt. Und das ist bis heute so.«

Was sich mit dem Älterwerden verändert habe, sei vor allem der Umgang mit sich selbst. »Ich war mir gegenüber früher sicher härter, als es nötig gewesen wäre. Nach der Trennung war es mir wichtig, meine neu gewonnene Stärke und meine Unabhängigkeit auch nach außen zu zeigen. Heute versuche ich weicher, versöhnlicher mit mir zu sein.« Ich habe für mich gelernt, dass hinter dem Drang, alles so perfekt wie möglich zu machen, oft tief verwurzelte Ängste stecken können. Das ist auch bei Moni so. »Irgendwann in den letzten Jahren habe ich begriffen, dass hinter meinem Bedürfnis, die Kontrolle über mein Leben zu haben, Verlustängste steckten. Diese Einsicht wollte ich lange Zeit nicht wahrhaben. Doch irgendwann klappte es mit dem Verdrängen nicht mehr. Und wie bei vielen anderen Menschen war es auch bei mir eine schmerzhafte Erfahrung, die mich dazu zwang, Innenschau zu halten.«

Bei Moni war es eine berufliche Krise, die diesen Prozess auslöste. An ihrer Arbeitsstelle kam es innerhalb des Teams zu unüberbrückbaren Konflikten, die sich immer mehr zuspitzten. Und obwohl sie sich auf verschiedene Arten bemühte, diese zu entschärfen, entspannte sich die Situation nicht. »Es war das erste Mal, dass ich dazu nicht fähig war. Und diese Tatsache setzte mir so zu, dass es mir körperlich und seelisch zunehmend schlechter ging. Das Ganze zeigte mir aber auch, wie abhängig ich von meiner Arbeit war, und vor allem auch, wie sehr ich mich über sie definierte.« Und als alle Bemühungen nicht fruchteten, eine gemeinsame Lösung zu finden, einigten sich Moni und ihr Arbeitgeber darauf, die Zusammenarbeit zu beenden. »Obwohl ich einerseits sehr froh war, dass die stressige Zeit beendet war und ich Aussichten auf einen neuen Job hatte, fiel ich in ein seelisches Loch. Es war höchste Zeit für eine persönliche Bestandesaufnahme. Zuerst musste ich herausfinden, was mein Anteil an der verfahrenen Situation gewesen war. In jüngeren Jahren hätte ich das wahrscheinlich nicht gemacht. Nachdem dieser erste Prozess abgeschlossen war, war es Zeit, herauszufinden, wer ich war. Und zwar ohne mein berufliches Engagement, über das ich mich lange Jahre definiert hatte.«

Nach der ersten Erschöpfungszeit kam also eine Übergangsphase, in der sich Moni fragte: »Was ist wichtig für mich? Und was passt nicht mehr in mein Leben? Was motiviert mich, was weckt meine Neugierde, und was treibt mich an? Und vor allem auch: Was möchte ich mit dem Rest meines Lebens noch anfangen? Privat und beruflich?«

Was ihre Arbeit betraf, so war Moni klar, dass sie auf ihrem Weg weitergehen wollte. Sie liebte ihren Beruf und war im Herzen immer eine Pflegefachfrau geblieben. »Vielleicht verbringe ich meine letzten Berufsjahre wieder an der Basis im direkten Kontakt mit Patientinnen.« Noch sei es aber nicht so weit. Sie könne sich auch vorstellen, ihr Fachwissen im Pflegebereich an andere weiterzugeben. »Schließlich habe ich jahrelange Erfahrung in der Psychiatrie, und ich habe mich stets weitergebildet – zum Beispiel mit einem Master in Gerontologie. Ich bin also die perfekte Fachfrau für alle Altersfragen«, lacht sie. Durch die Auseinandersetzung mit sich und all diesen Fragen habe sie erkannt, dass das Leben »ein Leiterlispiel« sei. »Mal geht es rauf, dann wieder runter.« Dass sie es nach Krisen immer geschafft habe, sich wieder aufzurappeln, habe ihr Vertrauen in sich gestärkt.

Moni lebte zum Zeitpunkt unseres Gesprächs mit ihrer erwachsenen Tochter Anna in einer Dreizimmerwohnung im Herzen von Zürich. Aber der Zeitpunkt, an dem die Tochter flügge werden würde, stand kurz bevor. »Da ich mit Anna eine sehr schöne und enge

Beziehung habe, muss ich mich noch an den Gedanken gewöhnen, allein zu leben.« Auch die Tatsache, dass beide über die Jahre die Höhen und Tiefen des Lebens teilten – »Ging es ihr gut, ging es mir gut, und umgekehrt« –, wird sie verarbeiten müssen. Andererseits wird das Alleinleben sicher auch neue Erfahrungen mit sich bringen. »Ich bin gespannt auf diese Phase.« Moni könnte sich gut vorstellen, später »in einer Haus- oder Wohngemeinschaft mit jüngeren und älteren Menschen« zu leben. »Ich liebe zwar meine Unabhängigkeit, aber ich bin auch gern in guter Gesellschaft«, sagt sie. Und dies betreffe nicht nur ihre Wohnsituation, sondern auch neue Beziehungen.

Nicht nur beruflich hat sich Moni neue Ziele gesetzt. Sie hat auch begonnen, persönliche kreative Ideen umzusetzen. Sie näht gern und ist daran, eine Frotteekollektion mit Homedresses und schlichten Kleidern im Jacquardstil zu entwickeln. »Mode hat mich schon immer interessiert«, erzählt sie. »Da ich aber keinen Trends folge und den Mainstream nicht mag, stammt ein Großteil meiner Garderobe aus Secondhandshops.« Auch wenn sie im Ausland sei, suche sie immer wieder nach diesen besonderen Läden. »Seit ich graue Haare habe, verträgt es auch mehr Farben in meiner Garderobe. Gesellschaftlich gesehen, wird von älteren und alten Menschen zwar erwartet, dass sie sich zurückziehen oder im Hintergrund bleiben sollen. Gerade darum finde ich es richtig, Farbe zu bekennen, so wie es beispielsweise die 99-jährige amerikanische Stilikone Iris Apfel macht.«

Eine weitere Liebe von Moni gehört dem Comiczeichnen. Ein großer Wunsch ist es, die Australienreise, die sie vor vielen Jahren zusammen mit ihrer damals sechsjährigen Tochter gemacht hatte, auf diese Weise bildlich festzuhalten. Aber nicht nur die Zeichnungen sind ihr diesbezüglich wichtig, sie möchte auch die vielen selbst erfundenen Geschichten, die sie sich gegenseitig auf den langen Fahrten erzählt haben, auf diese Weise lebendig behalten. »Neun Wochen waren wir zusammen im Auto unterwegs, und ich spürte eine Art von Freiheit und Unabhängigkeit, wie ich sie zuvor nicht gekannt hatte. So wie die beiden Hauptdarstellerinnen im Film ›Thelma and Louise‹. Solche Reiseerlebnisse würde ich gern wiederholen.«

»Thelma and Louise«. Dieses Bild gefällt mir. Jedenfalls kann ich mir Moni sehr gut im offenen Cabrio vorstellen, wie sie, befreit von den Zwängen und Pflichten des Alltags, mit einer Liebsten oder einem Liebsten durch die Gegend braust. Aber in ihrem Fall natürlich mit einem Happy End!

Wie James Dean mein Männerideal prägte

Ich habe mich oft gefragt, warum ich bei der Wahl meiner Liebespartner (viel zu) lange auf einen ganz speziellen Typ fixiert war. Umgekehrt kennt man diese Muster ja vor allem bei Männern in der Midlife-Crisis, wenn sie ihre Ehefrau durch eine vom Typ her ähnliche, jedoch um Jahre jüngere Freundin austauschen. Bei meinem Beuteschema gab es, was die äußere Erscheinung eines Mannes betraf, wenig Parallelen. Doch wenn es um die »inneren Werte« ging, war durchaus ein Muster erkennbar: Die Männer, die mich anzogen, waren eher verschlossen als kommunikativ, sie verfügten über eine rebellische Ader und waren, wie man so schön sagt, eher schwierig »zu knacken«.

Wenn ein Verehrer schon nach der ersten gemeinsamen Nacht mit roten Rosen auffuhr, nach drei Monaten Zukunftspläne schmiedete oder ständig mit mir zusammen sein wollte, bekam ich Platzangst. Wenn ich allerdings nur schon in Ansätzen zu spüren glaubte, dass mein Gegenüber das Interesse an mir verlieren könnte, machten sich sehr schnell Verlustängste bemerkbar. Und obwohl es mir sehr schwerfiel, Liebesbeziehungen zu beenden, war es für mich wichtig, den Schlussstrich selber ziehen zu können. So würde sich mein Kummer in Grenzen halten, weil ich es ja war, die den Entscheid traf. Für mich war es gewissermaßen lebenswichtig, immer am längeren Hebel zu sitzen. Dass es bei diesen Gefühlen nicht in erster Linie um den Verlust des Partners ging – obwohl das durchaus eine sehr schmerzliche Sache war –, sondern um die unverarbeitete Panik des kleinen Kindes, das sich völlig allein und hilflos fühlte, konnte ich erst später in einer Therapie aufarbeiten.

Doch zurück zu meinem männlichen Idealbild. Es war eine gewisse Undurchsichtigkeit, die mich anzog und die mich rätseln ließ, welche Geschichte wohl hinter dieser coolen äußeren Fassade steckte. In vielen Fällen glaubte ich, mit meinem sechsten Sinn einen latenten Schmerz wahrzunehmen, und sah es als meine Aufgabe an, diesen zu heilen. Ich hatte ja, seit ich denken konnte, nicht nur ein Herz für »verletzte Seelen«, sondern auch eine therapeutische Ader: Ich wollte einfach, dass es den Menschen, die ich liebte, gut ging. Dass ich mit meiner Art dazu fähig war, hatte ich ja von klein auf immer wieder erlebt. Erst mit den Jahren würde ich erfahren, dass es sich manchmal nicht lohnte, Undurchsichtigkeiten ergründen zu wollen, weil es gar nichts zu ergründen gab. Und so mancher »lonely wolf« überdeckte mit seiner ach so coolen Art keine schmerzhaften oder gar traumatischen Erlebnisse, sondern war schlicht gelangweilt, uninteressiert oder selbstbezogen.

Leider verging ziemlich viel Zeit, bis ich herausfand, dass mir dieser Typ Mann gar nicht besonders guttat und vieles, was ich in ihn hineininterpretierte, nichts anderes als meine eigenen Sehnsüchte waren, die ich selbst nicht zu leben wagte und deshalb auf ihn projizierte. Unabhängig und selbstbewusst setzte er seine Träume und Leidenschaften in die Tat um, sichtlich unbeeindruckt davon, was andere von ihm hielten. Ich hingegen war die Angepasstheit in Person, wollte nie negativ auffallen, sondern anderen gefallen und sie glücklich machen.

Doch eins nach dem anderen. Um zu verstehen, warum die Dinge so sind, wie sie sind, muss man wissen, wie alles begann. Obwohl ich als Kind gern mit Gleichaltrigen zusammen war, zog ich mich am liebsten in meine eigene Welt zurück. Ich las sehr viel, aber noch lieber ging ich ins Kino. Meine Liebe zum Film begann früh und etwas ungewöhnlich: Da meine Mutter wöchentlich zur Coiffeuse ging und jeweils nicht wusste, was sie während dieser Zeit mit mir anfangen sollte, setzte sie mich einfach in die Nachmittagsvorstellung des Kinos in der Winterthurer Altstadt, das auf dem Weg zum

Frisiersalon lag. Natürlich war die Frau an der Kinokasse zuerst nicht bereit, eine Siebenjährige ohne die Begleitung einer erwachsenen Person in die Vorführung zu lassen. Doch meine Mutter konnte, wenn sie etwas wollte, sehr überzeugend sein. Und der Bestechungs-Fünfliber, den sie Frau Huber jeweils in die Hand drückte, tat sein Übriges. So kam es, dass ich schon in der zweiten Klasse der Primarschule alle Walt-Disney-Zeichentrickfilme mindestens einmal gesehen hatte. Aber auch die sogenannten Pennälerfilme, deutsche Filmkomödien, in denen auch Heintje mitspielte. Das holländische Muttersöhnchen wurde Ende der Sechzigerjahre vor allem als Sänger so kitschiger Hymen wie »Mamma« oder »Oma so lieb« berühmt.

Nachdem ich die meisten Filme dieser Art abgehakt hatte, wechselte ich das Genre und machte die Bekanntschaft mit dem Altmeister des Suspense, Sir Alfred Hitchcock. Nachdem ich seinen Film »Rebecca« gesehen hatte – den gleichnamigen Roman von Daphne du Maurier hatte ich bereits vorher gelesen –, wusste ich, dass die Zeit der trivialen Jugendfilme endgültig vorbei war. Zwar gab es bei den Hitchcock-Filmen auch in den Nachmittagsvorstellungen eine Altersgrenze von zwölf Jahren, diese übersahen meine Mutter und Frau Huber an der Kinokasse allerdings großzügig. Ich hatte also das Vergnügen, als Zehnjährige sämtliche Filme, die Hitchcock bis Anfang der 1970er-Jahre gedreht hatte, gesehen zu haben. Manche auch zwei- oder dreimal hintereinander. Dann nämlich, wenn meine Mutter in Sachen Coiffeur Vollprogramm hatte und zum üblichen »Waschen – Legen – Trocknen« auch noch die monatliche Dauerwelle anstand. Diese zeitaufwendige Angelegenheit führte dazu, dass ich nicht nur die Fünfzehn-Uhr-, sondern auch einen Teil der Siebzehn-Uhr-Vorstellung schauen konnte. Leider wurde ich regelmäßig aus meiner Traumwelt herausgerissen, wenn mich Mutter dann nach ihrem Coiffeurbesuch aus dem dunklen Kinosaal holte.

Auf dem Heimweg, der meistens zügig vonstatten gehen musste – schließlich musste das Nachtessen um Punkt halb sieben auf dem

Tisch stehen –, war ich oft seltsam traurig. Die Diskrepanz zwischen der aufregenden Kinowelt und meinem Alltag als Schulmädchen war nicht einfach zu verkraften. Zudem kannte ich niemanden, mit dem ich meine Eindrücke hätte teilen können. Weder meine Familie noch meine Schulfreundinnen interessierten sich für die Filme, die mir gefielen. Sie wollten sich nicht über das Werk eines berühmten, aber alten Regisseurs unterhalten, wenn man in der neusten »Bravo«, die damals noch wöchentlich in Auflagen von weit über einer Million erschien, so tolle Typen wie David Cassidy oder die Bay City Rollers im sogenannten Starschnitt bewundern konnte, ein aus mehreren Teilen zusammengefügtes Poster, das die Lieblinge der Jugend in Lebensgröße zeigte.

Man könnte also durchaus behaupten, dass Alfred Hitchcock und seine Filme einen ersten Einfluss auf mein Männerbild hatten. Diese schwierigen Charaktere, die irgendwann in ihrem Leben ein Trauma erlitten hatten, galt es zu retten. So wie Ingrid Bergman im Thriller »Spellbound« als Psychiaterin ihren Patienten, gespielt von Gregory Peck, von seinem Trauma heilt. Natürlich waren für mich damals die Themen Verführung und Sexualität noch in weiter Ferne – sie lösten sogar Ängste in mir aus –, aber ich spürte instinktiv die erotischen Untertöne, die Hitchcock meisterlich zu inszenieren wusste. Irgendwann in dieser Zeit muss ich wohl für immer in meinem Unterbewusstsein abgespeichert haben, dass der unkomplizierte blonde Sonnyboy wohl nie mein Herz erobern würde.

Vielleicht fragen Sie sich jetzt: »Und was war denn mit ihrem Vater?« Dieser soll ja einen großen Einfluss auf die spätere Partnerwahl haben. Hier werden aus psychologischer Sicht gern zwei extreme Richtungen aufgezeigt: Entweder behandelt der Vater die Tochter wie eine Prinzessin, und jeder Mann muss sich später an ihm messen. Oder man musste um die väterliche Anerkennung kämpfen oder gar ohne Vater aufwachsen. In diesem Fall wäre man ein Leben lang auf der Suche nach Anerkennung und Eroberungen und würde dadurch ein eher schwieriges Liebesleben haben. Ich hatte, wie so viele Mädchen meiner Generation, einen durchaus lieben und fürsorglichen Papa, der jedoch Mühe hatte, seine Gefühle zu zeigen. Als jüngstes Mädchen in der Familie war ich verwöhnter als meine Schwester, und ich wusste instinktiv, wie ich meinen Vater um den Finger wickeln konnte. Aber die Prinzessin in unserer Familie war meine Mutter. Sie war es auch, die, wie die meisten Frauen in den 1960er- und 1970er-Jahren, die Erziehungsverantwortung hatte. Mein Vater war beruflich oft abwesend, und wenn er einmal Zeit für mich hatte, genoss ich das sehr. Unser Verhältnis war, jedenfalls bis zu meiner Pubertät, als ich meine rebellische Seite entdeckte, gut und unbeschwert. Soweit ich es heute nachvollziehen kann, war die einzige Parallele zu meinem späteren Männerideal, dass mein Papa eher schweigsam war und nicht gern über Gefühle sprach, obwohl er innerlich ein sehr emotionaler Mensch war.

Als ich in die Mittelschule kam, fand ich endlich eine Freundin, die meine Kinoleidenschaft teilte. Elsbeth bevorzugte allerdings die sogenannten Spaghettiwestern und Katastrophenfilme. Wir fanden einen Konsens, indem wir uns bei der Auswahl der Filme abwechselten: Nach einem Action-Streifen mit Charles Bronson – Elsbeth liebte Machos – kam ich zum Zug, und damit gab es wieder ein Liebesdrama nach meinem Geschmack. Meine Liebe zu Filmen wurde immer intensiver. Mich faszinierte alles, was mit dem Kinohandwerk zu tun hatte, egal, ob es sich um die Abläufe vor oder hinter der Kamera handelte. Ich unterschied mich darum auch von vielen Gleichaltrigen, für die das Kino einfach nur Unterhaltung und Abwechslung bedeutete. Für mich war klar: Ich wollte später beruflich etwas machen, das mit dem Kino zu tun hatte.

Heute ist mir natürlich bewusst, dass das Kino, Filme und alles, was damit zusammenhing, auch eine Flucht vor der Realität war. Andererseits war es schon ungewöhnlich, dass ich bereits im Primarschulalter halbe Filmlexika fast auswendig kannte. Meine Familie machte sich jeweils einen Spaß daraus, mir den Namen eines Schauspielers, das Jahr, in dem der Film gedreht wurde, und ein Detail der

Handlung zu verraten. Das tönte dann zum Beispiel so: »Emmanuelle Riva, 1959, Krieg.« Und ich, wie aus der Pistole geschossen: »›Hiroshima, mon amour‹, Regie Alain Resnais, Drehbuch Marguerite Duras.« Heute würde ich als Kind stolzer Eltern vielleicht in irgendwelchen Spielshows auftreten und mit meiner Begabung und etwas Glück sogar Preise gewinnen. Meine Eltern, deren Filmspektrum sich nicht weiter als von »Romeo und Julia auf dem Dorfe« bis zu »Die Brücke am Kwai« erstreckte, konnten sich beim besten Willen nicht erklären, »woher das Kind dieses Wissen hat«.

Viele Jahre später, als ich als Journalistin und Autorin Erfolg hatte, tönte es ähnlich: »Wo hat das Kind bloß nur so schreiben gelernt?« Eine Antwort fand die Familie schnell: »Großmutter Hermine hat doch immer so schöne Briefe geschrieben.« Der Fall war klar: Entweder waren die guten Gene »schuld«, oder »der Herrgott hats gegeben«. Ich meine das jetzt nicht zynisch. Ich bin sehr froh, dass meine Eltern noch erlebten, dass ich es beruflich »zu etwas gebracht« hatte. Lange Zeit verzweifelten sie fast an ihrer bockigen Tochter und ihren »unmöglichen« Berufswünschen. Doch spätestens als ich als junge Moderatorin beim Schweizer Fernsehen fast täglich auf dem Bildschirm zu sehen war, war meine Mutter die Erste, die am Montagmorgen in der Winterthurer Altstadt sämtliche »Schweizer Illustrierten« aufkaufte und jeder Kioskfrau – ob sie es hören wollte oder nicht – erzählte: »Die da auf dem Titelfoto ist im Fall meine Tochter Silvia!« Gern hätte sie das auch mit dem »Blick« gemacht, aber – O-Ton meines Vaters: »Dieser Schund kommt mir nicht ins Haus.« Und so las meine Mutter die Zeitung mit ihren Freundinnen halt heimlich, aber nicht weniger stolz beim Kaffee im Hotel Krone. Wenn mein Vater zufällig am gleichen Ort einkehrte und sie danach tadelte, meinte sie nur ganz cool: »Solange deine Tochter nicht das nackige Seite-3-Girl ist, muss ich gar nichts verstecken.«

Doch zurück zu meiner Leidenschaft. Nachdem ich als Zwölfjährige zum ersten Mal den Film »East of Eden« im Kino gesehen hatte, war es um mich geschehen: Ich hatte mich Hals über Kopf in den Hauptdarsteller James Dean verliebt. So musste ein Mann sein, den ich von ganzem Herzen lieben könnte: ein von Sehnsüchten getriebener Suchender mit einer unglaublich intensiven Ausstrahlung. Ein verletzlicher und gleichsam rebellischer Held, den es zu retten galt. Natürlich würde auch er mich im Gegenzug von meinen Ängsten erlösen. Und gemeinsam würden wir in den Sonnenuntergang reiten. Oder so. Als ich kürzlich einen seiner Filme sah, konnte ich gut nachempfinden, warum ich Jimmy so liebte und verehrte. Heute weiß ich natürlich, dass Dean abseits der Leinwand auch eine sehr düstere und verstörende Seite hatte. Er galt als schwierig im Umgang, unreif und egozentrisch. Dass er bereits im Alter von 24 Jahren bei einem Autounfall getötet wurde, machte ihn zum unsterblichen Idol. Er würde nie verfetten wie Marlon Brando oder der Sucht erliegen wie Montgomery Clift, die beiden anderen Filmhelden dieser Zeit. James Dean würde ewig jung, charismatisch und unerreichbar bleiben.

Meine Sehnsucht nach ihm war so heftig, dass ich eines Abends beschloss, sterben zu wollen. Ich war mir sicher, dass Jimmy »auf der anderen Seite« auf mich warten würde. Natürlich war mir schon damals klar, dass es etwas mehr als die drei Abführtabletten aus dem Medizinschrank meiner Mutter brauchte, um meine Absicht umzusetzen. Aber ich wollte mit einem heroischen Zeichen zeigen, wie ernst es mir mit meiner Verehrung war. Die Folgen waren allerdings weniger romantisch: Ich verbrachte den nächsten Tag nicht in der Schule, sondern auf dem Klo.

Die Erwartungen, die ich als junge Frau an die große Liebe hatte, glichen kaum jenen meiner gleichaltrigen Freundinnen. Ich wartete nicht auf den arbeitsamen und soliden Mann, der mich zum Altar führen und mit dem ich danach mindestens zwei Kinder haben würde. Ich träumte nicht vom eigenen Häuschen, dem großen Garten und nicht vom berühmten »white fence«, der signalisierte: Hier lebt eine glückliche Familie! Ich würde mit meinem Mann die Welt bereisen, Neues entdecken und erleben, leidenschaftliche Tage und Nächte verbringen, streiten, mich versöhnen, und das natürlich bis ans Ende unserer Tage. Denn auch wenn ich von einem ungebundenen Leben träumte, ohne die Garantie, dass wir für immer zusammen wären, würde mir der Mut fehlen, aus meinem alten Leben auszubrechen. Ohne die emotionale Sicherheit, die mir ein Mann bieten würde, traute ich mir keine Abenteuer zu. Und natürlich musste eine so spezielle Verbindung, wie ich sie mir erträumte, lebenslänglich sein. Wenn sich zwei Seelenhälften gefunden hatten und miteinander verschmelzen würden – so jedenfalls meine verklärte Vorstellung –, wären diese auf immer und ewig untrennbar miteinander verbunden.

Mehr dazu, warum ich mit meinen romantischen Vorstellungen Schiffbruch erleiden musste, und wie ich erkannte, was für ein Typ Mann zu mir passt und mich glücklich macht, im nächsten Kapitel.

»Ich bin bereit, nochmals durchzustarten«

MAYA MARBURGER, 59

Unternehmerin, Schmuckdesignerin, Netzwerkerin. Die Mutter zweier erwachsener Kinder lebt getrennt von ihrem Mann in der Nähe von Zürich.

Kennen gelernt habe ich Maya an meiner Hochzeitsparty 2016 im südfranzösischen Ramatuelle. Hier feierten mein frischgebackener Ehemann und ich zusammen mit Gästen, die von überallher angereist waren. Es ist sicher ungewöhnlich, jemanden, den man bisher noch nie getroffen hat, an einem so privaten Anlass kennen zu lernen. Eine Freundin von mir hatte gefragt, ob sie Maya als Begleitung mitbringen dürfe. So wie Bischi mir sie beschrieb – fröhlich, unkompliziert und liebenswürdig –, hatte ich keinen Grund, Nein zu sagen.

Als wir Maya dann an diesem heißen Sommerabend am Strand begrüßten, machte sie ihren Vorschusslorbeeren alle Ehre: Mein Mann und ich mochten sie auf Anhieb. Und auch die anderen Gäste nahmen Maya herzlich auf. Sie hatte ihrerseits auch keine Mühe, sich in die bunte Truppe unserer Familie und Freunde zu integrieren. Ihr attraktives Aussehen schadete da sicher nicht. Doch es war in erster Linie Mayas offene und natürliche Art, die sowohl beim Kennenlern-Apéro wie auch beim gemeinsamen Essen gut ankam. Zu später Stunde war sie eine der Letzten auf dem Tanzparkett. Ihre offensichtlich gute Laune wirkte so ansteckend, dass ich immer wieder gefragt wurde, woher ich Maya denn kenne. Oder genauer:

wo ich sie bis heute »versteckt« hätte. Ich weiß noch, wie ich während der Party dachte: Maya ist der perfekte Partygast, ein echter »social butterfly«. Das fiel mir dann später noch mehr auf, als ich die Fotos des tollen Abends anschaute. Maya war ein äußerst beliebtes Sujet des Fotografen gewesen: Kein anderer weiblicher Gast war auf den Bildern präsenter als sie.

Obwohl Maya und ich uns nach der Hochzeitsparty »schworen«, dass wir uns bald einmal unter »vier Augen« treffen wollten, verstrichen Wochen und Monate bis zu diesem Zeitpunkt. Die Gründe waren zahlreich: Beide waren wir in unseren beruflichen Alltag eingespannt. Maya, Mutter zweier erwachsener Kinder, führte zusammen mit ihrem damaligen Mann ein Schmuckunternehmen und war auch als Co-Designerin tätig. Daneben führte sie ein äußerst reges soziales Leben, das ich immer wieder einmal in den sozialen Medien verfolgte. Wenn sich unsere Wege bei einem Anlass oder einer Veranstaltung einmal kreuzten, freuten wir uns immer, auch wenn meistens wenig Zeit für einen persönlichen Austausch war.

Bei einem dieser Treffen rief mir Maya nach unserer Verabschiedung noch zu: »Jetzt machen wir aber endlich Nägel mit Köpfen!«, und kurze Zeit später sah ich, dass sie mir per Whatsapp einen Vorschlag für ein Treffen geschickt hatte. Und tatsächlich: Wenige Tage später saßen wir uns bei einem Teller Spaghetti und einem Glas Wein bei meinem Lieblingsitaliener gegenüber. Das gute und vertraute Gefühl, das ich bei unserem Kennenlernen an der Hochzeitsparty verspürt hatte, stellte sich sofort wieder ein. Und so fiel der übliche Small Talk glücklicherweise weg. Von unserer gemeinsamen Freundin Bischi wusste ich bereits, dass Maya etwa gleich alt wie ich und in zweiter Ehe mit einem Dänen verheiratet war. Seine zwei Kinder waren im selben Alter wie ihre, lebten jedoch hauptsächlich in Dänemark. »Sämtliche Ferien haben wir stets gemeinsam verbracht. Ich genoss die Großfamilie sehr! Eine typische Patchwork-Familiensituation mit all ihren schönen und herausfordernden Seiten«, erklärte mir Maya, die zu unserem Lunch elegant-lässig gekleidet war. Ihren zeitlosen Look kombinierte sie mit schlichten, aber fantasievollen Schmuckstücken ihres eigenen Labels.

Während wir uns unterhielten, fiel mir einmal mehr auf, wie frisch und gut gelaunt mein Gegenüber wirkte. Obwohl Maya an diesem Morgen schon verschiedene Termine absolviert hatte, wirkte sie, als hätte sie einen Zehn-Stunden-Schlaf genossen. »Vergiss es«, lachte sie, »meine Nacht war kurz. Gestern Abend hatte ich Gäste bis spät in die Nacht, und heute morgen musste ich früh wieder raus.«

»Woher nimmst du bloß deine Energie?«, fragte ich neugierig. »Bei dem Tempo, das du vorlegst, wäre ich bereits am frühen Abend bettreif, während du nach einem anstrengenden Arbeitstag noch in der Küche stehst, um deine Gäste mit einem mehrgängigen Menü zu verwöhnen.« Maya lachte, und sah dabei beneidenswert entspannt aus: »Es ist ganz einfach. Ich liebe die Menschen und schöpfe aus den Begegnungen mit ihnen immer wieder neue Kraft. Und ich spüre jeweils auch, aus welchen Kontakten sich gute Synergien ergeben könnten.«

»Dann ist deine herzliche und offene Art also auch ein ganz kleines bisschen Kalkül?«, fragte ich sie ganz direkt. »Ich bin sicher auch eine gute Netzwerkerin, aber wenn mein Interesse an meinem Gegenüber nicht echt und von Herzen wäre, dann wäre mir der ›Schnuuf‹ schon lange ausgegangen.« Dieses Argument war natürlich nicht zu widerlegen. Und warum sollte man seine Qualitäten nicht auch für geschäftliche Belange einsetzen? Ihre aufgeschlossene und fröhliche Art liege auch in ihren familiären Wurzeln, erklärte sie mir. »Den Zusammenhalt, den ich mit meinen Kindern, meinen Eltern und meinen Geschwistern erlebte und immer noch erlebe, gab mir auch in schwierigen Lebenssituationen immer wieder Halt. Für meinen Sohn und meine Tochter bin ich ein Anker, und sie sind meiner. Wir sind einfach eine unzertrennliche Einheit«, schwärmte Maya. Dass diese dann jeweils auch ihren »Anhang«, Freundinnen und Freunde, mitbringen würden, sei keine Frage. Denn Maya liebt ein »offenes Haus«. Aber auch der ganze »Toggenburger Clan«, wie sie ihre Herkunftsfamilie beschrieb, hält »durch dick und dünn zusammen« und trifft sich mehrmals im Jahr zu allen möglichen Familienfesten.

Wie sehr die groß gewachsene Blondine von ihrer Herkunft geprägt ist, wurde mir klar, als sie mir von ihrer Kindheit im Obertoggenburg erzählte. Als zweitältestes von fünf Kindern musste Maya schon früh Verantwortung übernehmen und auch im elterlichen Geschäft anpacken. »Bereits als Neunjährige stand ich mit Plateauschuhen hinter der Kasse, damit ich sie überhaupt bedienen konnte, und fühlte mich dabei sehr erwachsen«, erinnerte sie sich lachend. »Neben der Verantwortung, die diese Beschäftigung mit sich brachte, gefiel mir vor allem der Kontakt mit den Kunden.« Schau an, dachte ich, das ist sicher eine Erklärung für Mayas offene Art.

Vor allem in der Skisaison im Winter habe es viel zu tun gegeben. »Aber meine Mutter sorgte dafür, dass wir Kinder es immer wieder lustig hatten.« Und so wurde nach Feierabend das elterliche Geschäft auch mal zu einer Disco, in der getanzt und gefeiert wurde. Der Vater, der das Geschäft von seinem Vater übernommen hatte, sei oft abwesend gewesen. »Der schönste Tag war für mich immer der Sonntag«, schwärmte Maya. »Dann kamen alle meine Cousinen und Cousins zu Besuch, und ich durfte Gastgeberin spielen.« Eine Rolle, die sie auch heute noch leidenschaftlich gern einnimmt.

Auch dass sie so Wert auf ein gepflegtes Äußeres lege, habe mit ihrer Herkunft zu tun. »Bei der Arbeit im Lebensmittelladen repräsentierte ich ja die Familie. Undenkbar, dass ich ohne Wimperntusche oder einen Hauch Lippenstift oder mit einem kaputten T-Shirt oder löchrigen Jeans an der Kasse gestanden wäre.« Hat ihre früh erworbene Selbständigkeit, zusammen mit der damit verbundenen Verantwortung, dazu geführt, dass Maya bereits als junge Frau dieses sichtlich starke Selbstbewusstsein entwickelte? »Nicht wirklich«, sagte Maya, »ich musste mir mein Selbstwertgefühl über viele Jahre meines Lebens mehr oder weniger mühsam zusammenzimmern. Und ich arbeite heute noch daran.«

Jetzt war ich wirklich baff. Hätte mich damals jemand gefragt, welche meiner Bekannten und Freundinnen über ein beneidenswertes Selbstbewusstsein verfügten, ich hätte wohl als Erste Maya genannt. Und jetzt sagte mir diese attraktive, erfolgreiche und einnehmende Frau, dass sie bis heute an diesem Thema arbeiten müsse? Sie hatte meinen überraschten Blick wohl richtig gedeutet und erklärte: »Ich weiß, es tönt seltsam, aber es ist wahr. Das Gefühl, nicht gut genug zu sein und den Ansprüchen anderer nicht zu genügen, hat mich lange verfolgt. Und auch heute taucht es hin und wieder auf.«

Vielleicht ist dies auch ein Grund dafür, dass an Maya, von außen betrachtet, immer alles so perfekt zu sein scheint. Die blonden Haare fallen ihr in weichen Wellen über die Schultern, ihr Make-up ist gekonnt unauffällig aufgetragen, dank ihrer Modelfigur würde sie auch in einem Kartoffelsack eine gute Figur machen. Mayas Alltags-Look ist sportlich-elegant, bei Partys und größeren Events trägt sie auch mal hohe Hacken und ein kurzes Glitzerkleid. Aber Maya hat auch eine andere, sehr naturverbundene Seite. Man trifft sie auch völlig ungeschminkt in einer Berghütte ohne Strom und Wasser, wo sie im Massenlager übernachtet.

Hätte ich Maya nicht etwas später in einer für sie herausfordernden Lebensphase erlebt, ich hätte ihre Aussage wohl als »fishing for compliments« abgebucht. Aber eine gemeinsame Reise, die wir kurze Zeit später unternahmen, zeigte mir, dass es sehr ehrlich war, als sie sagte: »Eine der großen Herausforderungen des Älterwerdens ist für mich, ein stabiles Selbstvertrauen zu entwickeln, unabhängig von äußerlichen Erfolgen und den Wertschätzungen anderer.«

Als ich das nächste Mal mit Maya zu einem Kaffee verabredet war, strahlte sie mir nicht wie sonst entgegen. Sie hatte sichtlich Gewicht verloren, und auch ihre sonst so spürbare Energie war gedämpft. Aber Maya ist nicht die Person, die einem bei Sorgen um den Hals fallen würde, sie bewahrte auch jetzt Haltung. Darum fragte ich erst nach einer gewissen Zeit, ob es ihr nicht gut gehe. Etwas zögerlich erzählte sie mir, dass ihr Mann Bo nach fünfzehnjähriger Beziehung beschlossen hatte, nach Dänemark zurückzugehen, und es in der Folge zur Trennung kam. »Er steckt wohl in den Wechseljahren«, versuchte ich es mit einem müden Witzchen. Aber ich sah ihr an, dass ihr eigentlich nicht zum Scherzen zumute war. Aus einem Impuls heraus fragte ich sie, ob sie nicht Lust hätte, mich für einige Tage nach Italien zu begleiten. Eigentlich wollte ich mit meinem Mann seinen Geburtstag in einem hübschen Hotel feiern, aber wegen beruflicher Pflichten seinerseits klappte das plötzlich nicht mehr. Maya sagte spontan zu, und eine Woche später gondelten wir in meinem Mini in Richtung Bella Italia.

Im Hotel schliefen wir im Doppelzimmer. So hatte ich es für mich und meinen Mann gebucht. Normalerweise teile ich nur mit ihm oder engsten Freundinnen das Bett, aber irgendwie schien es mir mit Maya ganz natürlich. Ich wunderte mich nicht, dass sich unser täglicher Rhythmus grundlegend voneinander unterschied: Maya stand immer früh auf, machte eine ausführliche Morgentoilette, wobei sie gleichzeitig ihre eingegangenen E-Mails checkte, und widmete sich danach auf der kleinen Terrasse unseres Zimmers dem Yoga. Danach schnürte sie ihre Laufschuhe und ging joggen, und irgendwann nach zehn Uhr trafen wir uns im Hotelgarten zum Frühstück, wo sie es mit ihrem natürlichen Charme geschafft hatte, den sonst immer etwas griesgrämigen Kellner für sich einzunehmen. Wie sie fähig war, trotz ihrem Kummer eine solch positive Energie auszustrahlen, war für mich ein Rätsel. Aber es war klar, dass sich Maya gewohnt war, in jeder Lebenslage Haltung zu bewahren. Außerdem schien sie die Zeit mit mir zu genießen.

Nach gemeinsamen Shoppingtouren, Besichtigungen, Sonnenbaden und Mittagsschläfchen (ich) wurden die Gespräche beim gemeinsamen Abendessen intensiver. Natürlich sprachen wir auch immer wieder über das Älterwerden, das Maya sichtlich besser wegsteckte als ich. Im Gegensatz zu mir machten ihr weder zusätzliche »Wechseljahre-Kilos« noch eine immer wiederkehrende Müdigkeit zu schaffen. Aber natürlich waren es nicht nur die guten Gene und ihre positive Lebenseinstellung, die Maya bei diesem Prozess halfen, sondern auch ihr beneidenswerter Stoffwechsel. Sie schien immer in Bewegung zu sein, ich konnte mir nicht vorstellen, dass sie wie ich stundenlang mit einem Buch auf dem Sofa rumfläzte und ihren Gedanken nachhing. Maya war und ist alles andere als eine Träumerin: Tatkräftig und voller Elan bringt sie die Familie, ihre Arbeit als Unternehmerin und ihr soziales Leben unter einen Hut. Und sie braucht nach Tagen, in denen sie mit vielen Menschen intensiven Kontakt hatte, keine Rückzugsphasen, um wieder aufzutanken. Gerade diese Rückzüge, die ich hingegen immer häufiger nötig habe, sind für mich ein Zeichen des Älterwerdens. Nicht nur, dass ich selektiver werde, mit wem ich in meiner Freizeit verkehren will, ich achte auch stärker darauf, wer mir Energie gibt und wer sie mir raubt.

Als wir uns nach der Fahrt zurück in die Schweiz verabschiedeten, bedankte sich Maya bei mir für die »wunderschöne Zeit«. Die Dankbarkeit war gegenseitig. Ihre humorvolle und stets positive Art hatte mir sehr gutgetan, und auch sie betonte, wie gut diese Zeit mit mir für sie gewesen sei und wie sehr die Komplimente, die ich ihr gemacht hatte, sie aufgebaut hätten. Einmal mehr wunderte ich mich, wie eine Frau mit einer solchen Strahlkraft es nötig zu haben schien, bei mir Selbstbewusstsein zu tanken. Und obwohl ich mit ihrem Tempo nicht mithalten konnte, hatte ich durch unsere Gespräche durchaus auch einige Parallelen zwischen uns entdeckt. Wir beide waren nicht nur, was unser Selbstbewusstsein und unsere Ausstrahlung auf andere betraf, »Spätzünderinnen«. Da es uns lange an einer gesunden Portion Egoismus und Eigenliebe gefehlt hatte, waren wir immer stark auf das Urteil anderer angewiesen. Und natürlich wollten wir gefallen. Denn so erhofften wir uns die Zuneigung und die Unterstützung, ohne die wir nicht leben zu können meinten.

»Ich habe früher wenig bis nie an mich gedacht, sondern wollte es in erster Linie allen recht und schön machen. Und wenn ich spürte, dass ich das geschafft hatte und ein gutes Echo bekam, war ich glücklich und fühlte mich wertvoll«, hatte mir Maya erzählt. Aber blieb dies für einmal aus oder harzte es in Liebesbeziehungen, sei sie immer bereit gewesen, den Fehler als Erstes bei sich zu suchen. »Und natürlich fand ich immer einen Grund, warum ich etwas hätte besser machen können.« Diese Art des »Gefallenwollens« war mir ebenfalls nicht fremd. Auch ich suchte lange Jahre Bestätigung von außen, und selbst wenn ich sie bekam, hatte ich Mühe, sie wertzuschätzen oder mich darüber zu freuen. Maya und ich waren wohl diesbezüglich aus ähnlichem Holz geschnitzt. Langsam wurde mir auch klar, warum Maya so viel Wert auf ein gepflegtes Äußeres legte und weshalb ich sie nie in schlechter Laune erlebt hatte. Ja, sie hatte von Natur aus ein sonniges Gemüt, aber ist es nicht so, dass, wer keine Angriffsflächen zeigt, auch nicht verletzt werden kann?

Gut zwei Jahre waren seit unserer Italienreise vergangen. Und in dieser Zeit sahen wir uns nur ein einziges Mal. Dann hatte Maya als eine Organisatorin des Zurich Film Festival die Möglichkeit, Gäste zu persönlichen »Talks« mit Filmschaffenden, Regisseuren und Schauspielern einzuladen. Als sie mich spontan fragte, ob ich sie zu einer Veranstaltung begleiten wolle, an der Sharon Stone interviewt werde, sagte ich sofort zu – ich war schon lange von Stones intelligenter, humorvoller und schlagfertiger Art begeistert. Und genau so zeigte sich »La Stone« bei dem Anlass auch. »In der amerikanischen Filmbranche war ich nur so lange gefragt, wie ich die Rolle der Verführerin spielen konnte«, erzählte sie. »Und damit war spätestens mit vierzig Schluss.« Natürlich hätte sie sich mit ihrem Vermögen und ihrer Familie – Stone hat drei Adoptivsöhne – einen ruhigen Lebensabend in ihrer Luxusvilla machen können. Aber ausruhen war nie ihr Lebensziel gewesen. Sie setzt sich seit Jahren für die Aids-Hilfe ein und ist inzwischen eines der wichtigsten Aushängeschilder einer Stiftung zur Aids-Forschung. Im italienischen wie auch im französischen Film haben reifere Schauspielerinnen wie zum Beispiel Sophia Loren oder Catherine Deneuve noch lange spannende Rollenangebote bekommen, während sie in Hollywood höchstens noch Nebenrollen als verhärmte Witwen oder bösartige Schwiegermütter spielen dürfen. Sie selbst bekäme nicht einmal mehr diese, offenbarte Sharon Stone. Dass sie trotzdem ein gutes und erfülltes Leben führe, habe damit zu tun, dass sie sich nie ausschließlich über ihren Beruf und ihre Berühmtheit identifiziert habe, sondern immer auch über ihre sozialen Engagements und ihre Leidenschaft für vieles jenseits der Schauspielerei.

Man braucht nicht Sharon Stone zu sein, um zu spüren, dass man als Frau jenseits der fünfzig schnell einmal übersehen und/oder als »zu alt« abgestempelt wird. Dass Attraktivität und Charisma allerdings keine Frage des Alters sind, dafür ist Sharon Stone ein perfektes Beispiel. Was Maya und mich an ihr besonders faszinierte, war ihre Fähigkeit, das Publikum mit ihrer authentischen Art zu verzaubern. »Diese Frau ist ein echtes Vorbild. Ich glaube, dass auch uns ein paar ihrer Ecken und Kanten guttun würden«, meinte Maya, als wir aus dem dunklen Saal zurück ins helle Sonnenlicht traten. »Du weißt, was das auch beinhaltet«, entgegnete ich: »Botox, einen neuen Busen und hin und wieder einen jungen Lover.« – »Was nicht ist, kann ja noch werden«, scherzte Maya gut gelaunt, »aber zuerst arbeiten wir an den Ecken und Kanten.«

Bei unserem letzten Treffen ist Maya sichtlich aufgeblüht. Ihre private Situation mit ihrem Mann steht vor einem befriedigenden Abschluss, und sie genießt ihre neue Lebenssituation sichtlich, wenn sie etwas verschämt von neuen Bewunderern erzählt, die regelmäßig mit Rosensträußen und Einladungen um sie buhlen würden. »Dadurch, dass ich immer in festen Beziehungen war, ist das Singledasein Neuland für mich. Und manchmal fühle ich mich wie ein junges Mädchen, das dabei ist, neue Erfahrungen zu sammeln.« So gut es ihr tue, das Gefühl zu haben, begehrt zu sein, das Wichtigste in ihrem Leben bleibe neben der Familie ihr Beruf und ihre persönliche Weiterentwicklung. »Ich möchte nie stehen bleiben, immer weiterlernen und neue Erfahrungen machen.«

Dazu gehört auch, dass sich Maya seit zwei Jahren am WEF in Davos engagiert. Sie ist Mitglied einer Untergruppe des Wirtschaftsforums, deren Ziel es ist, die Teilnehmenden auf dem Gebiet der »Herzensenergie«, wie es Maya nennt, anzusprechen. Wobei sie besonders Wert auf die Förderung von Unternehmerinnen legt. Egal, ob dies bei einer Meditation, einer Skiwanderung oder in einer Gesprächsrunde stattfindet. Dieser persönliche Austausch, der in den letzten Jahren vernachlässigt wurde, sei ursprünglich auch eine der Motivationen gewesen, die Klaus Schwab zur Gründung des Forums veranlasst habe.

Am WEF sitzt Maya während einer Podiumsdiskussion nicht nur im Publikum, sondern moderiert diese manchmal auch. »Das zeigt doch, dass ich mit zunehmendem Alter immer noch an Selbstbewusstsein gewinne. Und diese Entwicklung freut mich nicht nur, sondern macht mich auch ein bisschen stolz.« Maya spricht so begeistert von ihren Tätigkeiten, dass es mir nicht schwerfällt, sie mir als perfekte Gastgeberin, als perfekte Netzwerkerin vorzustellen. »Ich habe mich noch nie so frei gefühlt wie jetzt«, sagt sie strahlend, bevor sie sich verabschiedet. »Es gibt mehr Ressourcen und Freiräume. Ich kann nochmals neu- und durchstarten.« Eine herzliche Umarmung, und weg ist sie. Zu einem nächsten beruflichen Termin, einem nächsten Austausch, einem nächsten Date. Maya ist »on the move«. Und ich bin mir sicher: Sie wird es lange bleiben.

Manchmal findet einen das Glück, wenn man es am wenigsten erwartet

Nichts gegen das wunderbare Gefühl der Verliebtheit. Diese zauberhaften Momente, in denen das Herz stets ein paar Takte schneller schlägt als sonst, die Hormone übersprudeln und der dröge Alltag in einen zauberhaften rosaroten Nebel gehüllt ist. Was mich betrifft, so fand ich diese erste Phase einer Beziehung immer etwas anstrengend. Die stete Unsicherheit, ob man dem anderen auch wirklich gefällt, die Angst, dass sich der Liebestraum plötzlich wieder in Luft auflösen könnte, und dieses ewige Flügelschlagen der Schmetterlinge in der Magengegend verursachten mir immer eine leichte Übelkeit.

Wobei mir bei diesem Thema eine hübsche Geschichte einfällt. Ich erzähle sie mit gutem Gewissen, weil das Paar, das darin vorkommt, nun schon seit einigen Jahren fest zusammen ist. Und obwohl sie mir ihren Segen gegeben haben, dass ich ihre Story erzählen darf, verfremde ich ihre Namen. Denn wer will schon an längst vergangene Peinlichkeiten erinnert werden?

Sergio kenne ich schon mein halbes Leben lang. Er ist heute in den Fünfzigern, ein attraktiver, intelligenter Mann, der immer etwas nachdenklich und schweigsam wirkt, jedenfalls solange man ihn nicht besser kennt. Nach seiner Scheidung war er einige Jahre Single und genoss diesen Zustand auch.

Als er bei einem Brunch bei Kollegen die etwas jüngere Barbara kennen lernte, verguckte er sich spontan in ihre herzliche und offene Art. Da Sergio, wie er selber sagt, »punkto Daten aus der Übung« war, musste er sich ein Herz fassen, um Barbara telefonisch zu einem Nachtessen einzuladen. Diese freute sich sichtlich, und gemeinsam beschloss man, sich am nächsten Wochenende beim Japaner zum Sushi zu treffen.

Barbara erinnert sich, dass sie schon nach einer halben Stunde mit Sergio das Gefühl hatte, ihn ewig zu kennen, so vertraut wirkte er auf sie. Doch glücklicherweise waren da mehr als schwesterliche Gefühle. »Er gefiel mir so gut, dass ich ihn am liebsten gleich auf der Stelle vernascht hätte«, erzählt sie in ihrer typischen liebenswerten Offenheit. Barbara fiel allerdings auf, dass Sergio mehr dem Trinken als dem Essen zugeneigt war, und führte diesen Umstand auf seine sichtliche Nervosität zurück. »Nachdem er mir erzählt hatte, dass er im Gegensatz zu mir schon einige Jahre kein Date mehr gehabt hatte, konnte ich das gut verstehen.«

Als sie gemeinsam nach Mitternacht das Restaurant verließen, wollte Sergio noch etwas frische Luft schnuppern, bevor er Barbara im Auto nach Hause fahren würde. Auf dem Weg zum Parkplatz wurde es dann ziemlich kühl, was ihn dazu veranlasste, seiner Begleiterin den Arm um die Schulter zu legen. Barbara verstand diese Geste als Aufforderung zu mehr Zärtlichkeiten, blieb stehen, drehte sich zu ihm um und schaute ihm tief in die Augen. Dies in freudiger Erwartung auf den ersten Kuss. Doch statt einer zärtlichen Lippenberührung ergoss sich ein wenig romantischer Strahl aus Sergios Kehle über Barbaras Winterjacke, die sie kurz zuvor als Schnäppchen in einem Designstore gekauft hatte. Eine etwas andere Art, ein neues Kleidungsstück einzuweihen.

Heute können sich beide nicht mehr erinnern, wer in diesem Moment erschrockener war. Aber Sergio war die ganze Angelegenheit so peinlich, dass er vor Scham am liebsten in den Boden versunken wäre. Barbara versuchte, die Situation mit Humor zu nehmen, und wollte Sergio aufmuntern, indem sie ihm vorflunkerte, dass ihr die Jacke eh nie gefallen habe und sie sich schon seit längerem vorgenommen habe, sie ins Brockenhaus zu bringen. »Ich wunderte mich damals über meine verständnisvolle Reaktion. Denn eigentlich habe ich ein eher aufbrausendes Temperament.

Wenn mir Sergio nicht so gefallen hätte, wer weiß …«, sagt sie lachend.

Die Liebesgeschichte von Sergio und Barbara hätte hier enden können. Doch glücklicherweise ging sie weiter, als sich das Paar zu weiteren Verabredungen zum Abendessen traf und sich Sergio nach dem Fondue und dem Pizzaessen wieder vor Nervosität übergeben musste. Beide Male allerdings mit gebührendem Sicherheitsabstand. Barbara war inzwischen überzeugt, dass Sergios sensible Magennerven nur durch einen Überraschungscoup überlistet werden konnten. Darum beschloss sie, aufs Ganze zu gehen, und lud ihn zum Essen bei sich zu Hause ein. Allerdings hatte sie die Programmpunkte des Abends etwas anders als üblich geplant: Statt mit einem Apéro startete sie damit, Sergio nach Strich und Faden zu verführen. Dieser war von der Liebesattacke so überrascht, dass er aufhörte, darüber nachzudenken, ob sie ihm auf den Magen schlagen würde, sondern sie einfach genoss. Der unrühmliche Bann war gebrochen: Von diesem Moment an hatte Sergio keinerlei Magenprobleme mehr.

Dies zeigte sich auch in den ersten gemeinsamen Ferien in Marrakesch, als Barbara vom heimtückischen Norovirus heimgesucht wurde. Während sie sich zwei Tage und Nächte lang nonstop übergab, hielt ihr Sergio die Haare aus dem Gesicht, legte ihr kühlende Umschläge auf die Stirn und hielt liebevoll ihre Hand. Ich bin überzeugt, dass er bei allem Mitgefühl insgeheim auch ein wenig stolz war, dass er für einmal der Retter in der Not war.

Was diese Geschichte mit dem Älterwerden zu tun hat, werden Sie sich jetzt vielleicht fragen. Nun: Barbara ist überzeugt, dass Sergio bei ihr in jungen Jahren keine Chance gehabt hätte, da sie ausschließlich »Macho-Männer« datete. Und hätte eine erste Verabredung einen ähnlichen Verlauf wie jene mit Sergio genommen, hätte es nie eine zweite gegeben: »Seine offensichtliche Aufregung hätte ich als total unmännlich und sogar peinlich empfunden.« Dass Sergios Nervosität und ihre Folgen eigentlich ein etwas ungewöhnlicher Liebesbeweis waren, sieht sie heute sogar als Kompliment. »Früher wäre dies für mich jedoch ein Zeichen von totaler Schwäche gewesen.«

Dass ihr als junger Frau vor allem ältere und erfahrene Typen gefallen hätten, habe viel mit ihrer eigenen Unsicherheit zu tun gehabt. »Diese Männer konnten mit das Gefühl vermitteln, dass sie nicht nur genau wussten, wie die Welt funktioniert, sondern auch, was das Beste für mich sein würde. Egal, ob es darum ging, wohin wir in die Ferien fuhren und mit welchen Freunden wir ausgingen, oder welche Hobbys wir hatten: Ich überließ meinem Freund die Entscheidung.« Dies begann sich erst zu verändern, als Barbara für ihr Studium ein Jahr ins Ausland ging. »Zuerst war das Gefühl schrecklich, so allein in einem fremden Land zu sein. Ohne vertrautes Umfeld und ohne den Partner, der bislang einen so wichtigen Platz in meinem Leben eingenommen hatte«, erinnert sie sich. »Aber es war mein Entscheid gewesen, diesen Schritt zu wagen, darum wollte ich dieses Abenteuer auf alle Fälle durchziehen.« Vielleicht hatte sie auch trotz den Ängsten gespürt, dass es Zeit war, Selbstverantwortung zu übernehmen.

In diesem Jahr veränderte sich viel in Barbaras Leben. Durch ihr Studium, die neuen Freundschaften, die sie schloss, und das wachsende Gefühl von Unabhängigkeit kehrte die 23-Jährige gereifter in die Schweiz zurück. Und sie spürte sehr bald, dass ihre neuen Erfahrungen und das neue Selbstbild nicht mehr zu ihrer alten Beziehung passten. Auch ihre Wünsche nach einer Heirat und Kindern waren auf ihrer Prioritätenliste weit nach hinten gerutscht. »Ich hatte Freiheit und Ungebundenheit erlebt, und diese Errungenschaft wollte ich nicht mehr aufgeben.« Barbara trennte sich von ihrem Freund.

Nach ihrem Studium begann sie, als Architektin in einem Gemeinschaftsbüro zu arbeiten. Dass ihr die Arbeit nicht nur Freude, sondern auch Ansehen und Erfolge brachte, stärkte ihr Selbstvertrauen. »Gleichzeitig wuchs auch das Bedürfnis nach einer Beziehung mit einem Mann, der sich auf Augenhöhe befindet«, erinnert sie sich. Barbaras Wunsch wurde erhört. Mit knapp dreißig verliebte sie sich in Sven. Zwei Jahre später heiratete das Paar und verlebte achtzehn glückliche Jahre, bevor Sven an Krebs starb. »Zuerst haderte ich mit dem Schicksal. Nach seinem Tod musste ich mich nicht nur meiner Trauer stellen, sondern mich auch mit der Frage auseinandersetzen, ob es ein Fehler gewesen war, auf Kinder zu verzichten, da wir beide beruflich so engagiert waren. So wäre mir wenigstens etwas von Sven geblieben. Für eine kurze Zeit fühlte ich mich wieder wie das unsichere Mädchen, das nicht fähig war, das Leben allein zu bewältigen.«

Doch Barbara wäre nicht Barbara, hätte sie sich unterkriegen lassen. Denn zwischen dem hilflosen Mädchen der Vergangenheit und der Frau, die sie heute war, lagen viele Jahre der Erfahrungen und des Reifens. »Es brauchte nicht lange, und ich erkannte, dass die Gefühle, die mich jetzt überwältigten, aus meiner Vergangenheit stammten. Aber als erwachsene Barbara war ich fähig, mit dieser Herausforderung umzugehen. Obwohl ich Sven schmerzlich vermisste, wusste ich, dass ich meinen Weg mutig und lustvoll weitergehen wollte.« Barbaras Rollenverständnis in Beziehungen hatte sich also über die letzten drei Jahrzehnte stark verändert. Ihre Ansprüche waren durch die schönen Jahre mit Sven gewachsen. »Ich spürte, dass ich lieber allein war, als Kompromisse zu machen.« Aber der Wunsch nach einem selbstbewussten und liebevollen Mann war trotzdem immer da. »Heute verbinde ich diese Art innerer Stärke nicht mehr wie früher mit Coolness, Arroganz oder gar Autorität, sondern mit Menschenfreundlichkeit, Großzügigkeit und Empathie. Aber so ein Typ musste erst einmal gebacken werden«, sagt sie lachend. Dann kam Sergio.

Jüngere Leserinnen werden jetzt vielleicht denken: »So eine hübsche Geschichte, aber sie klingt schon ein bisschen nach Altersliebe. Wo sind die ganz großen Gefühle, der wunderbare Rausch des Verliebtseins? Und wo der Wunsch, mit dem anderen zu einem Ganzen zu verschmelzen?« Die Suche nach diesem Einen, der all dies möglich macht, wird seit je in der Literatur, der Kunst und im Film zelebriert. Nicht selten verläuft sie auch dramatisch, denn die wahre Liebe muss erkämpft und erlitten werden. Jedenfalls war ich lange der Überzeugung, dass diese Suche auch immer mit einem gewissen Schmerz verbunden sein müsste. Mit dieser Einstellung war es kein Wunder, dass meine ersten zwei langjährigen Beziehungen eine Achterbahn der Gefühle waren. So hoch es raufging, so rassig ging es danach auch runter. Mit der Zeit merkte ich, wie energieraubend solche Beziehungen sein können und oft auch mit einer süchtig machenden Komponente verbunden sind.

Sosehr ich diesen Gefühlsrausch liebte, irgendwann in meinem Leben wurde ich, jedenfalls was das Thema Liebesbeziehungen betrifft, nüchterner. Nach einer leidenschaftlichen Affäre, die mir unter dem Strich mehr »Seelenschmetter« als Herzensfreude gebracht hatte, begann ich, Bilanz zu ziehen. Und erkannte, dass viele meiner Beziehungen am Anfang zwar aufregend und beglückend gewesen waren, sich aber nicht als alltagstauglich herausgestellt hatten.

Ich war inzwischen 35 Jahre alt, und die meisten meiner Freundinnen und Freunde lebten in soliden Beziehungen im Einfamilienhäuschen oder in der Eigentumswohnung. Sie hatten Familien gegründet, und auch wenn sie sich hin und wieder nach der Ungebundenheit von früher sehnten, waren sie angekommen. Mich hingegen trieb eine tiefe Sehnsucht um, eine Sehnsucht, die ich schon früh im Leben bei meinen Kinoabenteuern gespürt hatte. Und die Hauptrollen in meinem eigenen Film besetzten eben nicht die netten, guten, verlässlichen Männer, die von mir angetan waren, sondern, wie ich schon erzählte, die als schwierig geltenden Einzelgänger, die ich erobern wollte. Meine Liebe würde sie von ihrem inneren Schmerz heilen, der, so dachte ich, verantwortlich für ihre Verschlossenheit und Unnahbarkeit war. Diese Geschichten hatte ich ja unzählige Male auf der Leinwand miterlebt, inklusive Happy End.

Dass das Leben zwar über kinoreife Momente verfügt, diese aber nicht für die Ewigkeit gedacht sind, spürte ich in dieser Phase besonders. Die stürmische Verliebtheit überlebte den Beziehungsalltag meistens nicht. Auch das Zusammenleben entwickelte sich häufig anders, als ich mir das vorgestellt hatte. Oder hatte ich mir das überhaupt je ganz konkret vorgestellt? Irgendwie hatte ich an »happy ever after« geglaubt und dass der Liebeszauber eine lang anhaltende Wirkung haben würde. Spätestens als der Sternenstaub endgültig verflogen war, hätte mein Blick und damit mein Verstand wieder klarer werden sollen. Aber aufgeben kam für mich nicht infrage, da ich mir nicht eingestehen wollte oder konnte, dass mein Konzept der romantischen Liebe gescheitert war. Und dass ich mit diesem Typ Mann nicht glücklich werden würde. Und er auch nicht mit mir. Doch ich war überzeugt: Der Fehler lag natürlich bei mir. Dass es eigentlich logisch war, dass Beziehungen, die vor allem auf der Basis von Anziehung und Projektion aufgebaut waren, nicht alltagstauglich sind, kam mir nicht in den Sinn. Nein, ich war offenbar nicht genug. Nicht genug liebenswert, nicht genug attraktiv, nicht genug interessant oder was auch immer.

Wenn ich heute auf diese Zeit meines Lebens zurückblicke, möchte ich mein jüngeres Ich in den Arm nehmen und ihm sagen, dass es mehr als genug war. Aber dass das Leben kein Traum ist, selbst wenn es immer wieder traumhaft sein kann. Mit meiner Erwartungshaltung, wie etwas oder jemand sein musste, damit ich glücklich würde, nahm ich mir selbst sehr viele Möglichkeiten, auch einmal andere Erfahrungen zu machen. Und so vielleicht zu erleben, dass sich das Leben nicht nach meinen Vorstellungen richtet, sondern immer wieder auch schöne Überraschungen bereithält. Statt ein unabhängiges und selbstbestimmtes Leben zu führen, fühlte ich mich zunehmend in einem Käfig. Einem Käfig, den ich mir notabene aus meinen Wünschen und Sehnsüchten selbst gebaut hatte. Es war Zeit für eine Therapie. Und für eine ehrliche Auseinandersetzung mit mir selber. Glücklicherweise war ich zu diesem

Zeitpunkt an einem solchen seelischen Tiefpunkt angelangt, dass ich bereit war, vieles anzuschauen, wofür ich früher keinen Mut hatte. Die Therapie war ein anstrengender, aber auch schöner Prozess, weil er mir half, mich selber, meine Wünsche und Sehnsüchte besser zu verstehen und auch einzuordnen. Manchmal denke ich, dass es – wenn ich all die Energie und Aufmerksamkeit, die ich in meine Liebesbeziehungen gesteckt habe, in mich selber investiert hätte – nicht so lange gedauert hätte, herauszufinden, wer ich wirklich bin und was meine wahren Bedürfnisse sind.

Doch zurück zum Thema Sehnsucht, das mich lange Jahre so geprägt hat. Es war für mich wichtig, zu erkennen, dass ich dieses Gefühl nicht aus meinem Leben verbannen, sondern einen anderen Umgang damit finden musste. Indem ich es beispielsweise als Antrieb für meine Kreativität nutzen könnte. Denn als Autorin kann ich in meinen Texten und Geschichten meinen Gedanken, Gefühlen und Erlebnissen freien Lauf lassen. Das ist nicht nur ein wunderschönes Gefühl, es gibt mir auch die Freiheit, die ich mir immer gewünscht habe. Wenn ich schreibe, bin ich nicht allein, sondern spüre eine spezielle Verbundenheit mit anderen »Sehnsüchtigen«, die sich auf ihre ganz eigene Art in ihrer Sprache, Musik oder anderen kreativen Tätigkeiten ausdrücken. Ein kleiner Teil von mir ist das erwartungsvolle Mädchen geblieben, das auch heute immer wieder einmal in Technicolor und auf Breitleinwand träumt. Der erwachsene Teil von mir hat inzwischen erfahren, dass es auch ein Abenteuer ist, sich selbst kennen zu lernen.

Wie es in meinem Liebesleben weiterging, mag klischiert tönen, es ist aber so: Erst als ich mich und meine Bedürfnisse erkannte und mich selber mehr zu schätzen begann, zog ich einen ganz besonderen Mann an, der mir unglaublich guttat. Es störte mich auch nicht, dass er die »Eroberungsarbeit« übernahm und mir immer wieder zu verstehen gab, dass ich ihm genau so gefiel, wie ich war. Es brauchte allerdings etwas Zeit, bis ich der ganzen Sache traute oder, genauer gesagt, mir selber zu trauen begann. Ja, auch ich hatte mich in diesen selbstbewussten, coolen und liebenswürdigen Mann verliebt, aber wo bitte war die berühmt-berüchtigte Achterbahn der Gefühle? Wo die Höhenflüge und die Talfahrten, wo die Streitereien und die Versöhnungen, wo der Kampf, die Siege und die Niederlagen? Konnte es sein, dass eine gute Beziehung auch ohne diese ganzen Dramen spannend sein konnte? Weil sich diese Liebe so ganz anders – unaufgeregter, harmonischer und entspannt – entwickelte, war sie quasi Neuland für mich. Und für einmal hatte ich weder Erwartungen noch Vorstellungen davon, was ich von ihr wollte.

Sechsundzwanzig Jahre später ist der Mann, über den ich hier schreibe, immer noch an meiner Seite. Und er beweist mir immer wieder, dass es möglich ist, in einer bereichernden Beziehung zu leben, für die man sich nicht verbiegen muss, um geliebt zu werden.

»Ich lerne, mich mit meinen Ängsten auseinanderzusetzen«

VERA HARTMANN, 46

Vera hat vieles, um das man sie beneiden könnte: Sie ist eine erfolgreiche Fotografin, hat ein attraktives Äußeres, ist spontan, herzlich und reflektiert, sie ist in ihrer Familie und in ihrem Freundeskreis gut eingebettet und lebt mit ihrem Mann und zwei Söhnen in einem tollen Haus. Doch auch ein gutes Leben hat Schattenseiten. Wer wie Vera lernt, sich seinen Ängsten zu stellen, findet eine innere Stärke und Zuversicht.

Als ich Vera bei meinem »Hausbesuch« gegenübersitze, werde ich plötzlich etwas unsicher: Ist die Fotografin nicht zu jung für ein Porträt übers Älterwerden? Die Mutter zweier Söhne im Alter von neun und zwölf Jahren wirkt nicht nur um einiges jünger als 46 Jahre, auch die Leichtigkeit, mit der sie sich in ihrem schlichten, aber schicken dunkelblauen Overall bewegt, und ihr Aussehen mit den langen, gewellten blonden Haaren, dem zart gebräunten Teint und der schlanken und durchtrainierten Figur erinnern mich an eine junge Surferin, wie man sie an einem kalifornischen Strand trifft. Fehlt nur noch, dass an diesem sonnigen Tag im Hintergrund ein Song der Beach Boys zu hören gewesen wäre. Während Vera uns einen Kaffee macht, frage ich mich, ob es wohl übereilt gewesen war, sie für die Teilnahme an diesem Buchprojekt anzufragen.

Ich tat dies spontan am Ende einer langen Partynacht. Vera und ich hatten uns seit Jahren nicht mehr gesehen, und wir freuten uns beide, dass dieses Fest eines gemeinsamen Freundes ein überraschendes Wiedersehen möglich gemacht hatte. Wir tauschten uns in dieser Nacht intensiv über das Thema Älterwerden aus. Die Musik war jedoch laut, der Lärmpegel so hoch gewesen, dass es anfänglich bei ein paar netten Worten geblieben war. Im Gegensatz zu Vera, die mich gleich mit meinem Vornamen begrüßt hatte, hatte mich mein »Emmentaler-Gedächtnis« einmal mehr im Stich gelassen. »Entschuldige«, schrie ich sie etwas uncharmant an, »schön, dass wir uns wiedersehen, aber mir fällt doch glatt dein Name nicht ein!« Vera lächelte mich mit fragendem Blick an, offenbar hatte sie mich nicht verstanden – und schon war sie im Gemenge der Tanzenden verschwunden. Glücklicherweise sollten wir Stunden später eine zweite Gelegenheit für ein ausführlicheres Gespräch bekommen, und dieses Mal ohne musikalische Beschallung. Kurz bevor ich mich in den frühen Morgenstunden auf den Heimweg machen wollte, stießen wir am Ausgang des Partylokals zufällig noch einmal aufeinander. Obwohl ich vor Müdigkeit fast von meinen hohen Hacken kippte und auch Vera betonte, sie müsste eigentlich nach Hause, weil die Sitterin ihrer beiden Buben auf sie wartete, kamen wir ins Gespräch. Und dieses drehte sich zuerst, wie bei vielen, die die vierzig überschritten haben, zuerst einmal um Stationen einer gemeinsamen Vergangenheit und erst in zweiter Linie um die aktuelle Lebenssituation.

Veras und meine Wege hatten sich in unseren letzten gut zwanzig Berufsjahren immer wieder einmal gekreuzt. Dies vor allem, als Vera als freie Fotografin für das Frauenmagazin »Meyer's«, dessen Chefredaktorin ich war, viele Storys perfekt in Szene setzte. Mit ihrer ganz eigenen Bildsprache war sie mitverantwortlich dafür, dass das ehemalige »Meyers Modeblatt« ein jüngeres und moderneres Image bekam. Meine verstorbene Freundin Brigitte Meyer – trotz ihrem Nachnamen nicht verwandt oder verschwägert mit der Besitzerfamilie –, die Art Director des Magazins war, wollte unbedingt, dass die damals junge Fotografin für uns arbeitete, weil sie von ihrer Arbeit so überzeugt war.

Das letzte Mal hatten Vera und ich vor rund sechs Jahren in Zusammenhang mit einem Artikel über Teenager und ihr Körperbild für das Elternmagazin »Fritz + Fränzi« Kontakt zueinander. Vera hatte in der Zwischenzeit ihren Freund geheiratet, den sie während eines Studienaufenthaltes in den USA kennen gelernt hatte, während ich nach einer über zwanzigjährigen Beziehung mit meinem heutigen Mann im zarten Alter von 56 kurz vor der Hochzeit stand. Während Vera Mutter von zwei Söhnen geworden war, beschränkten sich meine familiären Pflichten auf meine beiden Hunde Millie und Louis. Gemeinsam war uns, dass wir uns beide über die Jahre einen Namen in unseren Berufen gemacht hatten: sie als bekannte Fotografin, ich als Journalistin und Autorin.

Auch wenn mir im ersten Moment Veras Vorname entfallen war, war mir ihr Gesicht sofort wieder vertraut. Bevor wir uns in den sehr frühen Morgenstunden dann voneinander loseisen konnten, erzählte ich ihr auf die Schnelle, dass ich an einem Folgebuch von »Älterwerden für Anfängerinnen« schrieb. Dies, weil wir uns zuvor über dieses Thema ausgetauscht hatten. Dass sich Vera trotz ihrem relativ »jugendlichen« Alter intensiv damit beschäftigte, hatte mich zwar zuerst etwas verwundert. Doch schnell war mir während des Gesprächs klar geworden, dass der Grund dafür nicht etwa Eitelkeit und damit verbunden die Angst vor möglicherweise nachlassender Attraktivität war, sondern dass es einen direkten Zusammenhang mit schmerzlichen Erlebnissen in Veras Leben gab. Aber es war nicht die Zeit und der Ort, näher darauf einzugehen. Und ich freute mich, dass Vera spontan zugesagt hatte, bei meinem neuen Buch dabei zu sein.

So kam es, dass wir wenige Wochen später in ihrer offenen Wohnküche sitzen. Es braucht nicht lange, bis meine plötzlichen Bedenken, ob Veras Erfahrungsschatz für dieses Buch groß genug sein würde, verflogen sind. Ich sage ja auch in meinen Büchern immer wieder, dass eine Zahl wenig über einen Menschen, seine Erfahrungen und Gedanken aussagt. Diesbezüglich habe ich auch immer wieder erlebt, welche Lebensfreude und Energie reife bis sehr reife Menschen haben können. Umgekehrt weiß ich, wie es sich anfühlt, wenn man als junger Mensch in einer sehr schwierigen Lebensphase steckt: ausgebrannt und uralt. Nun ist Vera also mit ihren 46 Jahren das jüngste Mitglied in unserem Klub und als solches herzlich willkommen.

Was ihren Beruf angeht, verfügt Vera über ein gesundes Selbstvertrauen. Als erfolgreiche und anerkannte Schweizer Fotografin ist sie seit über zwanzig Jahren gut im Geschäft. Schon früh hatte sie ihre Liebe zur Fotografie entdeckt und diesen Berufsweg konsequent verfolgt. Die begeisterte Snowboarderin – ich lag mit meinem Bild einer Surferin also gar nicht so falsch – ging mit achtzehn für ein Austauschjahr in die USA. »Angst war für mich ein Fremdwort, und ich war meinen Eltern dankbar, dass sie mich ziehen ließen.« Ihr Ziel war ein College in einem »Kaff«, wie sie es nennt, in der Nähe von Seattle. Als begeisterte Snowboarderin und inspiriert von Snowboard-Videos, wollte sie dieses »American experience« nach einem Jahr weiterführen. »Mir war klar, dass ich in den USA bleiben und meine Ausbildung zur Auftragsfotografin in Angriff nehmen wollte«, erklärt sie mir ihren damaligen Wunsch. Eine ihrer Freundinnen schlug ihr vor, gemeinsam nach Kalifornien zu fahren. Gesagt, getan. Nachdem sich Vera verschiedene Kunstschulen angeschaut hatte, entschied sie sich für das Art Center College of Design in Pasadena. »Apropos Kunst: Meine Mutter hätte mich wohl eher als Schauspielerin gesehen. Ja, ich liebte Filme, aber ich wollte lieber im Hintergrund arbeiten. Vor der Kamera hätte ich mich nicht wohlgefühlt.«

In dieser Zeit sei ihr auch klar geworden, dass sie zwar kreativ arbeiten und so ihre ganz eigene, individuelle Handschrift entwickeln, aber sich nicht als Künstlerin verwirklichen wollte. »Mich interessierte nicht nur die Technik und das Handwerk, sondern ich wollte als Auftragsfotografin arbeiten und in diesem Beruf auch Geld verdienen«, sagt sie dezidiert. Mit dieser pragmatischen und auf eine gewisse Sicherheit bedachten Einstellung unterschied sich Vera sicher von einigen ihrer Mitstudenten, die sich zu »Höherem« berufen sahen.

1996 begann Vera ihre vierjährige Ausbildung. »Diese Zeit war einfach traumhaft«, schwärmt sie. »Ich fühlte mich unglaublich frei und konnte mich, dank der finanziellen Unterstützung meiner Eltern, ganz auf meine geliebte Tätigkeit konzentrieren.« Wer jetzt aber denkt, dass das Studium für die talentierte Vera einfach gewesen wäre, irrt. »Die Ausbildung war brutal anstrengend. Was mir dabei geholfen hat, war sicher auch meine Arbeitsethik, die ich von meinen berufstätigen Eltern mitbekommen hatte. Ich wusste, ohne Disziplin, Struktur und einen klaren Plan nützt auch das größte Talent nicht, wenn es um den beruflichen Erfolg geht.« Im Januar 2000 schloss Vera ihr Studium ab und konnte dank einer einjährigen Arbeitserlaubnis für die USA nicht nur in der Schweiz, sondern auch dort als Auftragsfotografin arbeiten. Ihr Selbstvertrauen wurde gestärkt. »Ich wusste, dass ich in meinem Job gut war, auch weil ich immer wieder das Glück gehabt hatte, von den besten Fotografen lernen zu dürfen.« In dieser Zeit arbeitete Vera für amerikanische und für renommierte Schweizer Magazine und begann sich so einen Namen zu machen.

Doch nicht nur beruflich, auch privat stand die damals 24-Jährige vor neuen Entwicklungen. »Ende 2000 hatte ich bei einem Filmprojekt in den USA einen Regisseur kennen gelernt: Mike, ein schweizerisch-amerikanischer Doppelbürger und zwölf Jahre älter als ich. Es war sicher typisch, dass ich mich während der Arbeit in ihn verliebte. Viel anderes als arbeiten machte ich ja damals nicht«, erzählt Vera lachend. Sechs Jahre blieb das Paar noch in den USA, bevor die beiden in die Schweiz kamen. Es gab jedoch einen traurigen Grund dafür: Veras Vater war gestorben. »Obwohl es ein Einschnitt war, nach zehn Jahren das Land, in dem ich so vieles erlebt hatte, zu verlassen, bereute ich diesen Schritt nie«, fasst sie zusammen. Dass Mike, den sie 2008 heiraten würde, hier auch seine eigene Firma gründen wollte, war sicher eine zusätzliche Motivation, sich in der Nähe von Zürich niederzulassen.

Das Verhältnis zu ihren Eltern ist ähnlich wie bei vielen Frauen dieser Generation. »Mein Vater und meine Mutter hatten sich aus ärmlichen Verhältnissen emporgearbeitet. Er war acht Jahre älter als sie, ein brillanter Mathematiker und Ingenieur, CEO einer bekannten Baufirma. Er hatte sich Söhne gewünscht und zwei Töchter bekommen. Vielleicht war unsere Beziehung darum, neben dem Umstand, dass er viel auf Reisen war, nicht wirklich eng – aber durchaus okay«, sagt Vera. Veras Mutter, eine Selfmade-Woman, kam ursprünglich aus Ungarn und war eine Holocaust-Überlebende. Sie hatte am Technikum Biologie und Lebensmitteltechnologie studiert und arbeitete auf diesem Gebiet in ihrem eigenen Labor. »Während mein Vater ein charismatischer Typ war, hielt meine lebensfrohe und charmante Mutter, die allerdings auch sehr pragmatisch veranlagt war, im Hintergrund die Fäden zusammen«, erklärt mir Vera. »Ich erkenne mich in vielem, was sie verkörpert, wieder. Sie ist eine Macherin und hat einen ganz speziellen, leicht sarkastischen Humor.«

Dass ihre Mutter ihren Beruf nie zugunsten der Familie aufgab, bestärkte Veras Wunsch, auch dann berufstätig zu bleiben, wenn sie und Mike eigene Kinder haben würden. Nicht nur, weil sie ihre Arbeit liebte, sondern auch, »um meine finanzielle Unabhängigkeit behalten zu können«. Natürlich sei ihr bewusst gewesen, dass dies für eine Familie kein einfaches Unterfangen sei. »Aber die Idee, abhängig von einem Mann zu sein, war für mich unvorstellbar.« Bevor Vera allerdings an eine Familiengründung dachte, wollte sie sich als Fotografin »weiter etablieren«. Das Paar lebte damals in Zürich, und Vera empfand diese Lebensphase als »sehr lässig«. »Wir hatten viele soziale Kontakte, auch innerhalb der Familie. Vor allem mein Verhältnis zu meiner zweieinhalb Jahre älteren Schwester war und ist sehr innig.« Vera bezeichnet sie als ihre »beste Freundin«.

Nach der Hochzeit arbeitete Vera nicht nur für verschiedene Redaktionen, sondern bekam zunehmend auch Aufträge aus besser bezahlten Bereichen wie der Werbung, dem Corporate Publishing. Mit 34 hatte sie nicht nur wichtige berufliche Ziele erreicht, sondern war auch Mutter eines Sohnes geworden. Drei Jahre später war die Familie mit der Geburt eines zweiten Sohnes komplett. »So glücklich und dankbar ich über diese Entwicklung war, die Balance zwischen Kindern, Beruf und Ehe zu finden, war anstrengend«, erinnert sie sich. »Aber es wurde mir auch immer bewusster, wie wichtig es für mein seelisches Gleichgewicht war und ist, dass ich meinen Beruf ausüben konnte.« Dies nicht nur, weil sie ihre Arbeit liebte und dadurch ihr eigenes Geld verdiente, »sondern in erster Linie, weil ich mich sonst zu stark auf meine Söhne fokussiert hätte. Ein Leben ohne meine Leidenschaft wäre für mich einfach zu langweilig geworden, und als Freelance-Fotografin konnte ich mir eine längere Pause schlicht nicht leisten. Ich hätte, was mein Kundenportfolio betraf, wieder von vorn anfangen müssen, und das ließ auch mein beruflicher Stolz nicht zu«, sagt Vera ehrlich.

Die Sorge, dass den eigenen Kindern etwas passieren könnte, kennen viele Eltern. Und manche Frau ist überrascht, wenn sie als Mutter mit diesen bisher unbekannten Ängsten konfrontiert wird. »Bis dahin hatte ich nur für mich selbst Verantwortung getragen«, erklärt Vera. »Die Erkenntnis, dass da plötzlich zwei schutzlose kleine Lebewesen waren, die ich vor allem Unheil beschützen wollte, belastete mich, und ich begann, Verlustängste zu entwickeln.« In den meisten Fällen nehmen diese Befürchtungen mit der Zeit etwas ab. Sei es, weil die Erfahrung zeigt, dass ein Kind nicht aus Watte besteht und alltägliche, kleine Missgeschicke in der Regel nicht dramatisch verlaufen müssen. Oder weil man akzeptieren lernt, dass es bei aller Fürsorge und Vorsicht keine hundertprozentige Sicherheit gibt. Und dass es auch nötig ist, dass die Kids ihre eigenen Erfahrungen machen, um zu verstehen, warum ihnen gewisse Dinge verboten sind.

Ich kann mir gut vorstellen, dass man dann als Elternteil umso stärker das Bedürfnis hat, die Familie zu schützen. Ich kenne diese

Situation aus der Erfahrung als überbehütetes Kind einer gleichzeitig toughen wie auch ängstlichen Mutter. Es ist nicht verwunderlich, dass sie diese Verhaltensmuster auf mich übertrug. Auch nicht, dass ich eine jahrelange Therapie gebraucht hatte, um zu verstehen, dass ihre Ängste nicht meine waren. Auch wenn mir dies auf intellektueller Ebene relativ schnell klar war, dauerte es Jahre, bis ich meinen eigenen Umgang mit meinen Verlustängsten gefunden hatte.

Auch Vera machte im Verlauf der letzten Jahre Bekanntschaft mit diesem Thema. Und dies aus verschiedenen Gründen: »Einerseits hatte mich die Vergangenheit meiner Mutter mitgeprägt. Sie war zur Zeit des Holocaust dem Tod mehrfach von der Schippe gesprungen.« Auch die Brustkrebserkrankung ihrer Mutter und dass Vera vor einigen Jahren in einen Autounfall verwickelt war, hat ihre Verlustangst und die Angst vor dem Tod verstärkt. »All dies hat mir vor Augen geführt, wie vergänglich das Leben ist.« Veras Unterbewusstsein zeigte ihr auch in Form wiederkehrender Träume, in denen sie die Familie vor allem Bösen beschützen musste, dass es Zeit war, sich mit dieser Thematik auseinanderzusetzen. »Es ist ein langsamer, aber wichtiger Prozess. Ich musste herausfinden, welches meine ganz persönlichen Ängste waren, welche ich vielleicht von meinen Eltern übernommen hatte und welche Möglichkeiten es gab, um einen Umgang mit ihnen zu finden.«

Und wie geht eine attraktive Frau wie Vera mit dem Älterwerden und den äußerlichen Veränderungen um, die dies mit sich bringt? »Glücklicherweise habe ich mich nie über mein Aussehen definiert«, sagt sie energisch. »Ich möchte einfach so lange wie möglich gesund und fit bleiben. Nicht nur, weil ich das Leben genieße, sondern auch, weil ich erleben möchte, wie sich meine Söhne entwickeln und ihr eigenes Leben aufbauen.« Wie für andere in diesem Buch porträtierte Frauen ist es auch für Vera wichtig, sowohl mental wie körperlich »beweglich zu bleiben«. Dabei helfen ihr Yoga und regelmäßiges Joggen. Und welche weiteren Erfahrungen macht sie neben der Auseinandersetzung mit ihrer Verlustangst beim Älterwerden? Vielleicht auch solche, die sie jüngeren Frauen mit auf den Weg geben möchte? »Oh, da kann ich durchaus einige weitergeben«, lacht sie. »Aber am Ende des Tages muss wohl jede Frau für sich selbst herausfinden, was für sie wichtig ist.« Dennoch teilt sie mit uns ihre zehn »Glaubenssätze«:

1. Habe keine Angst, erfolgreich zu sein.
2. Vernachlässige bei aller Leidenschaft für deinen Beruf deine persönlichen Beziehungen nicht.
3. Machs für dich und nicht für andere.
4. Bleib dich selbst, und verbiege dich nicht, um zu gefallen.
5. Übernimm Selbstverantwortung und stehe für deine Fehler gerade.
6. Stelle dich deinen Ängsten, denn sie sind keine Feinde, sondern wollen dir zeigen, woran du arbeiten solltest, um stärker und unabhängiger zu werden.
7. Schätze das Schöne und Gute, das du erlebst.
8. Fokussiere dich auf die Gegenwart.
9. Sei eine Macherin, und lass nicht andere über dich entscheiden.
10. Nicht dein Partner oder deine Kinder sind für dein Glück verantwortlich, sondern du selbst.

Älterwerden ist kein Zuckerschlecken, aber auch kein Essigwasser

Immer wieder aufs Neue erstaunte mich, wie viele Frauen bei meinen Lesungen aus dem Buch »Älterwerden für Anfängerinnen« an verschiedenen Orten in der Schweiz in den anschließenden Diskussionen äußerten, dass sie wenig bis keine Probleme mit dem Älterwerden hätten. Jedenfalls wenn es um Äußerlichkeiten ging. »Ein paar Falten und ein paar Kilos mehr, was solls!« Oder: »Meine Haare sind in dem Maß dünner geworden, wie meine Taille an Umfang zugelegt hat.« Oder: »Hauptsache gesund, alles andere ist zweitrangig!« Diese und ähnliche Sätze hörte ich regelmäßig, und ich zweifelte nicht am Wahrheitsgehalt dieser Voten. Offenbar fühlten sich diese Frauen durch die motivierende Aussage meines Buchs in ihren guten Erfahrungen bestätigt. Seltener meldete sich eine Zuhörerin, die fast etwas verlegen gestand, dass sie Mühe mit den sichtbaren Folgen des Alterungsprozesses habe und sich darum in ihrem Körper nicht mehr wirklich wohlfühle. Solche Bekenntnisse kamen meistens von Frauen zwischen 55 und 65, die, modisch gekleidet, offensichtlich Wert auf ein gepflegtes Äußeres legten.

Schon mehrmals war mir aufgefallen, dass Frauen, die es wagten, über diese persönlichen Schwierigkeiten zu sprechen, wenig Zuspruch von anderen erhielten. Im Gegenteil: Manchmal wurde ihnen ziemlich klar zu verstehen gegeben, dass die Zeiten doch vorbei seien, in denen frau sich mit solchen »Problemen« beschäftigen sollte, und dass es so viel Wichtigeres auf der Welt gebe als Falten und eine schlaffe Haut. Insgeheim bewunderte ich die Gelassenheit der Frauen, die anscheinend ihren Frieden mit den äußerlichen Spuren, die das Älterwerden mit sich bringt, gemacht hatten. Wenn ihr

Selbstbewusstsein allerdings in eine gewisse Selbstgefälligkeit kippte und sie jenen Frauen, die es wagten, über ihre Selbstzweifel zu sprechen, indirekt das Gefühl gaben, sie seien oberflächlich, dann begann ich über meine eigenen Unsicherheiten zu sprechen. Beispielsweise darüber, dass ich das Gefühl hatte, in den letzten Jahren phasenweise für die Männerwelt unsichtbar geworden zu sein.

Über dieses Thema wurde an solchen Abenden gern und lebhaft diskutiert. Erfahrungen wie diese machten übrigens nicht nur Singles, die auf der Suche nach einem Flirt oder einem neuen Partner waren, sondern auch Frauen in langjährigen Beziehungen, die sich nicht mehr begehrt fühlten. »Seit die Kinder aus dem Haus sind und wir Großeltern wurden, nennt mich mein Mann plötzlich Omama«, entrüstete sich beispielsweise eine schlanke, hochgewachsene »Frau im besten Alter«, wie sie sich selber bezeichnete. Ich schätzte die perfekt frisierte Blondine auf Ende sechzig. Neben ihr saß ihre ebenso gepflegte Freundin, die das Votum mit energischem Kopfnicken unterstützte. »Seit nun bald zwei Jahren suche ich einen guten Mann. Ich will weder heiraten noch versorgt werden, ich wünsche mir einfach einen Partner, mit dem ich meine Freizeit genießen kann. Und: Schaut mich an – sehe ich so aus, als müssten sich bei mir nur Tattergreise melden oder Loverboys, die von mir ausgehalten werden möchten?!«, sagte sie in einer Mischung aus gespielter Entrüstung und Koketterie. Sie erzählte dies auf so humorvolle Art, dass die anwesenden Frauen spontan applaudierten. An mich gerichtet, sagte sie dann spielerisch herausfordernd: »Frau Aeschbach, haben Sie mir nicht einen Tipp, wie ich einen Mann finden könnte?«

Eine gute Frage, auf die ich leider keine perfekte Antwort hatte. Nach meiner Erfahrung oder, besser gesagt, aus den Erlebnissen meiner Single-Freundinnen zu schließen, kommt es halt immer auf die eigenen Ansprüche an. Sich selbst treu zu bleiben und sich nicht für einen Mann zu verbiegen, haben die meisten von uns ja mehr oder weniger schmerzhaft gelernt.

Meine eher aktiven Freundinnen sind auf verschiedenen Online-Dating-Plattformen unterwegs und sagen offen, dass sie hier nicht den Mann fürs Leben suchen würden. Und dass es für sie stimme, hin und wieder eine unverbindliche Affäre zu haben, wenn ihnen der Mann gefalle. Wenn sich die Geschichte nicht weiterentwickle und es bei einem schönen Erlebnis bleibe, dann sei es für sie okay. Ich habe auch eine Freundin, die nach einer langjährigen Ehe und der darauffolgenden Scheidung bewusst nach neuen sexuellen Erfahrungen sucht und sich so als Frau neu erleben möchte. Dann gibt es die scheinbar Resignierten, die gern und immer wieder betonen, dass sie mit dem Kapitel Mann abgeschlossen hätten. Lustigerweise sind es dann gerade diese Frauen, die sich im reifen Alter noch einmal so richtig verlieben.

So wie meine damals 63-jährige Schwester. Sie war eine jener Standhaften, die nach dem Tod ihres Mannes schwören, dass sie sich nie mehr verlieben würden. Geschweige denn ihre Freiheit für einen Mann aufgeben. Sechs Jahre später lebt sie glücklich mit ihrem Liebsten zusammen, der damals ebenfalls frisch verwitwet war und im gleichen Haus wie sie wohnte. Aus anfänglicher Sympathie wurde Freundschaft und dann, ziemlich zackig, Verliebtheit. Das Motto ihrer neuen Liebe lautet: In unserem Alter hat man keine Zeit zu verlieren. Carpe diem.

Ebenfalls gute Chancen auf ein spätes Liebesglück haben meiner Erfahrung nach Realistinnen wie meine Lieblingscousine Sophie, die immer wieder betonte, dass sie lieber allein sei als zusammen unglücklich. Dass dies keine leere Behauptung war, hat Sophie lange Jahre bewiesen. Durch ihren Beruf als Reiseleiterin war sie jeweils selten länger als ein paar Monate im Jahr zu Hause. Wann immer ich sie traf, erzählte sie mir spannende und oft auch verrückte Geschichten, die sie unterwegs erlebt hatte. Natürlich gab es auch immer wieder eine neue Liebe. Diese Beziehungen scheiterten dann oft an der Entfernung, was Sophie selten unglücklich machte, liebte sie ihre Unabhängigkeit doch mehr als alles andere. Und sie war auch davon überzeugt, dass sie im »hohen Alter«, wie sie jeweils scherzhaft betonte, »die große Liebe« finden würde, mit der sie ihren Lebensabend verbringen würde. Dank ihrem großen Freundeskreis hatte Sophie auch nie Mühe, einen passenden Begleiter für Kino- oder Theaterbesuche zu finden. Der einzige Wermutstropfen seien die mühsamen Familienanlässe gewesen, bei denen sie immer mitleidig gefragt wurde: »Und wie gehts in der Liebe? Bist du immer noch nicht verheiratet?« In der ersten Zeit hätten sie solche indiskreten Bemerkungen gestresst, bis sie einmal bei einem dieser Treffen die geniale Antwort gab: »Nein, einen Ehemann habe ich nicht, dafür zwei super Liebhaber.« Zwei zu null für Sophie. Das machte die Lästermäuler mundtot.

Bei den Liebhabern ist es allerdings nicht geblieben – es war, ehrlich gesagt, auch nur einer. Wie Sophie geahnt hatte: Die Liebe klopfte spät an. Dies in Form von Ben, den sie kurz nach ihrem 55. Geburtstag bei einem Nachtessen bei Freunden zum ersten Mal traf. Drei Monate später war das Paar verlobt, und weitere drei Monate später heirateten die beiden. Sophie nennt Ben neckisch »meine Altersliebe«. Und für Ben, der fünf Jahre jünger ist als seine Frau, ist Sophie sein »Jungbrunnen«. Obwohl Ben alles andere als ein Angeber ist, war es ihm wichtig, dass sein ganzes Umfeld Sophie kennen lernte. »Irgendwie kitzelte es mich, meinen ›tollen Fang‹ zu präsentieren.« Und der attraktive Ben machte auch durchaus eine gute Falle und ließ keinen Zweifel daran, wie sehr er in Sophie verliebt war. »Als ich die neidischen Blicke sah, die man uns zuwarf, war das schon eine Genugtuung«, erinnert sie sich lachend.

Dass man auch in einer langjährigen und guten Partnerschaft phasenweise an der eigenen Anziehungskraft zweifelt, empfinde ich als normal. Denn kein Mann kann dir, wie zu Anfang der Beziehung, ständig sagen, wie schön er dich findet. Mit der Zeit wird man in einer Ehe auch »betriebsblind«. Äußerlichkeiten werden weniger wichtig, während Verbundenheit, Vertrauen und Unterstützung im positiven Fall mehr Platz einnehmen. Auch wenn der Partner nicht mehr jedes Mal bemerkt, wenn man mit einem neuen Haarschnitt und/oder einem neuen Outfit nach Hause kommt, muss das keine Aufforderung sein, ausschließlich mit ausgebeulten Trainerhosen und verwaschenem T-Shirt rumzuhängen. Gilt übrigens gleichermaßen für das Gegenüber.

Es ist nicht einfach, sich in langjährigen Beziehungen immer wieder daran zu erinnern, dass diese nicht selbstverständlich sind und dass sie durchaus gepflegt werden müssen. Dazu braucht es auch keinen Beziehungsratgeber – es sind die kleinen, liebevollen Gesten, die zeigen, wie wichtig man für den anderen ist und wie sehr man sich gegenseitig schätzt und respektiert. Als romantisch veranlagte Frau habe ich in jüngeren Jahren und im Stadium hochgradiger Verliebtheit viel Wert auf blumige – Freundinnen würden jetzt böswillig behaupten: »schleimige« – Liebesbeteuerungen gelegt. Mir gefiel es, wenn das »Objekt meiner Begierde« seine Gefühle für mich sprachlich gewandt ausdrücken konnte. Das ging bis zu jenem Zeitpunkt, als mir schmerzlich bewusst wurde, dass die schönsten Worte und Beteuerungen keine Bedeutung haben, wenn ihnen keine Taten folgen. Würde mir mein diesbezüglich eher zurückhaltender Mann heute plötzlich übertriebene Komplimente ins Ohr säuseln, würden meine Alarmglocken läuten. Genauso, wenn er mir jeden Freitagabend einen Rosenstrauß mitbringen würde, bevor er danach dringend noch einmal ins Büro müsste, um liegen gebliebene Arbeiten vor dem Wochenende zu erledigen.

Doch zurück zu den Tagen, an denen mein Selbstbewusstsein den Rückzug antrat und mich zweifelnd zurückließ. Dann fragte ich mich mit einem kräftigen Schuss Selbstmitleid: Wohin ist eigentlich das aufregende Gefühl früherer Tage verschwunden, das mich ergriff, wenn ich mich für ein Date hübsch machte, während ich mir überlegte, ob ich nun den schwarzen BH oder den rosafarbenen anziehen sollte? Und wo, bitte, bleibt die Zufriedenheit von damals, die mich erfüllte, wenn ich mich im Ganzkörperspiegel betrachtete und stolz feststellte, dass alles noch am richtigen Platz saß?

Um ehrlich zu sein: Tage wie diese waren eher selten. Wenn mich heute der Blues überkommt, dann erinnere ich mich natürlich nur an meine frühere Attraktivität und nicht daran, dass ich bezüglich meines Aussehens nie besonders selbstbewusst war. Ich denke auch nicht mehr daran, dass ich an manchen Abenden nach einem Date meine verführerische Unterwäsche enttäuscht in den Wäschekorb schmiss, weil der Abend nicht so endete, wie ich es mir gewünscht hatte.

Natürlich vergesse ich bei dieser nostalgisch gefärbten Rückschau auch gern, dass mein damaliges Selbstwertgefühl fast ausschließlich von der Anerkennung anderer abhing und nicht davon herrührte, dass ich mir selbst gefiel. Ich hörte zwar gern Komplimente, aber irgendwie traute ich ihnen nicht. Heute sagen es mir echte Freundinnen, wenn sie an gewissen Tagen finden, dass ich gut aussehe. Und sie sind auch ehrlich, wenn ich sie frage, ob ich müde aussehe. Und damit hat es sich denn auch, denn es gibt durchaus spannendere Themen als die Auswirkungen der Erdanziehung auf die weiblichen Formen.

Es sind sechs Jahre vergangen, seit »Älterwerden für Anfängerinnen« erschienen ist. Und manchmal frage ich mich: Habe ich das Älterwerden damals zu positiv dargestellt? Probleme und Herausforderungen nicht ernst genug genommen? Heute kann ich ehrlich sagen: Nein, ich habe das Älterwerden genau so beschrieben, wie ich es erlebt habe. Und schon damals berichtete ich ja davon, welche beruflichen Probleme plötzlich auf mich zukamen, als mir eine viel jüngere Chefin vor die Nase gesetzt wurde, die mich nicht schätzte. Wie meine Karriere als Journalistin dadurch einen heftigen Knick bekam und wie mein Selbstwertgefühl litt, als ich plötzlich zum alten Eisen gehörte. Auch die Verluste, die mir in diesen Jahren widerfuhren, wie der Tod meiner Eltern, waren alles andere als einfach zu verarbeiten, aber all diese Erlebnisse führten dazu, dass ich die schönen und wertvollen Dinge und Erfahrungen in meinem Leben schätzen lernte. Und ich wollte Frauen meiner Generation zeigen, dass das Alter nur eine Zahl ist. Dass wir uns von ihr und den Vorstellungen und Vorgaben lösen sollten, die uns die Gesellschaft auferlegt.

Dass es richtig war, das Buch in dieser Form zu schreiben, zeigte auch sein Erfolg. Die Zeit war einfach reif, das Älterwerden aus einer anderen Perspektive zu betrachten. Und die Tatsache, dass viele Frauen erkannten, dass sie mit ihren Problemen nicht allein waren, und begannen, sich gegenseitig zu öffnen, war für mich eine tolle Erfahrung, die mir auch Mut machte, den Weg des Älterwerdens neugierig und wissbegierig weiterzugehen.

Drei Frauen aus meinem Buch »Älterwerden für Anfängerinnen« erzählen, was sich in den letzten sechs Jahren in ihrem Leben verändert hat.

»Jetzt gehts mal um mich!«

CATHARINA FINGERHUTH, 53, ist Journalistin und Kommunikationsexpertin. Sie ist Mutter dreier erwachsener Kinder und geschieden. Ihr Leitsatz 2016 lautete: »Ich lasse alles auf mich zukommen.«

Hätte ich dich seit 2016 nicht mehr gesehen und würde dich jetzt zum ersten Mal wieder treffen, wäre ich positiv überrascht. Nicht nur, weil du jünger und frischer aussiehst und dich weiblicher kleidest. Sondern vor allem, weil deine Ausstrahlung viel lebendiger ist. Ich würde dich fragen: Was ist denn mit dir passiert? Eine neue Liebe? Botox? Eine lange Auszeit? Da wir jedoch seit vielen Jahren befreundet sind, weiß ich, wenigstens zum Teil, was du in den letzten Jahren erlebt hast.
Es stimmt: Ich fühle mich heute wirklich lebendiger und jünger als damals. Und das sieht man mir anscheinend auch an. Jedenfalls bekomme ich immer wieder mal Komplimente. Nicht nur von Männern, sondern auch von Frauen, was mich besonders freut.

Und wie lautet das Rezept für deine straffere Figur, die glatte Haut und deine leuchtenden Augen?
Mit einem Rezept hat das nichts zu tun. Und auch nichts mit Botox *(lacht)*. Ich habe kurz vor meinem fünfzigsten Geburtstag angefangen, regelmäßig Krafttraining zu machen, und achte mehr auf meine Ernährung. Für strahlendes Aussehen empfehle ich einen guten Vibrator!

Du hast mir einmal gesagt, dass mit deinem fünfzigsten Geburtstag ein für dich wichtiger positiver Prozess angefangen hat. Damit unterscheidest du dich von vielen anderen Frauen, die in diesem Zeitraum viele Ängste rund um das Thema Älterwerden entwickeln.
Ich habe diesen Einschnitt nicht auf diese belastende Weise gespürt. Im Gegenteil: Ich hatte das Gefühl, dass eine Phase meines Lebens beginnen würde, in der es mehr um mich selbst geht. Zwei meiner Kinder waren schon erwachsen, und ich wusste, dass alle auf einem guten Weg waren. Beruflich stellte sich für mich die Frage: Wie kann ich mich noch weiterentwickeln? Und nach der Scheidung von meinem Mann war ich auch wieder offener, was mögliche Beziehungen betraf. Heute nenne ich die Zeit, die damals begann, »trial and error«.

Ich wurde zunehmend neugieriger, toleranter und mutiger, begann mich langsam auch wieder für die Männerwelt zu interessieren und war dann auf verschiedenen Dating-Plattformen unterwegs.

Was für viele Menschen alltäglich ist, war für dich also etwas Spezielles?
Ich bin von Natur aus eher zurückhaltend, lebte lange Jahre ein klassisches Familienmodell mit Teilzeitjob und war nach der Trennung mehrere Jahre gewollt Single. Dating war für mich also eine neue Erfahrung. Ich bin und war auch nicht auf der Suche nach einer festen Beziehung. Das Thema Ehe habe ich verarbeitet und abgeschlossen. Ich wollte einfach neue Menschen kennen lernen, und dabei durfte ich auch alternative Beziehungsformen ausprobieren.

Als du mir damals von einigen deiner Dating-Erfahrungen erzählt hast, war ich erstaunt. Vor allem auch, als du sagtest, dass es für dich keine klassische Zweierbeziehung sein müsse, sondern dass du auch für andere Modelle offen wärst. Ich hatte dich ja viele Jahre lang als eher konservativ in Liebesdingen erlebt. Wie kam diese Wandlung zustande?
Ich hatte den Wunsch, mich als Frau neu zu definieren und zu erleben. Ich war, und bin es auch noch heute, ein kontrollierter Mensch, der schwer loslassen kann und sich auch nicht gern exponiert. Aber die positiven Erfahrungen beim Dating haben mich neugierig und auch freier gemacht. Für solche Experimente hätte mir früher das Selbstbewusstsein gefehlt.

Auch dein Auftreten ist selbstbewusster als vor ein paar Jahren.
Die erste Veränderung passierte durch den Sport, der mir zu einem besseren Körpergefühl verhalf. Ich fühlte mich attraktiver und erlaubte mir auch, aufzufallen. Sei es, dass ich mich figurbetonter kleidete oder dass ich auch mal roten Lippenstift oder High Heels trug. Und ich merkte, ich gefalle mir so.

Wir alle kennen die guten Vorsätze, die meistens verpuffen. Ich bewundere dich für deine Disziplin. Du hast an deinem fünfzigsten Geburtstag einen Entschluss gefasst und ihn durchgezogen.
So einfach war es natürlich nicht. Ich bin im Sternzeichen Krebs geboren. Und das bedeutet: zwei Schritte vor und einer zurück. Wenigstens mache ich heute größere Schritte nach vorn. Aber du kennst es: Wir haben ja am gleichen Tag Geburtstag!

Wem sagst du das! Aber zurück ins Jahr 2016. Ich kann mich noch gut erinnern, wie du mir damals im Interview sagtest: »Es kommt, wie es kommt.« Du warst ziemlich gut darin, das anzunehmen, was dir das Schicksal vor die Füße warf.
Ich hatte halt das Gefühl, sobald ich mir etwas wünsche, geht es sowieso nicht in Erfüllung. Nicht, dass ich darunter gelitten hätte, es war eher eine Form des Annehmens. Bis ich eben entdeckte: Ich bin gar kein so trockenes Guetsli. Meine Persönlichkeit hat auch andere Seiten: Ich kann neugierig, mutig, kommunikativ und willensstark sein.

Du hast dich also neu entdeckt?
Ja, und ich sagte mir: Jetzt geht es mal um mich. Ich erlaubte mir, nicht nur zu träumen und Pläne zu schmieden, sondern wurde auch aktiv. Ich weitete mein Blickfeld auf andere Menschen und deren Ansichten aus. Das erlaubte mir, mich zu öffnen und neue Erfahrungen zu machen. Und ehrlich gesagt erkannte ich mich in einigen Situationen fast nicht mehr wieder. Vor der Pandemie tanzte ich ganze Nächte allein in Klubs durch, sprach beim Dating offen über sexuelle Wünsche und begann, Workshops zu besuchen, in denen es um Sinnlichkeit und Intimität geht. Das alles wäre früher undenkbar gewesen.

In welchen Bereichen hat sich der Wandel sonst noch gezeigt?
2018 habe ich einen Master in Kommunikation abgeschlossen – mein erster Abschluss überhaupt nach dem Gymnasium. Ich erin-

nerte mich aber auch an meine kreativen Seiten, die ich lange Zeit vernachlässigt hatte, und ich habe das Zeichnen für mich entdeckt. Auch für Spiritualität begann ich mich zu interessieren. In dem Sinn, dass sie mir neue Welten und Wege aufzeigt.

Welches sind für dich die wichtigsten Erfahrungen der letzten Jahre?

Dass ich es immer wieder schaffe, alte Glaubenssätze über Bord zu werfen wie »Das kann ich nicht« oder »Ich war schon immer so«. Dass ich erfahren habe, dass es nie zu spät ist, um Neues anzupacken oder auch mal etwas Verrücktes oder etwas Unkonventionelles zu wagen. Und auf diese Weise meine alten Ängste zu bekämpfen, dass ich mich lächerlich machen könnte. Diese Befürchtungen sind in dem Maß kleiner geworden, wie mein Selbstbewusstsein gewachsen ist. Was mich auch freut, ist, dass meine Kinder keine Probleme mit meiner Entwicklung haben. Anfangs waren sie abwartend und haben mich einfach beobachtet. Aber als sie gesehen haben, dass es mir gut geht, waren sie offenbar beruhigt.

Das tönt so, als hättest du als bekennende Spätzünderin den Turbo eingeschaltet.

Das ist eindeutig übertrieben *(lacht)*! Meine Energie ist nicht immer die gleiche. Aber ich habe auch gelernt, mehr auf meine Bedürfnisse zu achten. Nach aktiven Phasen brauche ich immer wieder Ruhe und ziehe mich in meine Höhle zurück. Um danach, frisch motiviert und neugierig, wieder neue Welten zu entdecken.

»Heute lebe ich ganz im Hier und Jetzt«

CHRISTINE BENGEL, 72, ist Numerologin, Coach und Autorin. Sie lebt mit ihrer Partnerin zusammen und hat zwei erwachsene Töchter. Ihr Leitsatz 2016 lautete: »Ich will bis zum letzten Atemzug lernen.«

Bei unserem letzten Interview hast du gewisse deiner Überzeugungen sehr vehement vertreten.
Du kannst auch ruhig sagen, dass ich stur war *(lacht)*! Aber ja, das stimmt. Ich erinnere mich sehr gut, wie ich damals zu dir sagte, dass ich mich in Bezug auf meine Gesundheit ausschließlich auf die alternative Medizin verlasse. Damals hatte ich noch keine Ahnung, dass ich kurz vor Erscheinen deines Buchs an Brustkrebs erkranken würde. Monatelang war ich zuvor von einem Naturarzt zum anderen gefahren. Beim Knoten in der Brust, so war ich überzeugt, konnte es sich eigentlich nur um einen Lymphstau handeln.

Das war leider nicht der Fall.
Ja, es war Krebs! Zum Glück landete ich in einer Paracelsus-Klinik mit ganzheitlichen therapeutischen Gesundheitsmethoden. Dort erfuhr ich, dass ich einen bösartigen Brusttumor habe. Diese Diagnose traf mich wie ein Hammerschlag. Mir wurde bewusst, dass ich vor einer lebenswichtigen Entscheidung stehe: Ich musste, jedenfalls teilweise, meine bisherigen Überzeugungen über Bord werfen. Denn entweder würde ich die Schulmedizin in meine Behandlung integrieren, oder ich würde sterben.

Ich kann mir vorstellen, dass das eine sehr bittere Wahrheit für dich war.
Nachdem ich die Krebsdiagnose von meinem Arzt bekommen hatte, reagierte ich mit einem Wutausbruch. Ich war bis zu diesem Zeitpunkt vollkommen davon überzeugt, dass mein Glaube an meine Selbstheilungskräfte und die Heilkräfte der Natur den »Energiestau« in meiner Brust auflösen könnten. Zum Glück entschied ich mich innerhalb weniger Stunden zum Weiterleben und damit verbunden für die Brustoperation, eine Chemotherapie und eine anschließende Strahlenbehandlung. Gleichzeitig setzte ich aber auch auf die anthroposophische Medizin und eine begleitende Misteltherapie. Diese Entscheidung beinhaltete die totale Akzeptanz der Schulmedizin. Mein Glaubenssatz hieß ab sofort: »Die Chemotherapie ist mein

Freund, und ihr Gift wird mir helfen, gesund zu werden.« Es mag für Außenstehende seltsam klingen, aber ich segnete alles, was in meinen Körper floss, weil ich überzeugt war, dass es zu meinem höchsten Wohl war. So spürte ich eine neue innere Stärke und wieder mein Urvertrauen, dass alles gut kommen würde.

Musstest du damit rechnen, durch den bösartigen Tumor eine Brust zu verlieren?
Rechnen musste ich am Anfang mit allem, doch glücklicherweise war der Tumor abgekapselt und hatte nicht gestreut. So konnte meine operierende Ärztin brusterhaltend das faustgroße Geschwür entfernen.

Du hast mir erzählt, dass die anschließende Strahlentherapie all deine Kräfte gefordert habe.
Ja, das stimmt. Bis zu diesem Zeitpunkt hatte ich wirklich nie den Mut verloren. Ich war einfach noch nicht bereit, abzutreten. Aber die dreißig Strahlenbehandlungen waren happig und forderten wiederum meine ganze mentale Kraft. Nach anfänglichen Hautverbrennungen konzentrierte ich mich auf die heilende Wirkung der Strahlen. Ich war fest entschlossen, weiter mein Leben zu genießen.

Deine persönliche Erfolgsgeschichte hat Vorbildcharakter, könnte aber andere Kranke, die ebenfalls mit allen Mitteln um ihr Leben kämpfen, aber es vielleicht nicht so wie du schaffen, verunsichern oder gar verärgern. Ist dir das bewusst?
Als Coach bin ich immer gern Vorbild. Daher käme es mir auch nie in den Sinn, dass ich mit meiner persönlichen Selbstheilungsgeschichte jemanden verunsichern oder gar verärgern könnte. Jeder Mensch hat einen anderen Weg. Dazu passt für mich eines meiner Lieblingsgedichte: »Das Leben, das ich selbst gewählt« von Hermann Hesse. Wenn ich aber andere durch meine Geschichte motivieren und ihnen so Mut machen kann, ihre mentalen Selbstheilungskräfte zu aktivieren, ist das eine große Freude für mich.

Wie hat dich deine Krankheit verändert?
Auch wenn ich heute 72 Jahre alt bin, fühle ich mich innerlich jünger und stärker als zuvor. Vor meiner Erkrankung war ich beruflich sehr eingespannt, jetzt habe ich vieles losgelassen und bin dadurch gelassener geworden. Ich lebe im Augenblick und fühle heute eine noch tiefere Verbindung zu einer höheren Kraft, und ich freue mich mit meiner Neugier dem Leben gegenüber noch mehr auf die Zukunft. Heute empfinde ich das Leben und auch den Krebs – selbst wenn es verrückt tönt – als Geschenk. Der Preis dafür war eine bedingungslose Hingabe und die Liebe zum Leben, verbunden mit einer tiefen Dankbarkeit. Diese umfasst auch all meine Lieben, Freunde und Klienten, die mir während meiner Krankheit und der anschließenden Genesung Unterstützung und Zuspruch zukommen ließen.

Was wünschst du dir für deinen weiteren Lebensweg?
Obwohl mir meine Endlichkeit vor Augen geführt wurde, habe ich keine Angst. Im Gegenteil: Diese Erfahrung hat in mir eine neue Lebenslust und Neugierde aufs Leben geweckt. Ich spüre eine innere Freiheit, die ich so nicht kannte. Dieses neue Lebensgefühl hat auch dazu geführt, dass ich mir ein Wohnmobil gekauft habe. Und wenn mich die Lust packt, fahre ich für ein paar Tage weg, irgendwohin, wo es mir gefällt. Was meine berufliche Tätigkeit betrifft: Ich möchte so lange selbständig arbeiten, wie es meine seelische, geistige und körperliche Gesundheit erlaubt und meine Klienten und Schüler Freude an mir haben. Ihnen möchte ich das weitergeben, was ich gelernt habe, nämlich: im Vertrauen zu bleiben und an sich und seine mentale Kraft zu glauben. Auch wenn man manchmal seine bisherigen Überzeugungen über Bord werfen muss, um neue Wege gehen zu können.

»Ich genieße es, mehr nach meinen Bedürfnissen zu leben«

EDITH SCHMIDT, 71, verheiratet, ehemalige Geschäftsfrau, Mutter von fünf erwachsenen Töchtern, fünffache Großmutter. Ihr Leitsatz 2016: »Ich koste mein Leben aus, bis zuletzt.«

Wie würdest du dein Lebensgefühl 2016 beschreiben, als dein Porträt erschien?
Ich war damals zum ersten Mal »Granny« geworden und erstaunt, welch enormen und positiven Einfluss dies auf mein Gefühlsleben hatte. Bis zu diesem Zeitpunkt hatte ich ein sehr aktives soziales Leben, war viel unterwegs und hatte einen großen Freundeskreis. Nachdem ich meine Töchter in die »Selbständigkeit« entlassen hatte und wusste, dass sie erfolgreich ihren Weg gehen, fühlte ich eine neue Leichtigkeit. Dies, weil eine große Verantwortung von mir genommen wurde. Nachdem ich mit meinem Mann die neue Zweisamkeit erprobt hatte, gingen wir auf eine Weltreise. Als wir zurückkamen, war für mich klar: Ich hatte so viel erlebt und so viel gesehen; jetzt war es Zeit, dass ich mich wieder meiner Familie und ganz speziell meiner Enkelin widmen wollte.

Welche Veränderungen hast du seit damals an dir festgestellt?
Ich bin jetzt über siebzig Jahre alt und spüre, dass meine Energien zunehmend weniger geworden sind. Ich bin selektiver geworden, mit wem ich meine Zeit verbringen will. Es brauchte einige Zeit, bis ich diese Tatsache akzeptieren konnte. Aber dann begann ich, meinen Tagesablauf neu zu organisieren, und nahm mir bewusst Auszeiten. Ich kommunizierte das natürlich meinem Umfeld, denn das veränderte auch meine Beziehungen. Früher empfingen mein Mann und ich sehr oft Gäste, wir besuchten viele kulturelle Anlässe, und ich hatte auch Repräsentationspflichten. Heute genieße ich die Zeit zu Hause mit meinem Mann. Ich lese gern, male Bilder, verfolge das Weltgeschehen und interessiere mich für Politik. Und statt am Abend Gastgeberin zu sein, genieße ich ein Mittagessen in einem feinen Restaurant und den Austausch mit meinen Lieblingsmenschen. Meinem größten Privileg aber bin ich die letzten Jahre treu geblieben: Vor zwölf Uhr mittags muss niemand etwas von mir wollen. Mit Ausnahme meiner Enkel. Inzwischen sind es fünf, und alle machen mir unglaubliche Freude.

Was ist das Schönste an deinem heutigen Leben?
Ich habe fünf Töchter aufgezogen und hatte eigentlich nie Zeit, um zur Ruhe zu kommen und zu reflektieren. Als Mutter ist man immer in der Verantwortung: Neben der Erziehung musste ich den Familienalltag managen, den Haushalt führen und meinen Mann unterstützen. Das Leben war ein Schnellzug mit sehr wenig Haltestellen. Heute können wir als Großeltern die Enkel bewusst genießen. Man muss nicht mehr, man darf vieles. Die Babys haben in mir ein Gefühl des Verliebtseins ausgelöst. Waren wir auf Reisen, hatte ich richtig Heimweh nach ihnen. Diese Intensität war für mich neu, und ich empfand sie als erfrischend. Daran hat sich bis heute nichts geändert.

Welches waren die größten Einschnitte in den letzten Jahren?
Die erste Zeit von Corona empfand ich als sehr hart. Mein Mann und ich lebten sehr zurückgezogen, wir sahen die Familie nur von weitem, wenn sie uns Einkäufe nach Hause brachten. Nach ein paar Wochen begann ich zu rebellieren. Ich hielt diese Situation nicht mehr aus, und es genügte mir nicht mehr, mit unserem Hund spazieren zu gehen, ausgiebig zu kochen und meinen Interessen nachzugehen. Ich wollte lieber weniger lang leben, aber die Zeit, die ich noch habe, mit meiner Familie verbringen. Damals verzichtete ich dafür auf Treffen mit meinen Freunden. Als die Impfungen möglich waren, empfand ich das als Segen.

Was sind deine »learnings« aus den vergangenen Jahren?
Eigentlich kam Corona für mich zur richtigen Zeit, nämlich dann, als meine Kräfte zu schwinden begannen. Es gibt kein unnötiges oberflächliches Zusammensein mit anderen. Haben mein Mann und ich einmal Gäste, so plane ich alles im Voraus, denn so vermeide ich unnötigen Stress. Und danach ruhe ich mich wieder so lange aus, bis ich mich wieder fit fühle. Ich bin froh, dass ich keine größeren Anlässe mehr besuchen und mich interessiert geben muss, während ich mühsam versuche, das Gähnen zu unterdrücken. Ich genieße es, mehr nach meinen Bedürfnissen leben zu können.

Wunschkonzert – oder was Frauen von einer (Liebes-)Beziehung erwarten.

In einer kleinen Umfrage wollte ich von meinen Freundinnen, Kolleginnen und weiblichen Familienmitgliedern wissen, was sie von einer (Liebes-)Beziehung erwarten und was absolut nicht geht. Obwohl sich ihre Wünsche unterscheiden, gibt es gewisse Ansprüche und No-Gos, die sich ähneln. Katharina, Monica, Suzette, Victoria und Andrea stellen jene positiven und negativen Eigenschaften in einen Kontext, die am häufigsten erwähnt wurden.

KATHARINA, 57, Kuratorin, geschieden, keine Kinder, ist seit fünf Jahren Single. Sie wünscht sich eine »liebevolle Beziehung«, ist selber aber nicht aktiv auf der Suche nach einem neuen Partner, hofft dennoch »insgeheim auf eine glückliche Fügung des Schicksals«.

Humor »Ich finde es total wichtig, dass ich mit einem Mann lachen kann. Früher habe ich auf diesen Punkt weniger Wert gelegt. Da waren mir Attraktivität und körperliche Anziehung wichtiger. Aber durch meine Lebenserfahrung habe ich zunehmend gespürt, dass ein ähnlicher Humor nicht nur eine wichtige Beziehungsbasis ist, sondern auch schwierige Situationen auflockert und ungeheuer verbindend sein kann. Mein Wunsch ist es, einen Mann zu finden, mit dem ich gemeinsam lachen und weinen kann.«

Narzissmus »Nach einer leidvollen Beziehung mit einem Narzissten achte ich bereits beim ersten Kennenlernen auf gewisse altbekannte Zeichen. Viele dieser Typen haben oft einen umwerfenden Charme, sind gute Zuhörer – oder können gut so tun, als ob – und vermitteln dir das Gefühl, dass du für sie der wichtigste Mensch bist. All dies kann sich jedoch bereits nach kurzer Zeit ins Gegenteil verkehren, denn narzisstisch veranlagte Menschen sind unfähig, Empathie für andere zu entwickeln. Alles muss um sie kreisen, und ihr zur Schau getragenes Selbstbewusstsein überdeckt oft tief sitzende Komplexe. Und wehe, man wagt es, sie zu kritisieren! Umgekehrt haben sie jedoch keinerlei Probleme, dich regelmäßig zur Schnecke zu machen, denn dadurch fühlen sie sich dir überlegen. Früher glaubte ich, dass ich die Einzige sei, die diese schlimmen Erfahrungen gemacht hat. Erst als ich anfing, mich mit anderen Frauen offen und ehrlich über meine Erlebnisse auszutauschen, begann ich zu realisieren, wie viele andere genau das Gleiche erlebt haben. Heute weiß ich: Wenn du in einer Beziehung zunehmend das Gefühl hast, dass dich dein Partner manipuliert, und du dich ständig fragst, was du jetzt wieder falsch gemacht hast, dass er dich so mies behandelt, dann ist es höchste Zeit, dich jemandem anzuvertrauen und/oder fachliche Hilfe zu suchen.«

MONICA, 69, Witwe, Pensionärin, zwei erwachsene Kinder, arbeitet anderthalb Tage in der Woche als Störköchin und kümmert sich regelmäßig um ihre drei Enkelkinder. Während 27 Jahren führte sie gemeinsam mit ihrem Mann ein Restaurant. Nach dessen Verkauf wollte das Paar zusammen reisen, eine gemeinsame Leidenschaft, die immer zu kurz kam. Leider starb ihr Mann, bevor sie ihre Pläne in die Realität umsetzen konnten. Monica kann sich gut vorstellen, noch einmal eine Partnerschaft einzugehen. Vor kurzem hat sie bei einem Apéro einen »sehr netten« Mann kennen gelernt. Es sei aber noch zu früh, mehr darüber zu erzählen.

Gemeinsame Interessen »Auch wenn ich bald siebzig werde, bin ich immer noch unternehmungslustig, lebensfroh und bereit, neue Erfahrungen zu machen. Weil ich immer noch beruflich aktiv bin und regelmäßig meine Enkel hüte, ist es mir wichtig, dass auch ein möglicher Partner eigene Interessen pflegt. Das Schönste aber wäre es schon, wenn wir zusammen reisen könnten. Es gibt noch so viele Orte, die ich entdecken möchte. Ich war mein ganzes Leben lang eine selbständige und aktive Frau, darum hätte ich keine Probleme, allein unterwegs zu sein. Aber klar, zu zweit wäre es sicher schöner, weil man sich so über das Erlebte austauschen könnte. Mein Rat an mein jüngeres Selbst wäre: ›Auch wenn du später voll im Beruf und im Familienleben aufgehst, vergiss deine Partnerschaft nicht! Es ist wichtig, Zeit als Paar zu verbringen, auch wenn gemeinsame Stunden rar sind. Wenn du dies nicht machst oder es immer auf später verschiebst, ist es vielleicht einmal zu spät dafür.‹«

☹ **Lustlosigkeit** »Mit einem Mann, der es sich am liebsten bequem macht und die Wochenenden stundenlang auf der Couch vor dem Fernseher verbringt, käme es nicht gut. Bei den Bekanntschaften, die ich nach dem Tod meines Mannes gemacht habe, hörte ich immer wieder das Argument: ›Ach, dafür bin ich zu alt‹ oder: ›Das habe ich bereits gesehen oder gemacht‹ oder: ›Ich habe mir meinen ruhigen Lebensabend verdient.‹ Da ich immer noch Wert auf Erotik lege, ist es mir auch wichtig, dass mein zukünftiger Partner eine schöne Sexualität leben möchte. Ich glaube, dass ich diesbezüglich noch einiges nachzuholen habe.«

SUZETTE, 53, Pflegefachfrau, Mutter zweier Teenager, lebt von ihrem Mann getrennt. Sie hat sich vor ein paar Monaten auf einer Dating-App angemeldet und trifft sich hin und wieder sowohl mit Männern wie auch mit Frauen.

☺ **Zuvorkommenheit** »Die Corona-Zeit war für mich sehr anstrengend. Als Alleinerziehende – mein zukünftiger Exmann lebt im Ausland – blieb keine Zeit für mich, geschweige denn für einen Flirt oder eine Affäre. In den vergangenen Monaten habe ich gemerkt, dass ich mir auch eine Frau als Liebhaberin oder Partnerin vorstellen kann. Dies auch, weil ich finde, dass Frauen allgemein aufmerksamer und zärtlicher sind als Männer. Ich sehne mich danach, wieder einmal umworben zu werden und dass sich mein Gegenüber um mich kümmert. Gegenseitiger Respekt und Manieren sind für mich ebenfalls sehr wichtig. Ich wünsche mir, dass man mich so behandelt, wie ich es verdiene.«

☹ **Unhöflichkeit** »Wenn ich eine neue Bekanntschaft das erste Mal in einem Restaurant oder einer Bar treffe und er oder sie das

Personal überheblich oder gar herablassend behandelt, ist für mich gleich Ende der Fahnenstange. Das Gleiche gilt, wenn ein Mann keine Manieren hat oder mich wie seinen Buddy behandelt. Kürzlich versuchte ein jüngerer Typ, nachdem wir zufällig das Gleiche bestellt hatten, ein High five mit mir. Und natürlich half er mir weder in den Mantel noch öffnete er mir die Tür. Vielleicht bin ich etwas altmodisch, aber ein Mann oder eine Frau, in den oder die ich mich verlieben könnte, muss einfach über eine gewisse Klasse verfügen. Ich war in einer Zeit jung, als wir all diese Gesten als überholt verachteten. Ich glaube, als junge Frau hätte ich gelacht, wenn ich gewusst hätte, dass ich einmal Wert auf solche Dinge legen würde.«

VICTORIA, 51, ist Geschäftsführerin einer Boutique, Single und hat einen erwachsenen Sohn. Ihr einziger langjähriger Partner ist der Dackel Fritz. Darum muss ein Mann natürlich auch tierlieb sein. Vicki, wie sie von ihren Freundinnen genannt wird, bezeichnet sich als »unabhängige Frau« und wird auch selber aktiv, wenn ihr ein Mann gefällt. Sie geht regelmäßig aus, hat hin und wieder eine Affäre, wäre aber auch offen, wenn sich etwas »Richtiges« entwickeln würde. Obwohl sie das Gefühl hat, dass die Chancen für eine gute Beziehung »relativ klein« sind, da sich Männer in ihrem Alter eher für jüngere Frauen interessieren würden.

Positivität »Ein Mann, der keine Tiere mag, wäre für mich keine Option, denn für mich gehört Menschen- und Tierliebe zusammen. Ich selber bin ein aufgestellter, offener und herzlicher Typ. Die gleichen oder ähnliche Eigenschaften suche ich bei meinem Gegenüber. Ich brauche einen starken und positiven Charakter neben mir und keinen Schwarzseher. Das würde mich nur runterziehen. Darum habe ich auch keine Lust, bei einem Date stundenlang über das Elend der Welt zu sinnieren. Dass das Leben schwierig ist, wissen wir ja alle. Ich möchte mit einem neuen Partner einfach eine gute Zeit haben und die Zeit genießen, die wir teilen.«

Opferverhalten »Wenn mein Date beim ersten Treffen über seine Verflossene herzieht oder mir stundenlang über sein bisheriges Beziehungselend klagt, habe ich keine Lust, den Mann wiederzusehen. Der soll zuerst seine Vergangenheit bewältigen. Und das lasse ich ihn auch ziemlich schnell wissen – damit ist dann sein Interesse an mir garantiert erloschen. Als meine letzte Affäre jedes Mal nach dem Sex begann, über sein ›verletztes inneres Kind‹ zu sprechen, habe ich ihm den Rat gegeben, sich eine Therapeutin zu suchen. Ich bin weder Psychiaterin noch will ich Mama sein in einer Beziehung.«

ANDREA, 61, Musikerin, alleinstehend. Keine Kinder. Sucht nicht aktiv, sondern hofft, über ihren großen Bekanntenkreis eine neue Liebe zu finden. Sie sagt, dass sie in ihrem Leben nur zwei »langjährige Partnerschaften« gehabt habe. Männer, mit denen sie noch heute »eine gute Beziehung« pflege. Andrea war nie verheiratet, könnte sich aber durchaus vorstellen, diesen Schritt zu wagen, »falls es dann passen würde«.

☺ **Großzügigkeit** »Wenn ich sage, dass für mich ein großzügiges Verhalten wichtig ist, dann meine ich nicht, dass ich einen Partner suche, der mich mit materiellen Dingen verwöhnt. Ich schenke selber gern, freue mich aber auch über kleine Aufmerksamkeiten, denn sie bedeuten, dass der Schenkende an mich denkt. Großzügigkeit bedeutet für mich vor allem auch eine Offenheit im Denken und Handeln und Toleranz gegenüber anderen Einstellungen und Lebensweisen. Ich bin und war auch früher schon eine realistische Romantikerin, wie ich es nenne. Obwohl ich die Dinge sehe, wie sie sind, habe ich innerlich die Hoffnung auf ein neues Glück nicht aufgegeben. Und vielleicht treffe ich meinen Traumprinzen erst im Altersheim. Besser spät als nie!«

☹ **Geiz** »Geiz ist für mich alles andere als geil. Ich habe schon früh in meinem Leben die Erfahrung gemacht, dass ein Mann, der ein Rappenspalter ist, diese Eigenschaft nie verlieren wird. Als ich noch jünger war, dachte ich, dass ich meinem damaligen Freund diesbezüglich ein Vorbild sein könnte, indem ich bei Rechnungen jeweils mehr zahlte als er. Er ließ sich noch so gern einladen und wurde mit der Zeit immer noch knausriger. Ich wünschte nur, ich hätte das schon als junge Frau gewusst. So manchen Kummer und auch teilweise happige Ausgaben hätte ich mir ersparen können.«

»Ich konzentriere mich jetzt zuerst einmal auf mich«

SABINE WINTER, 53

Nach einer Lebenskrise hat sich die selbständige Interior-Designerin und geschiedene Mutter dreier erwachsener Kinder dafür entschieden, das Leben in die eigenen Hände zu nehmen. Mit ihren Erfahrungen kann sie für andere Frauen in einer ähnlichen Situation Vorbild und Inspiration sein.

Das Schöne an meinem Beruf als Journalistin und Autorin ist, dass ich dadurch die Möglichkeit habe, immer wieder einen Blick in andere Welten zu werfen. Ich erfahre Neues, lerne dazu und treffe immer wieder spannende Menschen. Vor allem in jüngeren Jahren fand ich es toll, Prominente zu interviewen. Ich erinnere mich gut an dieses spezielle Kribbeln im Bauch, wenn ich irgendwo in einer europäischen Hauptstadt in einem Fünf-Sterne-Hotelzimmer saß und darauf wartete, einen Star, den ich vielleicht sogar bewunderte, interviewen zu dürfen. Natürlich versuchte ich dann jeweils, so cool wie möglich zu wirken und mir meine Nervosität nicht anmerken zu lassen. Denn aufgeregt war ich immer, auch weil diese Gespräche meistens auf Englisch geführt wurden und ich immer befürchtete, dass ich mich verhaspeln und mir so eine Blöße geben könnte.

Mit der Zeit aber verloren diese meist oberflächlichen Interviews ihre Anziehung auf mich. Auch weil es in den meisten Fällen einen kurzen und strikten Zeitrahmen gab, den man nicht überziehen durfte. Bei den Gesprächen war in der Regel auch mindestens eine PR-Agentin dabei, die darauf achtete, dass der oder die Prominente auch nur jene Fragen beantwortete, die man vorher eingereicht hatte und für die man das Okay erhalten hatte. Man konnte bei solchen Gelegenheiten sein Gegenüber nicht einmal im Ansatz kennen lernen. Auch wenn ich rückblickend dankbar bin, dass ich die Möglichkeiten hatte, auf diese Weise einen oberflächlichen Blick hinter die Filmkulissen zu werfen, begannen mich, je älter ich wurde, desto mehr jene Menschen zu interessieren, die zwar nicht unbedingt über Leinwandqualitäten verfügten, mit denen ich aber spannende und tiefer gehende Gespräche führen konnte. Und manchmal blieb ich auch, nachdem das Interview in der Zeitung oder in einem Buch erschienen war, in Kontakt mit der Person, die ich interviewt hatte.

Eine von ihnen war Sabine Winter. Die 53-jährige Mutter dreier erwachsener Kinder hatte beschlossen, ihre Leidenschaft für Innenarchitektur und Design beruflich zu nutzen, und dafür ihre Firma Sab's Interiors gegründet. Als Fachfrau für alles Schöne im Bereich des Einrichtens und Gestaltens beriet sie Interessierte, die ihren persönlichen Wohnstil finden und auch umsetzen wollten. Egal, ob es sich um einen Neubau, eine Renovation der vorhandenen Wohnung oder um ein Auffrischen des Zuhauses handelte. Nachdem ich Sabine für die »Sonntagszeitung« über ihre Tätigkeit interviewt hatte, blieben wir in losem Kontakt. Da sie mir mit ihrem charmanten französischen Akzent nicht nur sehr sympathisch war, sondern ich auch zunehmend Interesse am Interior-Styling entwickelte, kreuzten sich unsere Wege immer wieder mal. Irgendwann hörte ich über eine gemeinsame Freundin, dass es der sonst so fröhlich wirkenden Genferin nicht gut gehe, da sich ihr Partner nach einer langjährigen Ehe völlig überraschend von ihr getrennt hatte. Da ich nicht aufdringlich sein, aber trotzdem meine Anteilnahme ausdrücken wollte, schrieb ich Sabine eine kurze Nachricht und schlug ihr vor, dass wir uns doch einmal auf einen Kaffee treffen könnten.

Eigentlich erwartete ich, dass mich Sabine erst dann sehen wollte, wenn es ihr wieder besser ginge. Da ich wusste, dass sie bei ihrer Familie und bei ihren Freunden in dieser schwierigen Situation gut aufgehoben war, machte ich mir auch keine allzu großen Sorgen. Trotzdem konnte ich mir vorstellen, wie unglaublich schwer dies alles für sie war. Als sie sich kurze Zeit später überraschend doch bei mir meldete und mir schrieb, dass sie mich gern sehen möchte, freute mich das sehr.

Natürlich war ich nicht davon ausgegangen, die gleiche energiegeladene Frau, wie ich sie zuvor kannte, zu treffen. Ich erschrak dann aber doch, als ich sah, wie dünn, blass und traurig Sabine wirkte. Und es rührte mich, als ich spürte, dass sie sich alle Mühe gab, sich ihre Trauer nicht allzu sehr anmerken zu lassen. Noch so gern hätte ich sie bei unserer Begrüßung fest in den Arm genommen, aber ich zögerte, weil ich nicht wusste, ob sie so viel Nähe wünschte. Wir kannten uns zwar, waren aber keine engen Freundinnen.

Ich fand es schön, dass mir Sabine trotzdem vertraute und mir einen Einblick in ihre persönliche Situation gab. Und diese war tatsächlich »traumatisch«, wie sie sie nannte. Ihr Mann hatte ihr nach 27 gemeinsamen Ehejahren völlig überraschend und ein paar Tage vor Weihnachten mitgeteilt, dass er aus dem gemeinsamen Heim ausziehen werde – er hatte sich in eine sehr viel jüngere Frau verliebt. An diesem Nachmittag hörte ich Sabine nur zu und versuchte sie, so gut es mir möglich war, zu trösten. Ich weiß, wie furchtbar sich Liebeskummer anfühlt. Auch wenn ich nur ahnen konnte, was es bedeutet, wenn man, wie Sabine, aus einem »glücklichen«, langjährigen Familienleben herausgerissen wird und drei Kinder mitbetroffen sind. »Es gab für mich keine Vorzeichen«, betonte Sabine immer wieder. Und auch, dass es ihr lieber gewesen wäre, ihr Mann wäre gestorben. »Dann hätte ich wenigstens um ihn trauern können.«

Dass es auch nach tiefster seelischer Dunkelheit einen Ausweg gibt, der mit neuen Perspektiven und Lebensfreude verbunden ist, kam mir spontan in den Sinn, als ich Sabine zum Gespräch für dieses Buch treffe. Wir hatten uns in den letzten zweieinhalb Jahren immer wieder einmal kurz ausgetauscht, und ich freute mich jeweils, zu sehen und zu spüren, dass es Sabine schrittweise besser ging. Eine Therapie hatte ihr geholfen, Vergangenes langsam aufzuarbeiten, und sie setzte sich sehr ehrlich mit sich, ihrem Leben und ihrer Zukunft auseinander. Sie schien mir nicht nur reifer, sondern auch energetischer und optimistischer als die letzten Male zuvor. Die Scheidung von ihrem Exmann war vollzogen, organisatorische und rechtliche Fragen so weit geklärt: Kurz, Sabine hatte wieder festen Boden unter den Füßen, und es war ein guter und starker Boden, auch weil sie ihn sich aus eigener Kraft geschaffen hatte. Ein Prozess, der durchaus schwierig war. »Als über Fünfzigjährige musste ich mich nicht nur mit ersten Wechseljahrbeschwerden auseinandersetzen, ich stellte mir auch die Aufgabe, herauszufinden, wer ich überhaupt war und wohin ich wollte«, sagt sie. Ein halbes Leben lang habe sie sich über ihre Tätigkeit als Ehefrau und Mutter definiert. »Natürlich liebte ich auch die Tätigkeit in meiner kleinen Firma, aber die Familie hatte ganz klar Priorität.«

Glücklicherweise konnte Sabine auch auf eine frühere erfolgreiche berufliche Tätigkeit zurückgreifen. Auch wenn sie schon ziemlich lange zurücklag. Nach Abschluss ihres BWL-Studiums hatte sie Karriere im Bereich Human Resources gemacht und im Banken- und Finanzbereich gearbeitet. Und nein, der sogenannte Rückzug ins Familienleben hatte nicht bedeutet, dass Sabine ihre eigenen Leidenschaften aufgegeben hätte, auch wenn sie ihre Rolle als Partnerin, Mutter und Gastgeberin liebte. »Als die Kinder noch kleiner waren, widmete ich mich einer neuen, kreativen Arbeit: Zusammen mit meiner in Asien lebenden Schwägerin baute ich eine erste kleine Firma für Mode- und Dekorationsaccessoires auf.« Auf diese Erfahrungen konnte Sabine aufbauen, als sie sich in den letzten Jahren immer stärker dem Bereich des Interior-Design widmete. Zuerst mit einer Weiterbildung und danach mit ihrer Selbständigkeit.

Der Zeitpunkt, wenn die Kinder langsam flügge werden, ist für viele Beziehungen eine Herausforderung. Man weiß, die Jungen werden ausziehen und ihr eigenes Leben führen: Aus Eltern werden wieder Paare, die herausfinden müssen, was sie neben der Familie noch verbindet. »Ich wusste natürlich, dass dieser Tag auch für uns kommen würde. Aber ich ging davon aus, dass diese Veränderung neuen Schwung in unsere Beziehung bringen würde, und freute mich bereits darauf, mit meinem Mann abseits des geschäftigen Alltags mehr Zeit verbringen zu können«, erklärt sie ihre damalige Einstellung zu diesem Thema. »Nie im Leben hätte ich gedacht, dass wir nicht zusammenbleiben würden, denn ich empfand und empfinde unsere damalige Beziehung auch heute noch als gut.« Auf meine Frage, ob es denn keine Anzeichen für den plötzlichen Entscheid ihres Mannes gegeben habe, sein Leben radikal zu verändern, zögert sie nur kurz. »Natürlich gab es auch in unserer Ehe nicht nur Sonnenschein, aber die plötzliche Trennung und die Art und Weise, wie sie mein Mann vollzog, konnte und kann ich bis heute nicht nachvollziehen. Aber«, sagt sie sehr selbstbewusst, »eigentlich will ich das heute gar nicht mehr. Die Vergangenheit liegt hinter mir. Ich konzentriere mich jetzt auf mich, auf meine Pläne und Ziele und auf alles, was mir guttut.«

Ich spüre: Sabines neues Selbstbewusstsein ist echt. Auch oder vielleicht gerade weil es durch eine sehr schwierige Lebensphase gewachsen war. »Denn was sollte mir nach diesem Tiefschlag noch passieren?« Und wie konnte sie sich in dieser dunklen Phase selbst helfen? »Wenn es mir nicht gut ging, erinnerte ich mich an die Zeit der Leichtigkeit, wie ich sie als Kind erlebt hatte. Und das war eines meiner Ziele: wieder mehr Leichtigkeit im Alltag erleben zu dürfen.«

Heute lebt Sabine immer noch im gleichen Haus wie zur Zeit ihrer Ehe. »Allerdings habe ich sehr viel umgestellt und es mir so eingerichtet, dass es jetzt mein ganz eigenes Reich ist.« Ist es für sie kein Problem, dass sie lange Jahre ihrer Ehe in diesen Räumen verbracht hat? Sabine schüttelt nur lachend den Kopf. »Nein, überhaupt nicht. Mein Exmann lebt jedenfalls nicht als Hausgeist hier!« Sie habe schon vorher sehr gern hier gelebt, »aber heute empfinde ich mein Zuhause als Wohlfühloase, in der ich es genieße, auch einmal allein zu sein«. Auch dies sei eine Erfahrung der letzten Jahre gewesen.

»Obwohl ich das Zusammensein mit den Kindern, meiner Familie und besonders mit meiner Schwester schätze, genieße ich die Stille und Ruhe genauso. Vor allem auch, wenn ich mich von meiner neuen Berufstätigkeit erholen muss.« Ein neuer Job? Ja! Auch diesbezüglich hat Sabine Neuland betreten. Neben ihrer Tätigkeit als Interior-Beraterin arbeitet sie seit einiger Zeit als Personal Assistant eines bekannten Dermatologen. »Natürlich hatte ich meine Bedenken, ob ich, nachdem ich lange Zeit auf einem anderen Gebiet tätig war, diese Herausforderung annehmen sollte. Doch ich wusste, dass ich es schaffen würde, und nahm diese Chance darum wahr.«

Es ist nicht übertrieben, zu behaupten, dass die Herausforderungen, die Sabine zu Beginn ihrer zweiten Lebenshälfte meistern musste, ziemlich happig waren. »Aber es gab ja keinen anderen Weg, als nach einer ersten Trauerphase mein Leben in die eigenen Hände zu nehmen.« Und was passierte mit den gemeinsamen Freunden? Diese standen ja vor einer schwierigen Situation, wenn es galt, Stellung zu beziehen. »Das war eigentlich kein Problem«, erinnert sich Sabine. »Mit der Zeit fand da eine natürliche Selektion statt, und ich spürte, wer mit mir weitergehen wollte.«

Irgendwie kommt es mir während dieses Gesprächs so vor, als würde ich drei verschiedene Sabines kennen. Die erste hatte ich fröhlich, offen und beinahe sorglos erlebt. Die zweite war ob ihrer privaten Situation am Boden zerstört, verfügte aber durchaus noch über einen Funken schwarzen Humor, als sie mich vor der Scheidung fast etwas verschämt fragte: »Glaubst du, dass ich noch einmal die Chance haben werde, einen guten Mann zu finden? Ich bin doch eine alte Frau.« Trotz der Schwere der Situation musste ich damals laut herauslachen und antwortete: »Hundertprozentig! Das gebe ich dir gern auch schriftlich.« Denn für mich war es nie eine Frage, ob Sabine wieder eine neue Liebe finden würde. Ich war fest überzeugt, dass eine so tolle Frau keine Mühe haben würde, einen passenden Partner zu finden. Für mich stellte sich eher die Frage, wie weit sich Sabine wieder auf ein Gegenüber einlassen würde. War sie nach einer Zeit der Heilung überhaupt wieder für eine neue Beziehung bereit? Dazu später mehr.

Auf die dritte Sabine bin ich fast ein bisschen neidisch. Die Auseinandersetzung mit sich selbst wirkte sich positiv auf ihr Äußeres aus. Die meisten Kilos, die sie während ihrer Trennung verloren hatte, sind nicht wiedergekommen. Aber jetzt wirkt sie nicht mehr dünn oder gar kränklich, sondern schlank und gesund. »Ich fühle mich wohl in meinem Körper«, kommentiert sie ihre neue Figur. »Ich ernähre mich bewusster als früher, brauche weniger Trostfutter und esse weniger Tierprodukte und ungesunde Fette.« Auch ihr modisches Stilverständnis habe sich in den letzten Jahren verändert. »Nachdem ich früher, auch aus Repräsentationsgründen, eher elegant und designermäßig gekleidet war, mag ich es heute lässiger«, erklärt sie mir. Sie sei mutiger geworden, mische gern verschiedene Stile und Kombinationen und bevorzuge auch buntere Farben. Die vielen farbigen Bändchen, die sie um ihr Handgelenk trägt, weisen darauf hin. Heute kleide sie sich nicht mehr so, wie man es von ihr erwarten würde, sagt sie selbstbewusst.

Mir gefiel Sabines geschmackvoller und vor allem individueller Kleidungsstil schon immer. Ich fand, dass sie ihren Typ, der früher eher etwas weicher und nun sportlicher wirkte, immer sehr gut betonte. Sabine war und ist eine attraktive Frau, und ihre Ausstrahlung ist ausgesprochen einnehmend. »Von nichts kommt nichts«, schmunzelt sie. Um sich gut zu fühlen, benutzt Sabine »gute Pflegeprodukte« und lässt sich regelmäßig massieren. Für sie sei es einfach wichtig, dass sie sich in ihrem Körper wohlfühle. Und das bedeutet auch regelmäßige Gymnastik, wenn sie wie jetzt unter einer »frozen shoulder« leidet.

Ein weiteres Mal bewundere ich Sabines Energie. Aber ist es nicht so, dass man bei anderen genau das toll findet, von dem man selber zu wenig hat? Für mich sind solche Vergleiche allerdings nicht mit Neid verbunden, sondern sind eher eine Inspiration oder gar ein Weckruf, mehr in diesen Bereichen für mich zu tun. Sei es, dass ich versuche, weniger Zucker zu essen, der ja erwiesenermaßen nach einem kurzen Schub ermüdet, und neben der Kopfarbeit meinem Körper wieder mehr Aufmerksamkeit zu widmen.

Dass die Frage, was man an seinem Gegenüber bewundert, auch bei der Partnerwahl eine wichtige Rolle spielen kann, erklärte mir eine gute Freundin schon vor vielen Jahren so: Sie verliebe sich ausschließlich in Männer, die sehr aktiv, tatkräftig und ohne große Rücksicht auf andere ihren Weg gingen. Ehrlich gesagt, fand ich diesen Männertyp für die zarte und träumerische Freundin viel zu grob und konnte nicht verstehen, was sie an diesen »Haudegen« so großartig fand. Zu diesem Zeitpunkt meines Lebens hatte ich mir keinerlei Gedanken gemacht, warum meine erste große Liebe nicht nur zwei Jahrzehnte älter als ich war, sondern sich auch charakterlich total von mir unterschied. Ich war die wohlbehütete, gut erzogene und stets auf Rücksichtnahme bedachte junge Frau. Mein damaliger Freund, trotz unserem Altersunterschied, sehr viel unkonventioneller, wagemutiger und freiheitsliebender als ich. Erst als mir meine Freundin zu erklären versuchte, dass man im anderen das suche, was man tendenziell eben selber sein möchte, ging mir ein Licht auf. Und nachdem die Beziehung mit ihrem »Haudegen« gescheitert war, sagte sie etwas, das mich auch auf meinem weiteren Weg begleiten würde: »Überlege dir, welche Eigenschaften dich an deinem Partner besonders fasziniert haben, vielleicht sind es jene, die du mehr leben solltest.«

Wie geht Sabine mit neuen Herausforderungen um? Hat sie an unsicheren Tagen nicht manchmal Angst, diese nicht zu meistern? »Nein, ich habe keine Angst. Aber sicher ist da eine Nervosität, wenn ich an die nächsten Jahre denke. Der Prozess des Älterwerdens ist nicht einfach, und er bedeutet für mich ein bewussteres Leben.« Und wo sieht sie die Vorteile des Älterwerdens? »Was mir guttut, ist, dass ich heute niemandem mehr etwas beweisen muss. Ich bin sicher auch selektiver geworden, was meine persönlichen Kontakte betrifft. Nicht nur, weil ich meine Zeit intensiver nutzen will, ich habe auch keine Lust mehr auf Oberflächlichkeiten.« Immer wieder Muße für sich selbst zu haben, zu meditieren, »das hat mir durch die schlimmste Zeit geholfen«. Sich draußen in der Natur zu bewegen, ist für Sabine notwendig für ihr körperliches und seelisches Wohlbefinden. Und auch Lesen gehört für sie dazu. »Meine Leidenschaft sind historische Romane, zudem die Biografien starker und inspirierender Frauen wie Queen Victoria, Jane Fonda oder Jackie Onassis.«

Apropos Liebesgeschichte. Ich erinnerte Sabine immer gern an ihre scheu gestellte Frage, ob sie denn als »alte Frau« noch einmal die Chance haben würde, dass sich ein guter Mann für sie interessieren oder sich gar in sie verlieben würde. Die Antwort bekomme ich bei unserem letzten Treffen. Sabine lebt heute in einer »liebevollen und spannenden Beziehung, die allerdings Zeit für ihre Entwicklung brauchte«. Dass dies nicht immer ein einfacher Weg war, ist mehr als verständlich. Aber dass Sabine fähig war, ihr Herz stückweise wieder zu öffnen und Gefühle wachsen zu lassen, zeugt davon, dass sich der Mensch immer wieder neu verlieben kann. Natürlich wird unser Rucksack vor allem in reiferen Jahren immer reicher an Erfahrungen und Erlebnissen, aber dieser Rucksack sollte nie so schwer werden, dass wir so verbittert werden, dass wir uns guten Möglichkeiten verschließen. Und das betrifft nicht nur die Liebe, sondern unser ganzes Leben.

Sabine ist im besten Sinne des Wortes eigenständig geworden. Sie hat sich selbst in den letzten Jahren besser kennen gelernt und ist sich ihrer Verantwortung für das eigene Wohlergehen bewusst geworden. »Das Glück von einer geliebten Person abhängig zu machen, ist gefährlich«, sagt sie zum Abschluss unseres Gesprächs, »denn es ist so flüchtig wie ein Reh.« Was für ein schöner Vergleich. Ich bin mir jedenfalls sicher, dass Sabine gut auf ihr eigenes Glück aufpassen wird.

Aus der Vergangenheit zu lernen, hilft einem, sich selber besser zu verstehen

Kürzlich habe ich eine interessante Entdeckung gemacht, was meine persönliche Entwicklung betrifft: Manchmal habe ich das Gefühl, dass ich in jüngster Vergangenheit zu mehr Einsichten gekommen bin als in den zwanzig Jahren zuvor. Ja, auch mit sechzig ist dies möglich. Vor allem, was das Lernen betrifft, haben sich meine Interessen stark verändert. Themen, die mich früher ziemlich kaltließen, wie Philosophie (für Anfängerinnen), Tier- und Pflanzenkunde oder Metaphysisches, können mich heute richtiggehend fesseln. Und natürlich alles rund um den Menschen. Egal, ob es um seine physische oder psychische Gesundheit geht, prägende Verhaltensmuster oder darum, wie weit die Genetik einen Einfluss auf seine Entwicklung hat.

Dass mich der Mensch in seiner Ganzheitlichkeit interessiert, ist an und für sich nichts Neues. Meine Lieblingsdisziplin als Journalistin und Autorin ist und war schon immer das Interview. Durch Gespräche versuche ich, mein Gegenüber zu ergründen, um so einen Blick hinter seine Fassade zu werfen. Das gelang mir oft gut, aber natürlich nicht immer. Wenn mir eine prominente Persönlichkeit wie Leonardo DiCaprio, Meryl Streep oder der Modeschöpfer Joop gegenübersaß, galt es als Erstes, mein sensibles Nervenkostüm unter Kontrolle zu halten. Dass ich dies nicht immer hinbekam, beweist auch der Titel meines ersten Buchs: »Leonardo DiCaprio trifft keine Schuld«. Statt bei meinem Treffen mit ihm die coole Interviewerin zu geben, ging ich auf Tauchkurs und wurde kurz ohnmächtig.

Meistens führte ich zwar Gespräche mit »normalen« Menschen, bei der keine Manager und keine PR-Verantwortlichen im Hintergrund auf die Stoppuhr schauten, damit das Interview nicht länger als die zugestandenen zwölf Minuten dauerte. Aber früher fand ich es toll, Prominenten gegenüberzusitzen, die auf jenen Gebieten arbeiteten, für die ich mich nicht nur beruflich interessierte. Neben Schauspielerinnen und Schauspielern waren das vor allem Regisseure, Designerinnen, Architekten, Fotografen oder Modemacherinnen.

Auch hier verschoben sich meine Interessen in eine neue Richtung. Obwohl ich ästhetischen Dingen nach wie vor zugetan bin, hat sich mein diesbezügliches Interessengebiet erweitert. Heute finde ich die Schönheit beispielsweise, indem ich die Natur und die Tierwelt beobachte, etwas, wofür ich früher nie die Geduld gehabt hätte. Das bedeutet nicht, dass ich jeden Sonntag die Bergschuhe schnüre, um einen Gipfel zu erklimmen. Ich meine das eher in einem kontemplativen Sinn, die Momente, in denen ich versuche, verschiedene Vogelstimmen zu unterscheiden, die perfekte Form einer Blüte bewundere oder mich in einer klaren Nacht am Sternenhimmel ergötze. Dazu gehören natürlich auch Fragen wie: Wo kommen wir her, wo gehen wir hin?

Ich mache zunehmend die Erfahrung, dass gewisse Themen, je mehr ich mich in sie vertiefe, umso spannender werden. Vielleicht ist es auch eine Folge des Älterwerdens, dass ich mich von noch so glänzenden Oberflächen nicht mehr beeindrucken lasse, wenn dahinter nichts Spannendes zu entdecken ist. Meine Begeisterung für Mode, Design und spezielles Handwerk ist heute aber noch genauso groß wie in jüngeren Jahren. Ich liebe es, in tollen Webshops zu stöbern. Diese Leidenschaft hat sich in den Corona-Zeiten verstärkt, als das Reisen schwierig war. Wenn mich nun hin und wieder an einem Abend das Einkaufsfieber packt, shoppe ich auf meiner Lieblingsseite Net-a-porter und fülle meinen virtuellen Einkaufskorb nach Lust und Laune. Im Wissen, dass ich mir den größten Teil dieser Designerteile nicht leisten kann. Am nächsten Morgen lösche ich meinen Warenkorb wieder und freue mich wie ein Kind, wenn ich das eine oder andere günstigere Teil doch bestellen kann. Noch größer ist dann die Freude, wenn ein paar Tage später der nette Kurierbote vor der Tür steht und grinsend sagt: »Ich hätte da mal wieder etwas für Sie, Madame.«

Dass ich weniger, dafür hochwertigere und zeitlosere Kleider und Accessoires kaufe, sehe ich auch als eine Folge des Älterwerdens. Und es hat nichts damit zu tun, dass ich heute besser bei Kasse wäre als früher. Das Gegenteil ist der Fall. Denn als teilweise freischaffende Journalistin und Autorin ist mein Einkommen tiefer als in jenen Zeiten, in denen ich in großen Unternehmen Chefsaläre kassierte. Doch im Gegensatz zu früher habe ich kein Hochgefühl mehr, wenn ich am Samstagnachmittag auf der Suche nach den neusten Trends durch die Stadt eile, um danach üppig gefüllte Einkaufstaschen nach Hause zu schleppen. Und spätestens eine Woche später die Hälfte meiner Käufe umtausche, weil sie doch nicht hielten, was sie im Geschäft versprachen.

Doch zurück zum Thema Lernfreude und zu meinem Bedürfnis, den Dingen auf den Grund zu gehen. Eine Eigenschaft, mit der ich mein Umfeld immer wieder nerve. »Warum willst du das alles wissen? Fühlst du dich nachher gescheiter? Du erinnerst mich an meine Tochter, die mich als kleines Kind mit ihrer ständigen Fragerei fast in den Wahnsinn trieb«, tadelte mich kürzlich eine gute Freundin.

Ihre Reaktion löste bei mir herzhaftes Lachen aus, denn sie wusste nicht, dass ich mich während meiner Schulzeit genau gegenteilig verhielt. Viele Fächer oder, besser gesagt, die Art, wie sie vermittelt wurden, interessierten mich vor allem in der Mittelschule nicht die Bohne. Ich war mit sechzehn oder siebzehn der Prototyp einer Lernverweigerin und, ehrlich gesagt, auch ziemlich faul, wenn es darum ging, ungeliebten Unterrichtsstoff zu büffeln. »Wann je in meinem späteren Leben werden die Berechnung geometrischer Winkel oder physikalische Experimente ein Thema sein?«, fragte ich mich. Die Arbeit im Chemielabor fand ich nur dann spannend, wenn wieder einmal ein Experiment in die Hose ging und wir unter den Pulten in Deckung gehen mussten, weil zwei Flüssigkeiten in einem Reagenzglas explodierten. Auch wenn es darum ging, mathematische oder chemische Formeln zu lernen, stellte ich auf Durchzug. Dies sehr zum Leidwesen meines Vaters, der als Chemieprofessor am Technikum Winterthur unterrichtete. Heute kann ich mir vorstellen, wie beschämend es für ihn gewesen sein muss, wenn er zum Rektor meiner Mittelschule zitiert wurde, weil meine Leistungen in den naturwissenschaftlichen Fächern wieder einmal abgrundtief schlecht waren.

Und irgendwann fruchteten auch die Bemühungen meines Vaters nicht mehr, mir in persönlichen Nachhilfestunden die Welt der Chemie und der Physik zu erklären. Wir gerieten uns jeweils so in die Haare, dass wir danach einen Bogen umeinander machten. Eines Tages machte der Rektor ihm dann den Vorschlag, die »renitente« Tochter aus der Klasse zu nehmen. Ich hatte während einer Schulstunde weder Wintermantel noch Mütze oder Wollschal ausgezogen. Und saß mit verschränkten Armen und grimmigem Blick auf meinem Platz. Solche und ähnliche Aktionen – ich verweigerte beispielsweise die Hausaufgaben, was mir die Bewunderung meiner Mitschüler und weiteren Unmut der Lehrer einbrachte – führten dazu, dass ich kurz vor meinem achtzehnten Geburtstag von der Mittelschule flog. Beziehungsweise, dass man meinem Vater nahelegte, dass ich ein Jahr pausieren solle, »bis die junge Frau wieder erkennt, was ihre Aufgaben und Pflichten sind«. Und etwas versöhnlicher hieß es dann noch: »Wenn Silvia akzeptiert, dass sie die Nürnberger-Trichter-Didaktik erdulden muss, um gewisse Dinge zu erarbeiten, kann sie die Klasse wiederholen.« Für alle, denen dieser bescheuerte Begriff nichts sagt, erkläre ich gern seine Bedeutung: Nürnberger-Trichter-Didaktik bedeutet mechanisches Lernen, bei dem es darum geht, den Stoff »wiederzukäuen«, mit dem Lehrer ihre Schüler zuvor »gefüttert« haben. Je fähiger man also war, auswendig zu lernen, desto bessere Noten bekam man.

Was ich heute noch erstaunlich finde, ist, dass ich, die überangepasste junge Frau, den Mut zu solchen untypischen Verweigerungsaktionen hatte. Vor allem auch, weil Lehrer damals noch viel stärker als heute als Autoritätspersonen galten. Aber offenbar war mein stiller Protest die einzige Möglichkeit, zu zeigen, wie unglücklich mich diese Form des Lernens machte.

Meine Eltern taten sicher ihr Bestes, um mich auf den »richtigen Weg« zu bringen. Sie gaben ja auch nur weiter, was sie selber gelernt hatten. Nach meinem »Rauswurf« aber hatten sie keine Ahnung, was sie mit ihrer Jüngsten anfangen sollten. Sie erwogen ernsthaft, mich in ein katholisches Internat zu stecken, das einer Klosterschule angeschlossen war. Was sie dann aber glücklicherweise unterließen. Denn dort hätte ich sicher alles gelernt außer dem, was ich hätte lernen sollen. Stattdessen besuchte ich während eines Jahres eine Privatschule, um danach nach bestandener Aufnahmeprüfung das Kindergarten-/Lehrerseminar zu besuchen.

Aber wie es so schön heißt: Ende gut, alles gut. Irgendwann in meinem Leben konnte ich meinen eigenen Interessen folgen, und so erwachte auch meine Lust, zu lernen. Diese Berufung fand ich jedoch nicht im Unterrichten von Kindern, obwohl ich wie bereits erwähnt zwei Jahre als Kindergärtnerin arbeitete. Was mit meiner schulischen Vergangenheit allerdings etwas schräg war. Doch da ich Kinder mochte und sie mich auch, war ich sicher keine schlechte Lehrerin, auch wenn ich nicht immer dem vorgeschriebenen Unterrichtsplan folgte, sondern mehr Wert auf spielerische Entfaltung, allerlei Abenteuer und liebevollen Umgang legte. Manchmal, wenn eine Mutter ihr Kind nach dem Kindergarten abholte, fragte sie mit leisem Vorwurf in der Stimme, warum ich mit den Kindern so oft tanzen und singen und ihnen Geschichten vorlesen würde, statt Bastel- oder Werkarbeiten herzustellen oder auch mal erste Schreibübungen zu machen. »Der richtige Schulalltag kommt noch früh genug. Für mich ist es wichtiger, dass die Kinder spielerisch lernen und ihre Fantasie und ihr Vorstellungsvermögen gefördert werden«, antwortete ich dann jeweils. Und im Geheimen fügte ich an: »Seien Sie doch froh, dass Ihr Kind nicht laufend selbst gemachte Dinge nach Hause bringt, die Sie dann heimlich verschwinden lassen müssen.«

Das war sicher nicht die Antwort, die manche Mütter hören wollten, selbst wenn der Leistungsdruck in unserem Schulsystem noch nicht so ausgeprägt war, wie er heute ist. Aber auch damals wollten viele Eltern schon im Kindergarten am liebsten handfeste Ergebnisse sehen, die beweisen sollten, dass sich ihr Nachwuchs später einmal zu einem Sprach- oder Mathematikgenie entwickeln würde. Ganz besonders amüsierte mich, wenn die Kids ihren Eltern, die sie nach dem Unterricht abholten, eine Zeichnung unter die Nase hielten oder, genauer gesagt, ein Gekritzel. Nicht selten fragten mich dann die Mama oder der Papi ernsthaft, ob ich nicht auch finde, dass der Junior über ein ausgesprochen künstlerisches Talent verfüge. Meine Antwort war stets die gleiche: »Das kann durchaus sein, aber warten wir einmal ab. Interessen verändern sich in diesem Alter schnell.«

Was meinen heutigen »Themenmix« betrifft, so ist er größer und breiter denn je. Es stört mich auch nicht, dass sich manch eine oder einer wundert, dass meine Leidenschaften von ungeklärten Verbrechen über Fernsehsendungen, in denen zukünftige Bräute ihr Hochzeitskleid suchen, bis hin zur Frage gehen, wie man ein Käsesoufflé zubereitet, ohne dass es am Schluss in sich zusammenfällt. Eine weitere neue Entwicklung, die ich in den letzten Jahren an mir festgestellt habe, ist, dass ich Vergnügen daran habe, hin und wieder mein Umfeld zu provozieren. Und dies mache ich nicht mehr wie früher mit einem stillen Protest, sondern am liebsten verbal. Mein Mann muss meine spitze Zunge manchmal mehr oder weniger liebevoll stoppen, wenn ich zu direkt werde. Natürlich hat er recht, wenn er sagt, dass nicht jeder meinen trockenen Humor verstehe, aber insgeheim weiß ich, dass es ihm durchaus gefällt, wenn ich bei Gelegenheit meinen schützenden Krebspanzer verlasse, beispielsweise wenn sich der sinnentleerte Small Talk an einer Party oder sonst einer Veranstaltung in die Länge zieht. Ich bin jedenfalls froh, dass ich solche »Cüpli-Anlässe« nicht mehr so häufig wie früher aus beruflichen Gründen besuchen muss.

Allerdings mache ich mich nie auf Kosten von Menschen lustig, bei denen ich das Gefühl habe, ich könnte sie verletzen. Doch wenn mein Gegenüber unter galoppierendem Größenwahn leidet und im Gespräch nur von seinen Heldentaten erzählt, kann ich mir eine bissige oder ironische Bemerkung nicht verkneifen. Oft nimmt er diese, im Gegensatz zu den anderen in der Runde, nicht einmal wahr, weil er viel zu sehr damit beschäftigt ist, sich zu beweihräuchern.

Dass ich auch über ein gewisses Maß an komödiantischem Talent verfüge und ein gutes Timing für Pointen habe, ist ein Kompliment, das ich nach Auftritten und Lesungen immer wieder einmal höre. Mich freut das umso mehr, als mich meine alten Ängste immer noch begleiten. Und ich insgeheim befürchte, dass mich während der Zeit auf der Bühne einmal eine Panikattacke überrollen könnte. Inzwischen bin ich allerdings so weit, dass ich mir vorher einrede: »Wenn das passieren würde, könnte ich meinem Publikum live demonstrieren, wie sich eine solche Attacke präsentiert und wie ich mich dabei fühle. Und mein schauspielerisches Talent würde aus dem Ganzen auch kein Trauerspiel machen, sondern vielleicht sogar mehr Verständnis für Menschen mit Angstkrankheiten wecken.«

Wenn ich es mir genau überlege, habe ich mich auch schon früher auf diese etwas seltsame Weise aus manch schwieriger Situation gerettet. Während eines Studienaufenthaltes in Oxford zum Beispiel spürte ich bei einer Gruppenarbeit, dass eine Panikattacke im Anzug war. Und dies kurz bevor ich einen Vortrag auf Englisch über meine beruflichen Wünsche halten musste. Ich merkte, wie ich zu schwitzen begann und wie mir die Angst den Atem zu rauben drohte. Bevor es mit dem altbekannten und verhassten Zittern begann, hörte ich eine Stimme in mir, die sagte: »Sag einfach, dass du Schauspielerin werden möchtest, und dann spielst du eine Frau in Todesangst, die von einem Verbrecher verfolgt wird.« Gedacht, getan.

Ich muss eine ziemlich realistische Vorstellung gegeben haben, denn meine Kolleginnen und Kollegen applaudierten wie wild. Und ich war unglaublich froh, dass ich meine Panik auf diese Weise überspielen konnte. Und ich lernte noch etwas anderes dabei: dass ich nicht nur fähig war, Angst darzustellen, sondern im Gegenteil auch, so zu tun, als wäre ich cool und selbstbewusst, obwohl ich mich nicht so fühlte. Das nennt man wohl Schwächen in Stärken verwandeln.

Heute bin ich froh, dass ich es nicht mehr nötig habe, etwas vorzuspielen. Nicht nur in meinen Büchern, auch bei einem Bühnenauftritt versuche ich, möglichst authentisch zu sein. Und diese Fähigkeit sehe ich als einen meiner wichtigsten Entwicklungsschritte an. Dass ich das geschafft habe und nicht mehr so stark wie früher davon abhängig bin, was andere über mich denken, war ein schmerzhafter Prozess für eine Frau, deren oberstes Ziel war, anderen zu gefallen und sie glücklich zu machen. Die Erkenntnis, die ich daraus gezogen habe, ist simpel: Entweder es passt – oder eben nicht. Dies betrifft nicht nur mein Privat-, sondern auch mein Berufsleben.

Wenn ich mir früher etwas sehnlichst wünschte, konnte mich nichts davon abhalten, dieses Ziel zu erreichen. Oder, besser gesagt, es zu erzwingen. Dies, obwohl mir mein Bauchgefühl schon damals sagte, dass das Ganze nicht gut enden würde. Und so war es auch. Ja, ich schaffte es, Männer, die ich unbedingt wollte, zu erobern und mit ihnen eine Beziehung einzugehen. Ich arbeitete, wenn es sein musste, Tag und Nacht, weil ich das wichtige Projekt einfach unbedingt auf die Schiene bringen musste. Ja, es klappte. Aber wurde ich mit dem Erreichten wirklich glücklich?

Nein. Alles, was ich in meinem Leben erzwang, ging nicht gut aus. Heute versuche ich, die Zeichen und Wahrnehmungen ernst zu nehmen, die mir sagen wollen, ob ich auf dem richtigen Weg bin. Und wenn ich wiederholt merke, dass es einfach nicht richtig läuft oder trotz allen Bemühungen nicht klappen will, frage ich mich: »Was hat das zu bedeuten?« Mancher Spitzensportler würde jetzt argumentieren, dass man bis zum Letzten kämpfen muss, um sein angestrebtes Ziel zu erreichen. Das stimmt sicher, weil sie für etwas kämpfen, das sie lieben und wofür sich der Kampf lohnt. Aber: Lohnt es sich, für eine Beziehung zu kämpfen, bei der man schon am Anfang spürt, dass irgendetwas nicht stimmt? Und sich vielleicht monate- oder jahrelang einzureden, dass es irgendwann gut kommen und der Partner sich ändern wird? Oder dass er seinen schönen Worten und Versprechungen endlich Taten folgen lässt? Verantwortung übernimmt? Erwachsen wird?

In jüngeren Jahren war ich Weltmeisterin darin, meinen jeweiligen Liebsten gedanklich so hinzubiegen, dass es für mich stimmte. Und je stärker die Gefühle meinerseits waren, desto mehr war ich auch bereit, gewisse Dinge und Handlungen zu akzeptieren. Ich wartete auf einen vereinbarten Telefonanruf, der nicht kam – oh, es war sicher etwas sehr Wichtiges dazwischengekommen: Er musste seine Mutter zum Arzt fahren, weil sie eine Herzattacke erlitten hatte. Oder seine Cousine im fernen Lappland hatte überraschend ein Kind geboren, und er musste ihr unbedingt telefonisch gratulieren. Aber dummerweise war die Leitung immer belegt. Oder sein bester Freund hatte schweren Liebeskummer, eine Alkoholvergiftung oder eine lebensbedrohliche Erdnussallergie. Keine Ausrede, die ich mir selbst ausdachte, um sein Verhalten zu entschuldigen und gleichzeitig meinen Seelenfrieden zu erhalten, war abstrus genug. Irgendwann aber kapierte ich, dass ein Mann, der in dich verliebt ist und der dich wirklich sehen will, alle Hebel in Bewegung setzt, damit es klappt. Ich weiß, es ist hart, wenn man sich eingestehen muss, dass man mehr liebt als der andere. Oder dass man sich gewisse Dinge einfach vorgemacht oder in den anderen hineininterpretiert hat, weil es in der Fantasie so schön gepasst hat.

Zu meinem jüngeren Selbst würde ich darum sagen: »Wenn eine Beziehung unter dem Strich mehr Leiden als Freuden mit sich bringt, dann sollten wir uns eingestehen, dass es das nicht wert ist.« Oder wie die unvergessliche Josephine Baker sagte: »Unsere Träume können wir erst dann verwirklichen, wenn wir uns entschließen, einmal daraus zu erwachen.«

»Meine Intuition ist mein Lebenskompass«

CAROLE NICOLAS, 59

Die gebürtige Walliserin hat mit Leidenschaft, Können und Risikobereitschaft manchen beruflichen Wunsch erfolgreich umsetzen können. So hat sie vor siebzehn Jahren gemeinsam mit ihrer besten Freundin Carine das LABO Spa in Zürich gegründet. Heute lebt die Pionierin im Gesundheits- und Schönheitsbereich zusammen mit ihrer Frau ein »erfülltes Leben«, ist aber gleichzeitig »noch immer neugierig und offen für alles, was noch kommen wird«.

Nach dem ersten Treffen mit Carole war ich unsicher, ob sie mir eine Zusage für dieses Buchprojekt geben würde. Ihr Zögern war für mich eher ungewöhnlich, denn meistens freuten sich »meine« Frauen zu diesem Zeitpunkt bereits auf unser gemeinsames Projekt. Ich führte Caroles Zurückhaltung nicht auf einen Mangel an Interesse zurück, denn wir hatten auf Anhieb eine gemeinsame Gesprächsgrundlage gefunden. Auch das Älterwerden mit all seinen Facetten fand die 59-jährige Unternehmerin, die in Zürich das LABO Spa betreibt, spannend. Also vermutete ich, dass Carole nicht zu den Menschen gehört, die besonders gern im Mittelpunkt stehen. Ich jedenfalls mochte die attraktive und gepflegte Brünette auf Anhieb, ihre etwas distanzierte Haltung konnte ihre warme Ausstrahlung nicht verbergen. Dass wir uns gegenseitig von einer gemeinsamen Freundin empfohlen wurden, half sicher auch, dass sie sich nach einem weiteren Treffen doch noch bereit erklärte, Teil dieses Buchs zu werden. Ihre Zusage freute mich. Denn was mir Carole bereits bei unserem ersten Treffen über ihre verschiedenen Lebensstationen erzählt hatte, tönte sehr spannend.

Je besser wir uns selbst über die Jahre kennen lernen, desto realistischer können wir unsere Fähigkeiten und unsere Energien einschätzen. Meistens lassen sich die persönliche und die berufliche Entwicklung nicht trennen, denn die eine steht im direkten Zusammenhang mit der anderen. Carole ist ein gutes Beispiel dafür, wenn es darum geht, die Wechselwirkungen zwischen ihrem erfolgreichen beruflichen Engagement und ihrem privaten Lebensweg aufzuzeigen. Denn der Weg der gebürtigen Walliserin verlief in jeder Hinsicht überraschend und unkonventionell.

»Unabhängig zu sein, war für mich schon früh unglaublich wichtig«, erzählt mir Carole, die nach dem Tod der Mutter bei ihrer Geburt bei deren Schwester streng katholisch aufwuchs. Eine von Caroles Leidenschaften war der Sport: Sie war nicht nur eine begabte Volleyballerin, sondern arbeitete im Winter bereits als Dreizehnjährige als Skilehrerin. »Das machte mir nicht nur Spaß, sondern ich hatte so auch die Möglichkeit, Geld zu verdienen, das mir nach meinem Auszug von zu Hause bei meiner erstrebten Selbständigkeit helfen würde.« Caroles rebellische Ader zeigte sich auch darin, dass sie sich Jahre später dem Wunsch ihres Vaters, dass sie studieren sollte, widersetzte. »Eigentlich wollte ich ihn damit strafen, aber am Ende strafte ich mich selbst. Denn auf meinen späteren beruflichen Wegen hätte mir ein Studium geholfen.«

Mit 19 lebte die junge Carole mit ihrem damaligen Freund zusammen, den sie mit 21 heiratete. Allerdings hielt die Beziehung nicht, und »mit 24 war ich bereits wieder geschieden«, erzählt sie mir. So entschlossen sie ihre privaten Angelegenheiten ordnete, so zügig ging es für sie auch beruflich weiter. Nach ihrem Wegzug aus dem Wallis und ihrem Abschluss an einer Handelsschule begann Carole als Assistentin des Geschäftsführers einer Computerfirma zu arbeiten. »Da ich über ein gutes technisches Verständnis verfügte, schaffte ich es, mir das Wissensgebiet Schritt für Schritt selbst beizubringen.« Das machte sie offenbar so erfolgreich, dass sie etwas später in einer anderen Firma, die auf Computersysteme bei großen Unternehmen spezialisiert war, das Headhunting aufbaute. »Zwei Dinge halfen mir dabei: Ich hatte bereits einen Einblick in die Informatik bekommen und, was noch wichtiger war, ein gutes Gespür dafür, ob sich zukünftige Mitarbeiter gut in die Firma einfügen würden.« Diese intuitive Fähigkeit würde ihr auf ihrem weiteren Lebensweg nicht nur beruflich, sondern auch privat immer wieder gute Dienste leisten. »Zu diesem Zeitpunkt gab es in der Schweiz noch praktisch keine ausgebildeten Fachleute für diese Jobs, darum rekrutierte ich Personal vor allem aus England und Frankreich«, erinnert sich Carole. Diese bereits früh gemachten Erfahrungen im Bereich des Headhunting würden ihr bis heute helfen, etwa wenn es darum gehe, für ihr eigenes Geschäft die richtigen Mitarbeiterinnen zu finden.

Drei Jahre lang arbeitete Carole im Bereich der Informatik-Personalvermittlung, bevor ihr Lebensweg eine überraschende Wendung nahm. »Durch meinen Cousin, der für die Fluggesellschaft Air Mauritius in der Schweiz zuständig war, lernte ich Mauritius, diese wunderschöne Insel, kennen. Mir fiel auf, dass Mauritius weltweit das Land mit den meisten Todesfällen infolge Herz-Kreislauf-Erkrankungen war. Zur gleichen Zeit war ich Teil einer Arbeitsgruppe an der Sportfakultät der Universität Lausanne, die mithilfe von Jean-Pierre Egger, dem Trainer von Werner Günthör, Olympiasieger im Kugelstoßen, dessen Methode für jedermann zugänglich machen wollte.« Carole beschloss daraufhin, diese besondere Methode, inklusive deren Mitarbeiter, nach Mauritius zu »exportieren«. »Zum damaligen Zeitpunkt gab es dort keinerlei Aufklärungskampagnen, Fitnessstudios oder Physiotherapien, die dem Umstand der so häufigen Herz-Kreislauf-Erkrankungen hätten entgegenwirken können«, erklärt sie den damaligen Stand der Dinge.

Für Carole, die damals noch keine dreißig Jahre alt war, bedeutete diese Situation »eine echte Herausforderung«. Durch die Vermittlung ihres Cousins hatte sie die Möglichkeit, ihre erarbeiteten Ernährungs- und Sportkonzepte bei verschiedenen Ministern des Inselstaates im Indischen Ozean vorzustellen. Sie stieß auf offene Ohren, und auch die finanzielle Unterstützung war kein Problem. Für Carole war es selbstverständlich, dass sie ihre Ideen nur vor Ort umsetzen konnte. Und wenig später wurde der Umzug in die Ferne Realität. »Auch wenn ich von meinen Plänen überzeugt war, dieser Schritt bedeutete für mich doch volles Risiko, denn ich ließ alles Bekannte und Vertraute zurück, um auf unbekanntem Terrain eine neue Aufgabe zu übernehmen.« Doch ihr Pioniergeist war stärker als ihre Befürchtungen.

Das neue Leben beinhaltete auch, dass sie allein in einem alten Haus im Kolonialstil mitten auf der Insel lebte und von dort aus die Infrastruktur für den geplanten Gesundheits- und Sportklub aufbaute, der 1993 auch eröffnet wurde. Doch die Freude über die Erreichung ihres Ziels währte nur kurz. Sechs Monate nach der Eröffnung fegte der bis zu diesem Zeitpunkt zweitstärkste Zyklon in der Geschichte des Landes über Mauritius und hinterließ eine Flut der Zerstörung. Carole, die noch nie in ihrem Leben solche Naturgewalten erlebt hatte, musste nicht nur psychisch mit dem Erlebten einen Umgang finden, sondern auch mit ihrem neuen Lebensumfeld. »An ein Weiterarbeiten war nicht zu denken, denn es gab von einem Tag auf den anderen weder Strom noch Telefon.« Bei allem Verständnis für die Situation der Bewohner, von denen viele vor existenziellen Problemen standen, machte es für sie keinen Sinn, weitere Wochen zu warten, bis sich das Leben wieder normalisieren würde. Doch wieder hatte sie Glück und konnte sich auf die Minister verlassen, die ihr geholfen hatten, alle Papiere für die Einrichtung ihres Projekts zu besorgen. Nun halfen sie ihr, so schnell wie möglich wieder mit Strom und Telefon zu arbeiten.

Ihr ganzer Stolz war, dass sie die Möglichkeit hatte, die verschiedenen Kulturen, die auf der Insel lebten, zusammenzubringen. »Bis jetzt hatten die einzelnen Ethnien, Weiße, Chinesen, Kreolen und

Inder, ihre eigenen Klubs. Bei mir trainierten alle das erste Mal unter einem Dach.« Rund vier Jahre blieb Carole auf Mauritius. Während dieser Zeit reiste sie immer wieder mal in die Schweiz, ihre Freunde und Verwandten besuchten sie aber auch auf der Insel. »Ich führte auf Mauritius ein sehr soziales Leben«, sagt sie rückblickend, »ganz anders, als ich es von der Schweiz gewohnt war. Doch so sehr ich den unbeschwerten Alltag und meine Unabhängigkeit genoss, spürte ich mit der Zeit auch, dass aus mir keine wirkliche Insulanerin werden würde.« Für die Menschen, die dort lebten, habe es nur das Leben auf der Insel gegeben. »Und dieser Horizont war mir zu eng.«

Nicht nur ihren beruflichen Werdegang könnte man als unkonventionell bezeichnen, auch ihr damaliges Liebesleben war nicht gerade nullachtfünfzehn. Rund zehn Jahren lebte Carole in einer Fernbeziehung mit ihrem damaligen Partner, vier weitere Jahre lebte das Paar zusammen. »Für mich war er die große Liebe, auch wenn es eine komplizierte Geschichte war.« Als sie von ihrem Inselabenteuer in die Schweiz zurückkehrte, musste sie sich nicht nur einen neuen beruflichen Alltag aufbauen, sondern auch »einen großen Seelenschmerz« verarbeiten: Ihr Geliebter verließ sie. Obwohl Carole diese Zeit als »äußert schwierig« bezeichnet, spricht sie nicht abfällig über ihren Ex: »Er war für mich und meine Entwicklung ein sehr wichtiger Mensch.«

Auch wenn diese Trennung verarbeitet werden musste, bedeutete dies keinen Stillstand in Caroles beruflicher Karriere. In ihrem nächsten Job konnte sie ihre Leidenschaft für alles, was mit Sport zu tun hatte, ihre »Menschenliebe«, wie sie es nennt, und ihre Fähigkeiten als gute Planerin und Kommunikatorin verbinden. Für die damalige International Snowboarding Federation war Carole als Koordinatorin für die europäischen Weltcuprennen verantwortlich. Bei aller Begeisterung für ihren neuen Job galt es auch hier, gewisse Hürden zu nehmen. »Ich führte als junge Frau vor allem männliche Mitarbeiter«, schildert sie die Situation. Ich bin überzeugt, dass sie mit der Mischung aus Kompetenz, Charme und ihrer gradlinigen Art auch diese Aufgabe gut meisterte.

Drei Jahre später, im Jahr 1999, nahm sie ihre nächste Herausforderung als Head of Sponsoring bei Bluewin an. »Die Aufbruchsstimmung rund um das Internet war für mich eine geniale Zeit. Das neue technologische Zeitalter war so richtig im Kommen, und ich war ein Teil der ganzen Entwicklung«, schwärmt sie. »Dass wir die finanziellen Mittel zur Verfügung hatten, um unsere Ideen und Vorstellungen umzusetzen, war schon eine einmalige Sache. Heute geht es in der Arbeitswelt weniger um Ideen und Innovationen, sondern in den meisten Fällen nur noch um Profit.« Spürt sie diesen Druck heute auch als Unternehmerin? »Sagen wir es so: Als Chefin meiner Firma habe ich glücklicherweise die Möglichkeit, Einfluss auf jene Dinge zu nehmen, die mir wichtig sind.«

Womit wir bei Caroles bisher letzten beruflichen Station angekommen sind, dem ersten Day-Spa in Zürich, das sie vor siebzehn Jahren gemeinsam mit ihrer besten Freundin, Carine Langenskiöld, eröffnete. »Wir wollten eine Dienstleistung anbieten, die unsere eigenen Ansprüche erfüllt. Als Wellness-Freaks haben wir viele Spas auf der ganzen Welt besucht und das Beste von jedem ausgesucht und für die Bedürfnisse unserer Gäste umgesetzt«, schildert sie mir das erfolgreiche Geschäftsmodell. So wurde das LABO Spa 2017 von der »Handelszeitung« zum besten Day-Spa der Deutschschweiz gewählt. Die erfolgreiche Zusammenarbeit der befreundeten Geschäftspartnerinnen dauerte rund fünfzehn Jahre. Seit sich Carine vor zwei Jahren entschlossen hat, aus dem gemeinsamen Geschäft auszutreten, führt Carole es in Eigenregie.

Natürlich steckte auch hinter dieser Gründung wieder ein gewisser Pioniergeist. Carine lebte damals noch mit ihrem Mann und drei Kindern in den USA und erlebte dort hautnah den Boom dieser neuen Wellness-Bewegung mit. Aber auch Carole hatte auf vielen ihrer Reisen ins Ausland Ideen für eine selbst konzipierte Wellness-Oase mitten in der City gesammelt. Die beiden Freundinnen schworen sich, nach der Rückkehr von Carine und ihrer Familie in die Schweiz ihren Traum in die Realität umzusetzen. 2005 war es so weit, und das neue berufliche Kapitel begann.

So vielfältig Caroles berufliche Wege waren, es gab immer einen wichtigen Aspekt, von dem sie sich leiten ließ: »Bei allem Mut zum Risiko – am Ende war und ist es meine Intuition, der ich so viel zu verdanken habe. Sie ist quasi mein Lebenskompass.« Durch dieses Bauchgefühl, auf das sie mit dem Älterwerden auch immer stärker vertraue, habe sich eine innere Gewissheit entwickelt, die ihr auch in schwierigen Zeiten die nötige Geduld und Akzeptanz gegeben habe, dass alles, wie es ist, seinen Sinn habe. »Immer, wenn die Zeit wieder reif war, bin ich an die richtigen Menschen, zu neuen Chancen oder Herausforderungen geführt worden.« Dieses Urvertrauen empfinde sie als »großes Geschenk«, denn es mache es ihr möglich, ein »gutes und dankbares Leben« zu führen.

Wobei wir bei dem Thema sind, bei dem ich bereits zu Beginn unseres Kennenlernens gespürt hatte, dass bei meinem Gegenüber nicht allzu viel Redebedarf bestand. Doch dies scheint sich im Verlauf unserer Gespräche verändert zu haben, und Carole erzählt nun ungezwungener und selbstverständlicher über Privates. So lebt sie heute mit einer Frau zusammen, »meine Frau«, wie sie ihre Lebenspartnerin nennt, die inzwischen im Geschäft mitarbeitet. »Obwohl mich mein persönliches Umfeld davor gewarnt hat, Beruf und Privatleben zu verbinden, bin ich einmal mehr meinem Bauchgefühl gefolgt – und es funktioniert.«

Was Fremde über sie sagen, sei ihr immer schon egal gewesen, sagt Carole selbstbewusst. Auch als sie sich 2006 geoutet habe, war dies für sie »ein ganz natürlicher Prozess«. »Frauen sind und waren immer wichtig für mich. Egal, ob als Freundin, Vertraute, Geschäftspartnerin oder eben auch als Liebste.« Sie habe nie das Bedürfnis verspürt, sich anderen erklären zu müssen. Hier habe sicher ihr steter Wunsch nach Unabhängigkeit eine wichtige Rolle gespielt. »Ich würde jeder jungen Frau raten, ihr Leben mit Leidenschaft zu leben, auch wenn es nicht in klassisch konventionellen Bahnen verlaufen sollte.«

Nächstes Jahr wird Carole sechzig. Macht sie sich Gedanken über ihre Zukunft und gesundheitliche Themen? »Heute bin ich topfit«, erklärt sie stolz. »Früher war dieser Zustand für mich selbstverständlich. Aber mit der Zeit spürte ich, dass er nicht anhält, wenn ich nichts dafür tue.« Darum mache sie einmal pro Woche Krafttraining mit einem Personaltrainer, bewege sich viel, wandere und fahre Velo. »Seit ich vor sieben Jahren mit dem Krafttraining begonnen habe, sind meine Rückenschmerzen, an denen ich fast mein ganzes Erwachsenenleben gelitten habe, verschwunden.« Gutgetan habe es ihr auch, dass sie im Alltag nicht mehr auf High Heels unterwegs sei, sondern lieber in stylische Sportschuhe schlüpfe. Wenn wir gerade bei modischen Themen sind: Wie würde Carole ihren Kleidungsstil beschreiben? »Ich liebe figurbetonte Schnitte, die trotzdem bequem sind«, erklärt sie ihren Look. Und hat sich dieser mit dem Älterwerden verändert? »Nein«, meint sie, »ich bleibe meinem Stil treu. Ständig wechselnde Trends interessieren mich nicht. Ich mag schon gern Farben, aber eigentlich trage ich noch lieber Schwarz.« Carole shoppt saisonal in ihren beiden Lieblingsläden und gern auch mal im Ausland.

Dass die Brünette über eine sehr schöne Haut verfügt, ist offensichtlich. Wie steht sie zum Thema Botox oder Hyaluron-Unterspritzungen, oder gar zu invasiven Beautyeingriffen? Carole schüttelt energisch den Kopf. »Für mich kommen solche Methoden nicht infrage.« Im Gegenteil: »Ich finde es schade, dass immer mehr junge Frauen ihr Aussehen auf diese Weise verändern. Meiner Meinung nach geht so die eigene Persönlichkeit und der individuelle Charme verloren«, sagt sie dezidiert. Sie setze auf »eine regelmäßige Hautreinigung und auf gute Pflegeprodukte«. Und einmal monatlich gönne sie sich »ein gutes Facial«, eine Gesichtsbehandlung.

Und wie steht es mit regelmäßigen Massagen? Diesbezüglich ist Carole ja an der Quelle. »Manchmal habe ich fast vergessen, dass ich nur eine Treppe runtergehen müsste, und ich könnte mich in meinem eigenen Spa massieren lassen«, sagt sie lachend. »Aber da es mir so guttut, schaue ich jetzt, dass ich das alle vierzehn Tage mache.«

Immer in Bewegung zu sein, egal, ob körperlich oder mental, ist für Carole, vor allem auch mit zunehmendem Alter, essenziell: »Ohne Aktivität bin ich tot«, meint sie mit ihrem charmanten französischen Akzent. »Wenn ich heute auf mein bisheriges Leben zurückschaue, dann kommen mir unzählige schöne Erlebnisse, Erfahrungen und Geschichten in den Sinn«, sagt sie zum Abschluss unseres Gesprächs. Ich bin mir sicher, dass noch sehr viele neue dazukommen werden.

Die Zürcher Gynäkologin Ivrea Florio plädiert für einen offeneren Umgang mit dem Tabuthema Wechseljahre und beantwortet die häufigsten Fragen dazu.

© privat

»Wechseljahre bedeuten nicht Abschied von der Weiblichkeit«

Sie dauern rund sieben Jahre und haben einen denkbar schlechten Ruf – die Wechseljahre. Durch die hormonelle Umstellung, die oft mit körperlichen und psychischen Beschwerden einhergeht, fühlen sich viele Frauen verunsichert und überfordert. Statt sich ärztlichen Rat zu holen, leiden sie still vor sich hin. »Wechseljahre müssen nicht stressvoll sein«, sagt die Gynäkologin Ivrea Florio. »Mit sachlicher Information und fachlicher Unterstützung kann diese Zeit auch ein Aufbruch in einen neuen und positiven Lebensabschnitt sein.«

Warum fällt es immer noch so vielen Frauen schwer, offen über ihre Beschwerden in den Wechseljahren zu reden?
Das hat verschiedene Gründe. Die Menopause ist immer noch negativ besetzt, weil sie neben körperlichen und psychischen Beschwerden auch gleichzeitig für das Altern und den Verlust von Attraktivität steht. Stellen sich dann die ersten Beschwerden ein, wird das Thema, das vielleicht bis zu diesem Zeitpunkt verdrängt wurde oder über das man höchstens mit Freundinnen gesprochen hat, plötzlich real. Gegen außen wollen dann viele Frauen keine Schwäche zeigen. Statt sich in einer Sitzung bei einer Hitzewallung eine (vermeintliche) Blöße zu geben, entschuldigen sie sich lieber, rennen aufs Klo und kühlen sich mit kaltem Wasser ab, bevor sie mit hochrotem Kopf an ihren Platz zurückkehren.

Ich erinnere mich, wie ich mich als junge Frau innerlich amüsierte, wenn ich erlebte, wie einer älteren Arbeitskollegin plötzlich der Schweiß über die Stirn lief, sie nach Luft japste und dies mit »Scheißwechseljahre« kommentierte. Frauen, die mit solchen Beschwerden zu kämpfen hatten, waren für mich damals, ehrlich gesagt, »uralt« und »jenseits von Gut und Böse«. Dass ich dies selbst einmal erleben könnte, daran habe ich nie gedacht.

Ja, so schnell geht die Zeit vorbei *(lacht)*. Nun ist es halt auch so, dass die Wechseljahre zu einem Zeitpunkt einsetzen, in dem viele Frauen auf einem Höhepunkt ihrer Schaffenskraft sind. Das war früher nicht so. Ab fünfzig gehörte man vom gesellschaftlichen Standpunkt aus als Frau zum alten Eisen. Heute ist die Situation eine andere: Durch einen gesünderen Lebensstil, bessere Ernährung, Sport, Pflege, aber auch durch eine mentale Offenheit, Neugierde und Lebenslust fühlen sich Frauen in diesem Alterssegment heute oftmals jünger, als sie es sind. Natürlich verändern wir uns in körperlicher Hinsicht in diesen Jahren. Das bedeutet jedoch nicht, dass wir uns mit den Wechseljahren von unserer Weiblichkeit verabschieden müssten.

Was passiert denn eigentlich während der Wechseljahre im Körper einer Frau?

Die Menopause dauert durchschnittlich sieben Jahre. Es gibt drei Phasen: Eine Frau zwischen der Geschlechtsreife bis etwa vierzig befindet sich in der Prämenopause. Danach folgt die Perimenopause, die Übergangsphase zur Menopause: Diese beginnt rund sechs Jahre vor der letzten Blutung. Zu Beginn haben viele Frauen einen unregelmäßigen Zyklus. Und in der zweiten Hälfte dieses Zyklus stellen sich Beschwerden wie Brustspannen und allgemeines Unwohlsein, vergleichbar mit dem Prämenstruellen Syndrom, PMS, ein. Grund dafür ist eine hormonelle Dysbalance mit hohen Östrogenwerten und tiefen Progesteronwerten. Danach folgen die späte Perimenopause, in der die Hormone Östrogen und Progesteron immer tiefer absinken, und letztlich die Menopause, die letzte Menstruation im Leben einer Frau.

Rund ein Drittel aller Frauen leiden während der Wechseljahre an starken Beschwerden, zwei Drittel nur unter moderaten oder gar keinen Beschwerden. Die Mehrheit der Frauen hat also keinen Leidensdruck, oder?
Wenn rund ein Drittel der Frauen geschätzte sieben Jahre lang unter einer eingeschränkten Lebensqualität leiden, sind das immer noch zu viele. Wenn die Wechseljahre zwischen 45 und 55 einsetzen – im europäischen Durchschnitt um die 51 bis 52 –, dann passiert das zu einer Zeit, in der sehr viele Frauen oft gleichzeitig familiär, beruflich und sozial extrem gefordert sind. Symptome wie Hitzewallungen, Reizbarkeit, Stimmungsschwankungen, Schlafstörungen, Haut- und Haarveränderungen, weniger Lust auf Sex, Inkontinenz, Brainfog und vor allem eine konstante Erschöpfung können dann sehr belastend sein.

Warum sind Frauen bezüglich Hormonabgaben immer noch verunsichert?
Allgemein erlebe ich meine Patientinnen in dieser Beziehung besser informiert als früher. Aber individuelle Gespräche sind natürlich immer noch nötig. Viele der Unsicherheiten und Ängste rund um die Hormontherapie, die durch die Ergebnisse der »Women's Health Initiative«-Studie aus den 1990er-Jahren verursacht wurden, konnten in den letzten Jahren durch neue Erkenntnisse glücklicherweise entkräftet werden. Hinter den ersten Ergebnissen verbarg sich ein gewaltiger Fehler im Design der Studie: Die meisten Probandinnen dieser US-Studie waren nicht in der Menopause, sondern deutlich älter, sprich über sechzig Jahre alt, sie litten teilweise unter schweren Vorerkrankungen und bekamen vorwiegend synthetische Hormone, die zum Teil aus Pferdeurin gewonnen wurden. Diese werden heute in der Schweiz nicht mehr verschrieben.

Bezüglich der verschiedenen Arten von Hormonen bestehen ebenfalls Unsicherheiten. Wenn Ihre Patientinnen möglichst »natürliche« Hormone möchten, was ist darunter zu verstehen?
Wenn ich heute von »natürlichen« Hormonen spreche, sind dies immer sogenannte bioidentische Hormone, welche die gleiche chemische Struktur haben wie die körpereigenen Hormone. Aber auch diese bioidentischen Hormone werden in pharmazeutischer Qualität im Labor hergestellt. Ihre Inhaltsstoffe sind standardisiert und kontrolliert. Wenn von »künstlichen« Hormonen gesprochen wird, dann sind synthetische Hormone gemeint, deren chemische Struktur verändert worden ist. Diese werden aber in der Schweiz seit gut fünfzehn Jahren für eine Hormontherapie nicht mehr verschrieben.

Welche natürlichen Mittel stehen zur Verfügung bei leichten oder moderaten Beschwerden?
Das ist von Frau zu Frau individuell. So wirken pflanzliche Präparate wie zum Beispiel Traubensilberkerze sehr gut, vor allem wenn eine Frau unter Hitzewallungen leidet. Der Nachteil dieser Behandlung ist, dass sie keinen Schutz für die Knochen, das Herz und das Gehirn bietet, wie dies bei bioidentischen Hormonen der Fall ist. Gute Erfahrungen habe ich auch mit Akupunktur gemacht. Vielleicht am wichtigsten finde ich die persönliche Selbstfürsorge, also dass Frauen in dieser Zeit besonders gut auf sich aufpassen und sich über Themen wie Stressabbau, Entspannungstechniken oder eine individuelle Ernährung informieren. Denn gerade in diesem Punkt braucht eine Frau vielleicht auch zusätzliche Mikronährstoffe, damit die körperlichen Abläufe besser funktionieren.

Eine Klage, die ich von Freundinnen immer wieder höre, ist, dass sie ab Ende vierzig ständig zunehmen, und dies, ohne mehr zu essen.
Tatsächlich ist die Gewichtszunahme eines der häufigsten Probleme in dieser Lebensphase. Grund dafür sind vor allem die Verlangsamung des Stoffwechsels sowie der Verlust an Muskelmasse. Ich

gehe davon aus, dass der Grundumsatz, den eine erwachsene Frau braucht, mit dem Alter um 400 Kalorien pro Tag abnimmt. Gleichzeitig nimmt bei vielen die Lust auf Bewegung ab, man wird bequemer und schätzt auch die kulinarischen Genüsse mehr. Zusätzlicher Stress, weil man sich übers Gewicht ärgert, kann dazu führen, dass der Cortisol-Spiegel zu hoch ist und dadurch den Stoffwechsel blockiert. Durch ein Neurostressprofil, das anhand eines Speichel- und Urintests erstellt werden kann, lässt sich feststellen, ob die Cortisol-Produktion in der Nebennierenrinde massiv erhöht ist.

Dann könnte also in diesem Fall auch eine entspanntere Haltung helfen, Gewicht zu verlieren?
Einen Versuch ist es durchaus wert. Ich empfehle dann alles, damit der Organismus wieder runterfahren kann: Spaziergänge im Wald statt joggen, Yoga, Pilates und verschiedene Entspannungstechniken statt High-Impact-Training im Fitnessstudio und statt einer strikten Diät eine sinnvolle Ernährungsumstellung.

Nach Abschluss der Menopause sind Frauen von gewissen Krankheiten stärker betroffen. Das weibliche Hormon Östrogen, das jetzt vom Körper weniger oder fast nicht mehr produziert wird, bot einen Schutz gegen Herz-Kreislauf-Erkrankungen. Was gilt es jetzt zu beachten?
Die weibliche Kardiologie ist unglaublich wichtig. Denn in der Schweiz versterben 29 Prozent der Frauen an einem Herzinfarkt oder an einer anderen Herz-Kreislauf-Erkrankung, aber nur 4 Prozent an Brustkrebs. Es ist darum sehr wichtig, dass Frauen informiert sind, dass sich ein Infarkt mit anderen Beschwerden als bei Männern äußern kann. Also nicht nur wie bei diesen mit starken Brustschmerzen, die in den linken Arm ausstrahlen, sondern auch mit anfänglich starker Müdigkeit, Erschöpfung, Kurzatmigkeit, Rücken- und Bauchschmerzen, Übelkeit und Erbrechen. Diese Symptome werden nicht nur von den Frauen selbst, sondern oft auch von Ärzten später erkannt und diagnostiziert. Darum überleben auch weniger

Frauen einen Herzinfarkt als Männer. Ich empfehle etwa ab fünfzig einen ausführlichen medizinischen Check-up. Die Menopause ist ein wichtiger Meilenstein im Leben jeder Frau, ihren Gesundheitszustand, ihre Lebensgewohnheiten, ihre Beschwerden und ihre Fähigkeiten zu überprüfen. Oft führt dies zu einer Fokussierung auf die eigene Gesundheit. Ziel sollte doch sein, bis ins hohe Alter ein möglichst unabhängiges und soziales Leben führen zu können, geistig und körperlich aktiv zu bleiben. Bestenfalls im eigenen Zuhause.

Wie erleben Sie die eigenen Wechseljahre, und was tun Sie für Ihr Wohlbefinden?

Auch ich habe in diesen Jahren ähnliche Erfahrungen wie meine Patientinnen gemacht. Ich hatte Hitzewallungen, Schlafstörungen, habe gewichtsmäßig zugelegt und musste persönlich einschneidende Erlebnisse verarbeiten. Irgendwann habe ich gelernt, mehr loszulassen und die Dinge anzunehmen, die ich nicht ändern kann. Das betraf auch meinen Hang zum Perfektionismus. Heute führe ich keinen Kampf mehr gegen mich selbst. Ich bin gelassener geworden, werte und gewichte anders. Ich bin dankbar für dieses erfüllte und privilegierte Leben, das ich führen darf, genieße mehr als früher und richte meinen Blick mehr auf das Gute als auf allfällige Probleme.

»Ich will immer wieder Neues erleben«

MAIKE KIESSLING, 57
Sie ist CEO eines internationalen Beauty-Konzerns in der Schweiz. Die Mutter zweier erwachsener Töchter ist geschieden und hat sich mit Anfang fünfzig noch einmal neu verliebt und neue Prioritäten gesetzt. Heute pendelt Maike zwischen Zürich und Paris und träumt davon, viel Zeit auf der griechischen Insel Paros zu verbringen.

Es ist ein kühler Abend, als ich etwas durchfroren vor Maikes Haustür stehe. Für Anfang März war es am Nachmittag ungewöhnlich sonnig und warm gewesen, und vor lauter Vorfreude darüber, dass der Frühling offenbar den Durchbruch geschafft hatte, hatte ich meine warme Jacke zu Hause gelassen. Nach einer herzlichen Begrüßung dauert es nicht lange, bis sich meine Körpertemperatur wieder normalisiert hatte. Dazu tragen auch die vielen Kerzen bei, die Maikes Wohnzimmer in ein warmes Licht tauchen. Nachdem ich an einem langen Holztisch Platz genommen habe, sind wir rasch in ein Gespräch vertieft. Ich hatte Maike Kiessling für ein Porträt ausgewählt, weil ich sie bei verschiedenen beruflichen Treffen nicht nur als sehr kompetent erlebte, sondern auch, weil mir ihre lebhafte und unkomplizierte Ausstrahlung in guter Erinnerung geblieben war. Als humorvolle Erzählerin gibt mir die 57-Jährige an diesem Abend einen Einblick in ihr spannendes Leben.

Die geschiedene Mutter zweier erwachsener Töchter lebt seit einigen Jahren in einer Beziehung mit ihrem französischen Partner, den sie während eines beruflichen Aufenthaltes in Paris kennen lernte. Wenn Maike von Eric spricht, strahlt sie so viel Liebe und Begeisterung aus, dass ich für einen Moment das Gefühl habe, ich sitze einer sehr jungen Frau gegenüber, die von ihrer ersten großen Liebe schwärmt. »Die erste ist es nicht, aber sicher eine sehr große«, lacht Maike. Aber wie bei den meisten außergewöhnlichen Liebesgeschichten gab es auch in dieser Beziehung einige Hürden zu überwinden bis zum vorläufigen Happy End. Vielleicht noch einige mehr als üblich, denn wer sich im reifen Alter verliebt, ist sicher dankbar für die Chance, ein neues Glück erleben zu dürfen. »Dass ich über fünfzig war, als ich Eric traf, zeigt doch, dass die wahre Liebe einen zu jedem Zeitpunkt verzaubern kann«, sagt Maike. Doch in diesem Alter haben sich die meisten Menschen ja auch ein durchaus gutes und angenehmes Leben aufgebaut, das zu verändern immer auch gewisse Risiken birgt.

Während unseres Gesprächs ist Eric gerade auf einem mehrwöchigen Segeltörn mit Freunden. Vermisst sie ihn? »Natürlich«, sagt Maike lächelnd, »aber mein Partner soll seine Freiheiten genießen. Ich freue mich dann wieder auf die Zeit, die wir zusammen verbringen können.« Diese Einstellung kann nur eine reife Frau haben, die aus eigener Erfahrung weiß, dass auch in einer Liebesbeziehung jeder seinen Freiraum braucht.

Über Maikes Leben ließe sich ein Roman schreiben, denke ich an diesem Abend immer mal wieder. Denn neben vielen beruflichen und privaten Höhepunkten, von denen ich erfahre, zeigt sich auch, dass Maikes heutiges Glück seinen Preis hatte. Ja, es klingt durchaus glamourös, wenn sie schildert, wie sie »ein halbes Leben lang auf Reisen« war. Es wird aber auch klar, dass anderes dahinter zurückstehen musste. Vieles, was Maike erzählt, erinnert mich an den typischen »American way«, diese Lebenseinstellung, die Optimismus, Arbeitsethos und Individualität mit persönlichen Idealen und einer pragmatischen Weltsicht verbindet. Frei nach dem Motto: »Zu träumen ist schön, aber es liegt in meinen Händen, meine Ziele zu erreichen.«

Aufgewachsen ist Maike als »Mittelkind«, wie sie es nennt, mit zwei Schwestern und einem Bruder in einer Bauernfamilie. Nach dem Abitur zog es die damals Achtzehnjährige in die Großstadt München. »Ich wollte Geld verdienen, um so schnell wie möglich unabhängig zu sein.« Schnell zeigte sich, dass die junge Frau ein spezielles Talent hatte. »Als Verkäuferin in der Mantelabteilung eines großen Warenhauses brachte ich noch jeden Ladenhüter los«, erinnert sie sich lachend. Und in diesem Moment zerfließen Vergangenheit und Gegenwart, und in Maikes Gesicht spiegeln sich die Freude und der Stolz, die sie damals empfunden haben musste. Der Schritt aus dem ländlichen Rothenburg ob der Tauber hinein ins Großstadtleben war ein großer: Dass ein sogenanntes Mädchen vom Land aber nicht automatisch naiv sein musste, zeigte sich schnell. »Mein ursprünglicher Wunsch war es, Primarlehrerin zu werden, aber die Kosten für ein Studium waren zum damaligen Zeitpunkt einfach zu hoch. Darum wollte ich in München selbst Geld verdienen, um mir danach diesen Traum zu erfüllen.«

Dass es dann doch anders kam, hatte teilweise auch mit der Mutter von Maike zu tun. Diese kam ursprünglich aus einem Künstlerhaushalt, hatte aber in einen Bauernbetrieb eingeheiratet, als sie sich in Maikes Vater verliebte. »Meine Mutter arbeitete damals viel an der frischen Luft oder im Stall. Aber ihre größten Leidenschaften waren, neben der Familie, das Malen und alles, was mit Beauty zu tun hatte«, erzählt Maike. Sie habe ihre Mutter bis zum heutigen Tag – die alte Dame ist inzwischen 83 – immer nur zurechtgemacht und sehr gepflegt erlebt. Von ihr habe sie nicht nur die Liebe zur Schönheit, »sie war mir auch ein Vorbild punkto Pflege und Schutz der eigenen Haut. Und sie bewies, dass es keinen Grund gab, warum eine Frau beim Melken nicht ein natürliches Make-up tragen sollte.«

Dass dies durchaus ein vernünftiger mütterlicher Rat war, zeigt sich heute. Neben ein paar minimen und sympathischen Lachfalten rund um die Augen fällt Maikes Teint durch eine gesunde und strahlende Natürlichkeit auf. Ihr akkurater dunkelbrauner Bob mit dem scharf geschnittenen Pony und ihr roter Lippenstift zeigen, dass Maike ihren persönlichen Stil gefunden hat. Etwas vom Besten, was einer Frau passieren kann. Ein leuchtend roter Lippenstift kann nicht nur verschönern, sondern auch ein Hinweis auf seine aktive und lebenslustige Trägerin sein.

Maike schaffte es bereits als Neunzehnjährige, Reiseassistentin bei der Luxusmarke Dior zu werden. »Die Sache hatte nur einen Haken«, erinnert sie sich. »Ich musste mein wahres Alter verschweigen, da ich ja zu jung war für diesen Job. Meine Vorgesetzten fanden, dass mein neues, berufliches Alter 26 Jahre sein sollte.« Wahrscheinlich erkannten diese schon früh, dass Maike, wenn sie beruflich durchstarten würde, aufgrund ihres Alters Schwierigkeiten mit älteren Teammitgliedern bekommen könnte. Eine durchaus weise Voraussicht. Zwei Jahre später leitete die 21-Jährige bereits das Promotionsteam von Dior, mit 23 war sie Department-Store-Managerin bei Estée Lauder, und ein Jahr später führte sie als Schulungsleiterin ein Team von rund fünfzig Mitarbeitenden. Eine stolze Leistung, die jedoch die bereits befürchteten Schattenseiten mit sich brachte, denn nicht alle gönnten der jungen Chefin den Erfolg: »Der Neid und die Eifersucht, die ich innerhalb meiner Teams immer wieder zu spüren bekam, machten mich nicht nur fertig, sondern weckten in mir auch Schuldgefühle, die mein neu gewonnenes Selbstbewusstsein zunichtemachten«, erinnert sie sich. »Ich fühlte mich ein bisschen wie eine Hochstaplerin, die ihren beruflichen Erfolg nur glücklichen Zufällen zu verdanken hatte. Glücklicherweise stand meine damalige Vorgesetzte voll hinter mir und bestätigte mir immer wieder, dass ich einen tollen Job mache. Ihre Ermutigung half mir nicht nur bei meiner persönlichen Weiterentwicklung, sondern hat mich auch als Chefin geprägt.«

Doch nicht nur als Vorgesetzte ist ihr eine solche Unterstützung wichtig, Maike ist auch überzeugt, dass junge Frauen durch ein Mentoring viel lernen können. »Erfolg kommt auch davon, dass du die anderen erfolgreich machst«, ist eine weitere ihrer Überzeugungen, die mich schmunzeln lässt, denn sie erinnert mich an die vielen Ratgeber, die ich in meinem Leben schon gelesen habe. Doch offenbar funktioniert dieses Prinzip bei Maike tatsächlich. Was ihr dabei geholfen habe, sei ihre Fähigkeit, »die Menschen stark zu spüren«. Sie habe schon früher immer sehr auf ihre Intuition vertraut, »aber erst in den letzten Jahren vertraue ich hundertprozentig auf mein Bauchgefühl«. In dieser Hinsicht zeigen sich Parallelen zu den anderen in diesem Buch porträtierten Frauen. Dem eigenen Gespür zu folgen, und dies nicht nur in privaten, sondern auch in beruflichen Belangen, wurde in den Gesprächen immer wieder betont. »In den Fällen, in denen ich mich über meine Intuition hinweggesetzt hatte, ging es schief«, erklärt sie. Nachdem sie als junge Frau, auch mithilfe ihrer Vorgesetzten, gelernt hatte, mehr auf sich und ihre Fähigkeiten zu vertrauen, ging es mit ihrer Karriere schnell weiter bergauf. »Ich wurde cooler und nahm mir gewisse Sachen nicht mehr so zu Herzen.«

1991 lernte Maike auf der griechischen Insel Paros ihren zukünftigen Exmann kennen. Gleichzeitig erhielt sie ein verlockendes Angebot des Schweizer Beauty-Unternehmens La Prairie. Das Paar beschloss deshalb, seinen neuen Lebensmittelpunkt in die Schweiz zu verlegen, und heiratete 1992. Ab diesem Zeitpunkt übernahm Maike auch ihre neuen Managementaufgaben, dies zuerst im Bereich der Global Education und danach in der Global Communication. »Danach war ich mit Ausnahme weniger Länder weltweit für alle Distributionsmärkte tätig.« Wenn Maike über diese weiteren beruflichen Schritte spricht, dann macht sie dies mit einer so ungewöhnlichen Lockerheit, als wäre es das Alltäglichste, wenn eine junge Frau, ohne dass sie einen Uni-Abschluss hat, eine solche Karriere hinlegt. Und dies zu einer Zeit, in der berufliche Frauenförderung ein Fremdwort war. Wie erklärt sich Maike diesen Erfolg? »Ich lernte schnell und arbeitete immer sehr gern mit Menschen zusammen. Vor allem, wenn es um die Schulung ging. Dabei ging auch ein bisschen mein Wunsch in Erfüllung, eine Lehrtätigkeit auszuüben. Ich liebte meine Arbeit und hatte auch keine Angst, Verantwortung zu übernehmen«, sagt sie. Zudem gehöre sie zu den optimistischen Menschen, die bei Problemen zuerst einen positiven Lösungsansatz suchen.

In ihren verschiedenen Funktionen war Maike weiterhin sehr viel auf Reisen. »In dieser Zeit sah ich meinen Mann, meine Familie und meine Freunde selten, da ich immer beruflich unterwegs war.« Obwohl Maike diese Zeit »in vollen Zügen« genoss, verstärkte sich mit Anfang dreißig ihr Wunsch nach einer eigenen Familie. »Eigentlich hatte ich mir ja immer eine große Familie mit mindestens vier Kindern gewünscht, aber ob es so viele werden würden, musste die Zukunft zeigen«, lacht sie. Kurze Zeit danach wurde Maike schwanger. Allerdings war es eine schwierige Schwangerschaft. Ihre Tochter musste sich ihr Leben erkämpfen. »Paulina kam bereits im sechsten Monat zur Welt und lag wochenlang im Brutkasten«, erzählt Maike. Ich spüre, wie schwer diese Zeit für sie war. Und wie groß die Erleichterung, als es Paulina endlich besser ging und Maike und ihr Mann sie nach Hause nehmen durften.

Zwei Jahre später kam Antonia auf die Welt. »Ich liebte meine Kinder über alles, aber ich liebte auch meinen Beruf. Darum war es für mich klar, dass ich zwei Wochen nach der Geburt meiner zweiten Tochter wieder arbeiten würde. Mit der Unterstützung des Partners, festen Bezugspersonen für die Kinder und einer ausgeklügelten Planung war dies auch möglich«, sagt Maike. »Doch natürlich blieben gewisse Dinge auch auf der Strecke. Es gab in dieser Zeit nur die Kinder, den Job und den Sport, den ich zum Ausgleich für meinen stressigen Lebensstil betrieb. Hätte mein Mann keine Freunde gehabt, hätte ich keine gehabt, da mir einfach die Zeit für soziale Kontakte fehlte. Ich musste auch lernen, dass ich komplettes Vertrauen in die Bezugsperson haben musste, die meine Kinder mitbetreute. Glücklicherweise hatte ich in meiner Nachbarin Brigitte, die selbst drei Kinder hatte, eine ideale Partnerin. Ich würde sie sogar als ›zweite Mutter‹ meiner Kinder bezeichnen. Das bedeutete aber auch, dass ich damit umgehen musste, dass sich meine Töchter manchmal lieber von ihr als von mir beschmusen ließen.«

War ihre berufliche Reisetätigkeit für ihren Mann kein Problem? »Nein«, sagt Maike schmunzelnd. »Er wusste ja, auf was er sich mit mir eingelassen hatte. Aber es war für ihn sicher auch anstrengend, da auch er eine anspruchsvolle berufliche Position hatte.« Wie gingen Paulina und Antonia mit der Situation um? Hätten sie sich nicht lieber eine »normale« Mutter gewünscht? »Ich denke nicht«, erklärt Maike, »sie waren sich von klein auf nichts anderes gewohnt. Da ich mir meine Arbeitszeit oft selbst einteilen konnte, war es mir fast immer möglich, wichtige Fixpunkte in ihrem Leben wahrzunehmen, egal, um welche Art von Anlässen es sich auch handelte.«

Maike möchte jüngere Frauen und Mütter ermutigen, ihren eigenen Weg zu finden, wie immer dieser auch aussieht. »Eine berufstätige Mutter ist keine ›Rabenmutter‹, als die ich früher immer wieder hingestellt wurde. Wenn ich heute sehe, wie toll sich Paulina und Antonia entwickelt haben, bin ich richtig stolz. Ja, sie mussten schon früh eine gewisse Selbstverantwortung übernehmen, dafür habe ich sie auch nicht mit Sätzen wie ›Hast du deine Hausaufgaben schon gemacht?‹ oder ›Geh ja nicht zu spät ins Bett!‹ genervt.«

Die Jahre zogen ins Land, Maike arbeitete weiter in Top-Management-Positionen, aus den Kindern wurden Teenager. »Gegen außen galten wir als Traumfamilie, aber mein damaliger Mann und ich hatten uns auseinandergelebt. Die Kommunikation wurde weniger, und wir sprachen fast nicht mehr über uns als Paar.« 2011 nahm Maike eine neue berufliche Herausforderung an. Sie ging nach Paris und blühte sichtlich auf. »Ich genoss diese Zeit. Zum ersten Mal lebte ich in einer eigenen Wohnung, mitten in der Stadt. Ich fühlte mich frei, genoss die Bewunderung der französischen Männer.« Und: Sie verliebte sich in Eric.

So schön diese Zeit auch war, zurück in Zürich, mussten die Realitäten neu geregelt werden. Und dies brauchte Zeit. Als für Maike klar war, dass sie sich definitiv von ihrem damaligen Mann trennen wollte und auch Eric seine privaten Angelegenheiten geklärt hatte, informierte das Paar die Töchter, die sich darüber nicht besonders überrascht zeigten. »Natürlich hatten sie über die letzten Jahre gemerkt, dass mein Mann und ich weniger ein klassisches Paar, sondern mehr zu Freunden geworden waren. Ich war extrem froh, dass die beiden das so locker nahmen. Viel lockerer als ich in einer ersten Phase«, sagt Maike, und man sieht in ihrer Mimik, dass die Zeit des Umbruchs schwierig für sie gewesen war. »Ich zog ja damals von zu Hause in eine Wohnung, und obwohl ich mich auf die Zukunft freute, bedeutete dieser Schritt den Abschluss einer sehr wichtigen und auch schönen Phase meines Lebens.«

Heute bezeichnet Maike ihre Familienverhältnisse als »sehr gut«. Auch mit ihrem Exmann, der mittlerweile in Singapur lebt, hat sie »regen Kontakt«. Dass Paulina und Antonia auch Eric sehr mögen, ist ein weiteres Geschenk für Maike. »Von Anfang an war jedoch klar, dass Eric für sie kein Vaterersatz sein würde. Die Vaterrolle ist und bleibt bei meinem Exmann.«

Maikes sechzigster Geburtstag liegt zwar nicht in greifbarer Nähe, aber doch in der nahen Zukunft. Wie erlebt sie als Frau, die in der Beauty-Branche tätig ist, das Älterwerden? »Lange Zeit war es für mich selbstverständlich, immer perfekt gekleidet und geschminkt zu sein, das war ›part of the deal‹, wie ich es nenne. Heute mag ich einen natürlichen Look lieber. Und wichtiger als das schönste Make-up ist das Gefühl, dass ich mich gesund und fit fühle.« Natürlich spüre auch sie nach langen oder anstrengenden Reisen, dass sie mehr Zeit als früher für die Erholung brauche. Und darum gehe sie auch sorgfältig mit ihren Energien um. »Ich entscheide täglich: Was ist mir, neben meinem Job, am wichtigsten? Wen möchte ich sehen? Und worauf kann ich verzichten? Darum verbringe ich mehr Zeit mit meinen Liebsten und mit guten Freunden. Verzichten kann ich auf Small Talk und das Business-Kostüm.«

Sie sehe ihren weiteren Lebensweg durchaus realistisch, wenn sie sich überlege: »Wie viele ›gute Jahre‹ bleiben mir, in denen ich voller Saft meinen Leidenschaften und meinem Wunsch, immer wieder Neues zu erleben, nachgehen kann?« Aus beruflicher Sicht gibt es für sie verschiedene Optionen. Einerseits könnte sie es sich durchaus vorstellen, in den nächsten Jahre »langsam auszufädeln« und sich vielleicht stärker auf eine Beratertätigkeit zu konzentrieren. Andererseits spüre sie noch so viel Freude, Energie und Kraft, was neue berufliche Herausforderungen betreffe, dass sie sich ebenfalls gut vorstellen könne, »nochmals neu durchzustarten«. Sicher sei allerdings, dass sie ihrem Privatleben die Wichtigkeit geben wolle, die es auch verdiene. Das gemeinsame Haus, das sie mit Eric auf der griechischen Insel Paros gebaut hat, warte nur darauf, »öfter bewohnt zu werden«.

Egal, welchen beruflichen Weg Maike mit 57 Jahren weitergehen wird, ich bin sicher, dass es ein erfolgreicher sein wird. Und dies nicht nur im Sinne einer weiterführenden Karriere, sondern auch im Hinblick darauf, was andere Menschen von ihr lernen können. Für mich hat Maike eine Vorbildfunktion, weil sie einerseits zeigt, dass es möglich ist, Wünsche und Träume umzusetzen, selbst wenn die äußeren Bedingungen dafür vielleicht nicht optimal sind. Ich habe als Quereinsteigerin in den Journalismus Ähnliches erlebt und ebenfalls ohne Studium mehr erreicht, als ich jemals zu träumen gewagt hätte. Ja, eine Karriere, wie sie Maike als Mutter zweier Kinder gemacht hat, ist alles andere als ein Zuckerschlecken. Sie bedingt eine äußerst straffe Organisation und das Verständnis und die Unterstützung des Umfelds. Und natürlich musste Maike in gewisser Weise auch auf vieles verzichten.

Zum Schluss unseres Gesprächs sehe ich Maike plötzlich vor mir, wie sie entspannt lächelnd in Jeans und weißem Hemd am Strand von Paros entlangschlendert, der dunkle Pony etwas vom Wind zerzaust. Natürlich werden Maikes Lippen auch dann in kräftigem Rot glänzen. Denn egal, ob man 25, 55 oder 75 ist: Der unverwechselbare Look ist der heilige Gral des persönlichen Stils.

Was ich von Campino von den Toten Hosen gelernt habe

»Das Beste im Leben kommt noch.« Was löst dieser Satz bei Ihnen aus?

Stimmen Sie mir zu, weil Sie Ihre Positivität trotz allen Hochs und Tiefs in Ihrem Leben nie ganz verloren haben?

Geben Sie mir mit einem leicht ironischen Zwinkern zu verstehen: »Genau, die Hoffnung stirbt zuletzt. Ich versuche jedenfalls mein Bestes, damit ich noch viele schöne Tage und Nächte erleben kann.«

Reagieren Sie stoisch? Weil Sie als Realistin im Lauf des Lebens gelernt haben, Ihre Träume auf Sparflamme zu halten? Denn wer nicht hofft, kann ja auch nicht enttäuscht werden.

Oder löst dieser Satz gar unterschwelligen Ärger in Ihnen aus, weil Sie solch klischierte Motivationssätze nicht mehr hören wollen, weil Sie vielleicht gerade in einer schwierigen Lebenssituation sind?

Würden Sie mich umgekehrt fragen, zu welcher Aussage ich mich momentan hingezogen fühle, würde ich antworten: zum zweiten Satz. Dies, weil ich nach einigen persönlich eher schwierigen Monaten wieder seelischen Aufwind spüre. Dass der äußere Schein jedoch trügerisch sein kann, fiel mir wieder einmal auf, als ich kürzlich durch meine Facebook- und Instagram-Accounts scrollte.

Kurz nachdem wir meinen geliebten Hund Louis nach über vierzehn gemeinsamen Jahren einschläfern lassen mussten, war ich so tieftraurig, dass mich mein Mann mit einem kurzen Ausflug in den Süden trösten wollte. Auf den wenigen Fotos von mir, die ich während dieser Reise postete, sah ich allerdings ziemlich glücklich aus. Natürlich tat mir die wunderschöne Umgebung gut, aber innerlich war ich voller Trauer. Hätte ich zu den Fotos nicht die Erklärung gepostet, warum ich etwas Abstand gebraucht hatte, hätte wohl keiner meiner Follower eine Idee davon bekommen, wie ich mich zu diesem Zeitpunkt fühlte.

In den Social Media scheint die Sonne Tag und Nacht. Die meisten Fotos, die ich sehe, zeigen eine gefakte Wahrheit. Anders kann ich mir die lachenden Gesichter, die harmonischen Pärchenfotos und die makellosen Figuren nicht erklären. Und selbst wer ein Bild von sich im Krankenbett vor einer Operation postet – ja, das gibt es –, ringt sich noch ein müdes Lächeln ab, um seine virtuellen Freundinnen und Freunde um gute Gedanken zu bitten. Ich befinde mich also in bester Gesellschaft.

Ich muss zudem gestehen, dass mich meine Fotos tatsächlich etwas aufheiterten, denn nicht nur die Lichtverhältnisse waren gnädig, auch mein Mann hatte mich für einmal gut abgelichtet. Normalerweise ist er eher der Landschafts- und Architekturfotograf und legt weniger Wert auf schmeichelhafte Porträts. Aber mit diesen Schnappschüssen war ich zufrieden, und ehrlich gesagt freute ich mich, weil meine Haut fast frei von Falten war. Doch wenn mir solche Oberflächlichkeiten schmeichelten, war meine Traurigkeit also gar nicht wirklich echt? Und warum zeigte ich nicht wenigstens ansatzweise, wie ich mich die meiste Zeit während unseres Kurztrips wirklich fühlte? Dazu wäre ja nicht einmal eine leidvolle Miene nötig gewesen, es gibt ja viele Arten, sein Befinden in einem Bild auszudrücken.

Mir war es zu diesem Zeitpunkt einfach wichtig, dass ich durch eine kurze Erklärung zum Posting mitteilen konnte, dass Louis nicht mehr ist. Es war ja in vielen meiner Kolumnen und Blogs auch von ihm die Rede, und ich wusste, dass er viele Fans hatte. Und ich wollte auf diese Art auch zeigen, dass es selbst im Kummer schöne Momente geben kann. Und dies drückte mein Lächeln auch aus.

Ein paar Wochen sind seit Louis' Tod und dieser Reise vergangen, und auch wenn ich meinen momentanen Zustand am Anfang am ehesten als vorsichtig optimistisch beschrieben habe, nicht zu vergessen die Prise Ironie – man weiß ja nie, was das Schicksal noch in der Hinterhand hat –, treffen eigentlich alle genannten Antworten auf mich zu. Natürlich ist der Verlust eines geliebten Freundes ein außergewöhnliches Ereignis, bei dem sich in einem Gefühlsbad unterschiedliche Facetten wie Freude, Schmerz, Trauer und, ja, auch Eitelkeit mischen können. Aber auch mein Alltag ist ja selten nur toll oder furchtbar oder, in Farben ausgedrückt, weiß oder schwarz, sondern er wird durch verschiedenste Grautöne geprägt. Mal fühle ich mich eher licht und leicht, mal gedämpfter oder nachdenklicher. Das Gegensätzliche, also der Zustand zwischen Glückseligkeit und Tieftraurigkeit, den ich in jungen Jahren so oft durchlebte, hat sich eingemittet.

Ich denke, die Natur hat das gut eingerichtet, denn mit zunehmendem Alter fehlt – jedenfalls mir – die Energie für solche Hoch- und Tiefflüge. Zudem habe ich die Erfahrung gemacht, dass die rosaroten Phasen in meinem Leben meistens von kurzer Dauer waren, bevor sie zu verblassen begannen oder sich gar im Nachhinein als Fata Morgana entpuppten. Der Himmel auf Erden, den so viele suchen, existiert höchstens in ganz kurzen Momenten. Wir wären körperlich und mental auch gar nicht fähig, über einen längeren Zeitraum mit einer solchen Fülle von Glückshormonen umzugehen. Andererseits konnte ich mit zunehmendem Alter und in schwierigen Lebensphasen auch lernen, die winzigen, goldenen Hoffnungspunkte in der Dunkelheit auszumachen, die mir über manche Lebenskrise geholfen haben.

Ja, das Leben ist mit den Jahren ruhiger geworden. Heute ist es nicht mehr der rasende Liebeskummer, der mich Richtung Hölle katapultiert, es sind die Verluste von geliebten Menschen oder Tieren, die so schmerzhaft sind. Und die Tatsache, dass solche Verluste in Zukunft eher häufiger als weniger werden, ist nicht gerade ein Freudenquell. Trotzdem habe ich nicht vor, in Untätigkeit oder gar Trübsal zu verfallen, sondern halte mich an die Aussage von Campino, dem fast gleichaltrigen charismatischen Sänger der Toten Hosen, der in einem Interview kurz vor seinem sechzigsten Geburtstag verriet: »Ich habe mich zwar von vielen Dingen verabschieden müssen, aber mein Leben ist dadurch nicht langweiliger geworden!«

By the way: Campino ist einer der wenigen echten Helden meiner Generation, für die ich immer noch ins Schwärmen komme. Nicht nur, weil er immer noch toll aussieht und nichts von seiner Anziehungskraft verloren hat. Er ist auch seinen menschlichen und politischen Idealen und seinen musikalischen Wurzeln, die zwischen Punk und Rock liegen, treu geblieben. Und das macht ihn so authentisch.

Wenn es nach der Meinung meines Mannes geht, dann bin ich eine »pessimistische Optimistin«, während er selbst sich als »optimistischen Pessimisten« bezeichnet. Kurz, ich rechne, obwohl ich ein durchaus lebensfroher Mensch bin, immer mit dem Schlimmsten, während er vom Wesen her eher ins Depressive neigt, aber dennoch davon überzeugt ist, dass irgendwann alles gut wird. Egal wie. Es passt also. Doch auch in unserer Beziehung haben sich ursprüngliche Verhaltens- und Gefühlsmuster glücklicherweise immer wieder verändert. Das beweist mir, dass man sich auch in einer langjährigen Beziehung – wir sind über 25 Jahre zusammen – als Mensch, aber auch als Paar entwickeln kann.

Was für eine beängstigende Vorstellung, dass die Frau, wie es in meiner Generation oft der Fall ist, hauptsächlich für die »emotionale Beziehungsarbeit« zuständig ist, während sich der Mann diesbezüglich zurücklehnen kann oder glaubt, sich zurücknehmen zu müssen. Dies, obwohl bei ihm innerlich durchaus mal die Emotionen hochkochen und er eigentlich nichts lieber möchte, als auch einmal Schwäche zeigen zu dürfen, ohne dass seine Männlichkeit Schaden nehmen könnte.

Als Tochter eines sensiblen und sehr liebevollen Vaters, der seine weiche Seite wie gesagt selten bis nie zeigte, bin ich sicher für dieses Thema sensibilisiert. Und ich verspüre ein gewisses Mitleid mit jedem Mann, sei er jetzt jung oder alt, der immer noch im Klischee verhaftet ist, dass es unmännlich sei, Gefühle der Trauer oder des Schmerzes zu zeigen. Und diese lieber mit Hochprozentigem, Drogen, unermüdlichem Arbeiten oder oberflächlichen Beziehungen betäubt. Jedenfalls so lange, bis das »emotionale Fass« überläuft und er entweder krank, aggressiv oder gar gewalttätig wird. Ich bin mir sicher, dass viele Männerherzen auch in gesundheitlicher Hinsicht profitieren könnten, hätten ihre »Besitzer« nicht nur frühzeitig gelernt, wie sie ihre Gefühle »in den Griff« bekommen, sondern auch, dass es Möglichkeiten gibt, sie Schritt für Schritt ins eigene Leben zu integrieren. Auch wenn ich kein Fan davon bin, dass Frauen zu Beziehungscoachs werden, ist es nun mal so, dass viele auf diesem Gebiet mehr Erfahrung haben und ihrem Liebsten durchaus ein Vorbild sein können, indem sie ihm zeigen, dass er sich auch einmal fallen lassen kann und ihm dadurch kein Zacken aus der Krone fällt. Aber natürlich braucht es dazu gegenseitiges Verständnis und Vertrauen, denn nicht nur die weibliche Seele braucht in »schwachen« Momenten Schutz und Geborgenheit.

Wenn wir schon beim Thema Beziehungen sind, möchte ich noch auf eine andere, positive Entwicklung eingehen, und zwar auf das Verheilen schmerzhafter Blessuren, die man sich in unglücklich endenden Liebesbeziehungen geholt hat, und auf ein allfälliges Verzeihen. Ich bin nicht die Frau, die nach einer schlechten Erfahrung bereits ein halbes Jahr später mit dem Ex bei einem Glas Wein und Small Talk auf der Sonnenterrasse eines Restaurants sitzt. Bei wirklich üblem Liebeskummer, den ich dreimal in meinem Leben durchlitten habe, konnte es durchaus sein, dass ich selbst Jahre nach dem schmerzhaften Ende einer Beziehung lieber die Straßenseite wechselte, als den Verflossenen möglichst lässig zu begrüßen. Selbst wenn ich wieder in einer glücklichen Partnerschaft lebte und der Ex höchstens einmal jährlich einen Auftritt in einem nächtlichen Albtraum hatte, konnte und wollte ich mein Verhalten nicht ändern. Man könnte mich also durchaus als nachtragend bezeichnen. Aber manchmal gibt es halt, wie Campino in jenem Interview so treffend sagte, auch »Dinge, die vorgefallen sind, die man nicht mehr ändern kann«. Und an die ich nicht mehr erinnert werden möchte, weil mir sonst auch das eigene Verhalten wieder vor Augen geführt würde und ich mich kopfschüttelnd fragen müsste: Wie konnte ich es mit dem Typ so lange aushalten?

Aber es gibt auch die vereinzelten Fälle, in denen ich heute mit Männern, die mir einmal sehr viel bedeutet haben, eine Freundschaft pflege. Doch es brauchte viel Zeit, bis das möglich wurde. Es zeigt mir aber, dass ich nicht nur gelernt habe, dass auch ich meinen Anteil am Scheitern der Beziehung hatte, sondern dass ich mit dem Älterwerden in gewisser Weise toleranter, geduldiger und verständnisvoller geworden bin. Denn ich weiß heute, dass jeder von uns seinen Rucksack an Erfahrungen und Erlebnissen trägt. Und dieser kann bisweilen ziemlich schwer wiegen.

Zudem können die negativen Gefühle, die man gegen jemanden hegt und pflegt, schnell einmal zum Eigentor werden. Sich über eine längere Zeit als Opfer zu fühlen und sich in Selbstmitleid zu suhlen, schadet nicht nur dem eigenen Selbstwert, sondern nervt auch ein sonst wohlmeinendes Umfeld. Man muss sich nicht wundern, wenn selbst die beste Freundin nach wochen- oder gar monatelangem Gejammer den Bettel hinwirft und das Weite sucht.

Hätte ich vor vierzig Jahren zu meinem jüngeren Ich gesagt, dass ich es, je älter ich werde, desto mehr anstrebe, als »guter Mensch« zu leben, hätte es mich wohl entgeistert angeschaut und gespottet: »Spinnst du jetzt ganz? Dann geh doch gleich ins Kloster!« Das sogenannte Gutmenschentum hatte für mich damals immer den Geschmack totaler Anpassung. Ich war jung, wollte möglichst viel erleben und ausprobieren, immer wieder mal über die Stränge schlagen, und das ohne Rücksicht auf Verluste. Außerdem misstraute ich sämtlichen Autoritäten – wie viele in diesem Alter.

Zehn Jahre später hätte mir das jüngere Ich ins Gesicht gelacht und spöttisch entgegnet: »Du hoffnungslose Idealistin. Willst du immer der Depp im Umzug sein und wegen deiner Gutmütigkeit ausgenützt werden?« Zur Entschuldigung meiner damaligen Sichtweise muss ich anfügen, dass ich zu diesem Zeitpunkt wegen meiner Naivität ziemlich oft auf die Schnauze gefallen bin.

Weitere zehn Jahre später, in meinen Vierzigern, hätte ich aus gewissen Erfahrungen meine Lehren ziehen und mir zu überlegen beginnen können, wer ich bin, und vor allem, wer ich sein möchte. Dass diese Entwicklung ein wichtiger Schritt zum Erwachsenwerden und zur Selbstverantwortung sein würde, konnte ich allerdings erst später erkennen. Mein Fokus lag klar auf meiner äußeren Entwicklung. Mir war nicht nur meine Karriere als Journalistin wichtig, sondern auch ein möglichst positives Urteil meines Umfeldes. Ich brauchte das Gefühl, geschätzt oder gar bewundert zu werden, denn auf diese Weise konnte ich mein immer noch fragiles Selbstbewusstsein stärken. Jedenfalls so lange, bis mich wieder jemand kritisierte und mein ganzes mühsam aufgebautes Ego in sich zusammenfiel. Im Rückblick bedauere ich es, dass ich während der Jahre zwischen vierzig und fünfzig all die Dinge, die ich aus eigener Kraft geschafft hatte, nicht stärker genießen konnte.

Zu diesem Zeitpunkt war ich auf meinem beruflichen Höhepunkt angekommen, war attraktiv, wie mir immer bestätigt wurde, und hatte ein großes Umfeld mit vielen Freunden und Kollegen. Zudem verdiente ich gut und lebte gemeinsam mit meinem Mann und meinem Hund Jil in einer tollen Wohnung im Stadtzentrum von Zürich. Wenn wir nicht arbeiteten oder Gäste bewirteten, waren wir auf Reisen. Und das nicht mit dem Rucksack, damit Sie mich richtig verstehen. Aber ich legte noch immer mehr Wert auf das Urteil anderer, als dass ich meinem eigenen Stellenwert vertraute. Übrigens die beste Voraussetzung, um enttäuscht zu werden. Aber wir lernen nun mal aus schmerzhaften Niederlagen mehr als aus Erfolgen.

Was ein »anständiges Leben« bedeutet, ist wohl eine individuelle Angelegenheit. Für mich umfasst es einen sorgfältigen und respektvollen Umgang mit meinem Umfeld, dass ich mich um Schwächere kümmere und mich nach meinen Möglichkeiten für ihre Bedürfnisse einsetze, dass ich versuche, nicht zu lügen und meine negativen Gedanken im Zaum zu halten, wenn ich merke, dass ich wieder einmal zu Selbstmitleid tendiere. Als wichtigen Punkt empfinde ich auch, dass ich dankbar bin für all das Gute in meinem Leben und nicht hadere mit verpassten Möglichkeiten oder vermeintlichen Chancen, die ich nicht genutzt habe. Denn dies ist der direkte Weg in die Unzufriedenheit. Es ist durchaus verführerisch, sich immer wieder mal vorzustellen, wie das Leben wohl verlaufen wäre, wenn … Aber wieso über Dinge nachdenken, die in der Vergangenheit liegen? Eben. Wenn ich versuche, andere zu behandeln, wie ich behandelt zu werden wünsche, dann geht es mir nicht ums Sammeln von Karmapunkten – obwohl mir diese durchaus nützlich sein könnten, weil ich immer mehr zur Überzeugung neige, dass mit dem Ende des Lebens nicht alles finito ist.

Auch für meinen spirituellen Weg, der für mich beinhaltet, dass auch Unsichtbares und Unerklärliches in meinem Leben Platz hat, hätte ich in jungen Jahren kein Verständnis gehabt. Denn alles, was mit Religion zu tun hat – und Spiritualität wäre für mich damals wohl fälschlicherweise gleichbedeutend damit gewesen –, habe ich abgelehnt.

Obwohl ich die christlichen Werte meiner Eltern akzeptierte, fehlte mir jedes Verständnis für das katholische Konstrukt von Schuld und Sühne, wie es mir gelehrt wurde. Alles, was ich mir damals wünschte, schien verboten: Freies Denken und Handeln, Genuss, Lust galten als Sünden, die gebeichtet werden mussten. Sexualität musste bis zum Zeitpunkt der Heirat unterdrückt werden und war damals für viele Frauen Pflichtprogramm oder diente dem Zweck einer Empfängnis. Auch wenn ich mich innerlich gegen alle diese Verbote zur Wehr setzte, brauchte es viele Jahre, bis ich mit Mitte zwanzig begann, mein Leben in dieser Beziehung nach meinen eigenen Wünschen zu leben. Eine Erfahrung, die ich übrigens mit Freunden (die sich heute als »Agnostiker« bezeichnen) teile: Eine katholische Erziehung ist wie ein Stempel, den man nie wieder loswird.

Was meine eigene Spiritualität betrifft, so sind es meine ganz persönlichen Erlebnisse mit diesem Thema, die mich geformt haben. Ich hatte das Glück, immer wieder auf besondere Menschen zu treffen, die mir halfen, gewisse Erfahrungen, die ich machte, einzuordnen. Wohlwissend, dass sich auf diesem Feld mehr Quacksalber, Betrüger und »Selbsterleuchtete« tummeln als wirkliche Ratgeber. Denn das sollte ja das Ziel sein, falls man sich für diesen Weg entscheidet: die eigene Wahrnehmung und Intuition wahrzunehmen und zu akzeptieren und sie in den Alltag zu integrieren. Und nicht blind einem »Guru« zu folgen, der einem weitere Regeln und Gebote auferlegt, die nötig seien, um »erleuchtet« zu werden.

Sechzig Jahre alt zu werden, war … irgendwie seltsam. Mein Leben hat sich in den letzten Jahren auf überraschende Art verändert. Ich habe geheiratet und mich beruflich stark verändert. Ich ziehe meine Befriedigung nicht mehr aus einer Chefposition und all den Vorteilen, die damit verbunden sind. Andererseits konnte ich so auch die Verantwortung für andere ablegen und mich mehr auf mich und meine Kreativität konzentrieren. Ich schreibe Bücher, Blogs und Kolumnen, eine Arbeit, die mich an vielen Tagen erfüllt – jedenfalls wenn ich nicht gerade an einem Schreibstau leide –, weil ich so in Kontakt mit meinen Leserinnen und Lesern bin.

Durch die sozialen Medien, aber auch durch handgeschriebene Briefe und Karten bekomme ich nicht nur ein schönes Echo, sondern auch Einblicke in andere Leben. Was ich sehr schätze, da ich es ungeheuer spannend finde, in andere Lebensgeschichten einzutauchen. Natürlich bringen so viele berufliche Freiheiten auch gewisse Existenzängste mit sich. Der Luxus, dass am Ende eines Monats immer ungefähr die gleiche Summe auf mein Konto fließt – ein sehr beruhigendes Gefühl –, gehört der Vergangenheit an. Aber auch in dieser Beziehung habe ich gelernt, darauf zu vertrauen, dass immer wieder eine Tür aufgeht, wenn sich eine andere schließt.

Und genau diese Erfahrung hat mir geholfen, nicht nur mehr Vertrauen in mich selbst, sondern auch in mein persönliches Schicksal zu entwickeln. Es gibt einfach Situationen, in denen man loslassen muss, auch wenn es anfänglich noch so schwerfällt und man vielleicht erst mit der Zeit spürt, dass das Ganze durchaus einen Sinn hat. Und wenn dies nicht möglich ist, muss man Dinge und Umstände, die nicht zu ändern sind, dennoch akzeptieren.

Und schließlich gilt es mit zunehmendem Alter, sich selber mit allen seinen Schwächen und Vorzügen anzunehmen. Oder, um noch einmal Campino zu zitieren: »Manchmal sind Dinge geschehen, die ich nicht mehr ändern kann. Ich werde aber versuchen, es beim nächsten Mal anders zu machen.«

»Ich habe gelernt, meine Verletzlichkeit zu akzeptieren«

RUTH KRAMER, 64

Als Besitzerin des Gasthauses Brücke 49 brachte die Designerin skandinavisches Lebensgefühl nach Vals. Um ihren Traum zu verwirklichen, hatte Ruth ihren vorherigen Lebensmittelpunkt Dänemark verlassen. Im Bündner Bergdorf hat sie nicht nur ihren »Sehnsuchtsort«, sondern auch ihre neue Heimat gefunden.

Ruth ist eine Macherin. Eine Frau, der es – viel früher als mir – gelungen ist, sich ihre Sterne selber vom Himmel zu holen, denn sie hatte den Mut, auf ihre Intuition zu vertrauen und auch ihren Mann Thomas Schacht davon zu überzeugen, dass es an der Zeit war, alte Zelte abzubrechen und an einem anderen Ort neue zu errichten. Der 64-Jährigen war schon früh in ihrem Leben klar dass sie das Glück selber packen musste, wenn sie sich einen Traum erfüllen wollte. Es hätte mir in früheren Jahren sicher gutgetan, eine Freundin wie Ruth zu haben, die mich hin und wieder aus meinem Dornröschenschlaf aufgeweckt, den rosa Zuckerguss weggeblasen und mir erklärt hätte, was nun Sache sei.

Die Tochter einer Schweizerin und eines Deutschen verbrachte ihre frühe Kindheit in Dänemark und kehrte, nachdem die Familie in der Nähe von Winterthur und in Österreich gelebt hatte, mit dreizehn Jahren dorthin zurück. Dänemark war und ist ein liberales Land, und die junge Ruth war begeistert von der Offenheit und der Toleranz der Dänen. Sosehr sich das Mädchen nach diesen Freiheiten sehnte, ihre Eltern beobachteten diese mit einer gewissen

Sorge. »Sie hatten oft Angst um mich, und während meinen Freundinnen fast alles erlaubt war, gab es für mich viele Verbote«, erinnert sie sich.

Dass Ruth ihren eigenen Kopf hatte, zeigte sich auch darin, dass sie mit achtzehn von zu Hause auszog und mit ihrem ersten Freund, einem Musiker, zusammenzog. Die Beziehung hielt nicht, was sie versprochen hatte. Ruth verliebte sich erneut, was dazu führte, dass sie mit 24 nicht nur in festen Händen, sondern auch eine junge Mutter war, die nur wenige Stunden nach ihrem Diplom als Designerin bereits die Zusage für einen Job bei einer bekannten dänischen Textilfirma bekam. Spätestens da zeigte sich, dass Ruth eine Vertreterin der schnellen Truppe war. So erfolgreich ihr beruflicher Weg begann, so holprig wurde es mit der Zeit in Sachen Beziehung. »Mein damaliger Mann war ein Narzisst«, sagt sie, und damit ist dieses Thema auch schon erledigt. »Die Trennung war nicht nur eine Erleichterung, sondern auch ein Neuanfang für mich und meine Tochter.« Die nächsten Jahre wohnte sie mit ihr »glücklich und zufrieden« in einer kleinen Wohnung und arbeitete weiter erfolgreich im Designbereich.

Wie aber kam es dazu, dass Ruth und ich uns an diesem kühlen Septembertag in einem edlen Hotel-Restaurant gegenübersitzen? Natürlich ist das Treffen kein Zufall. Eingefädelt hat es meine Verlegerin Gabriella Baumann-von Arx, die Ruth aus ihrer zweiten Heimat, dem Valsertal, kennt. Von Gaby habe ich nur erfahren, dass Ruth und Thomas vor über zehn Jahren in die Schweiz gekommen waren, um sich ihren Traum, in einer kleinen, aber feinen Herberge Gastgeber zu sein, zu erfüllen. Das Paar kaufte ein geschichtsträchtiges, über hundert Jahre altes Haus, um es in ein Minihotel in nordischem Stil umzubauen. Ein Jahr danach eröffneten sie die »Brücke 49«, die über vier Gästezimmer verfügt und seither unter designaffinen Reisenden als wahre Trouvaille gilt.

Auch wenn ich mich durchaus zu dieser Zielgruppe zähle, schaffte ich den Weg hinauf nach Vals nie. Ruth und die »Brücke 49«

fielen mir erst wieder ein, als ich für dieses Buch auf der Suche nach inspirierenden Frauen war. Als ich Gaby anrief, um sie zu bitten, mir den Kontakt zu Ruth zu vermitteln, erfuhr ich, dass deren Mann Thomas unlängst im Alter von erst sechzig Jahren nach einer schweren Krebserkrankung verstorben war. Obwohl ich das Paar nicht persönlich kannte, traf mich diese Nachricht sehr. Das Schicksal zeigte sich wieder einmal als mieser Verräter. Nur zehn Jahre durften die beiden gemeinsam ihren Traum in den Bündner Bergen leben. Natürlich war für mich zu diesem Zeitpunkt klar, dass Ruth jetzt andere Sorgen hatte, als sich mit mir übers Älterwerden zu unterhalten. Aber Gaby riet mir, Ruth selber entscheiden zu lassen, ob sie mich treffen wolle, und stellte den Kontakt her.

Zu sagen, dass mich Ruths spontane Zusage überraschte, wäre eine klare Untertreibung. Sie löste in mir verschiedene Gefühle aus: Einerseits freute ich mich sehr, sie endlich kennen zu lernen, andererseits hatte ich auch Respekt davor, eine fremde Frau zu treffen, die um ihren Mann trauerte. Während ich bei einer Freundin oder Bekannten in einem solchen Fall wenig oder keine Berührungsängste gehabt hätte, war diese Situation für mich Neuland. Dies auch, weil es bei unserem Treffen ja zwangsläufig um Persönliches gehen würde. Wie weit Ruth mit mir auch über den Tod ihres Mannes sprechen wollte, würde ich ihr überlassen. Ich ahnte nicht, was mich an dem Tisch erwarten würde, an den mich der Kellner führte. Ich hatte schon Fotos von Ruth gesehen und wusste, dass sie eine gut aussehende Frau war. Die Realität übertraf dieses Bild: Da saß eine 64-jährige Frau, die noch viel attraktiver war, als ich es erwartet hatte.

In den ersten Minuten unseres Zusammentreffens, das herzlich und ungezwungen verläuft, habe ich das Bedürfnis, Ruth in Ruhe anzuschauen. So wie man es bei einem schönen Bild oder einer beeindruckenden Landschaft macht. Und es ist nicht nur ihr Äußeres, das mich in ihren Bann zieht, sondern auch ihre in sich ruhende und trotzdem sehr präsente Ausstrahlung. An Ruth ist nichts Überflüssiges oder gar Übertriebenes. Ihr Make-up ist äußerst dezent und unterstreicht ihre klaren Augen und den schönen Mund. Ihre langen hellen Haare hat sie locker zusammengebunden. Ihr Outfit ist schlicht, aber edel, der hochwertige Kaschmirpulli, den sie mit weit geschnittenen Jeans kombiniert, zeugt von ihrem persönlichen Stil, dem nordischen Chic. Auf Frauen wie Ruth trifft man selbst in Zürich selten, und wenn, dann sind sie noch so jung, dass sie ihr Aussehen (noch nicht) mit teuren Designerkleidern und Accessoires »unterstreichen« wollen und darüber vergessen, dass ein Zuviel einen gegenteiligen Effekt haben kann. Dann nämlich, wenn das Outfit wichtiger wird als die Person, die darin steckt.

Als ich Ruth Komplimente zu ihrem Stil mache, lächelt sie und nimmt sie ohne Geziertheit an. Ganz natürlich kommt das Gespräch auf ihren verstorbenen Mann, und Ruth erzählt mir von ihrem Kennenlernen in Dänemark und dass sie von Anfang an gespürt habe, dass der drei Jahre jüngere Thomas ein »sauguter Mann« war und später auch ein »super Vater« für ihre Tochter geworden sei, der diese auf »einzigartige Weise« geprägt habe. Und wie kam es, dass sie und Thomas Dänemark verlassen hatten und nach Vals gezogen waren? »Seit wir vor vielen Jahren auf einer Motorradtour in diesem Bergdorf haltgemacht hatten, wurde es zu unserem ›Sehnsuchtsort‹«, sagt Ruth. Immer wieder zog es die beiden hierhin, und mit der Zeit lernten sie nicht nur den Ort und seine Umgebung besser kennen, sondern arbeiteten hier auch. Ruth an verschiedenen Designprojekten, zudem führte sie Workshops durch, Thomas stellte sich an den Skilift und gab Bügel aus. »Aus einem Impuls habe ich Peter Zumthor, dem Erbauer der Therme Vals, eines Tages geschrieben und ihn gefragt, ob wir eines seiner Häuser, die er in Leis, einem kleinen Weiler oberhalb Vals, gebaut hatte, mieten könnten«, erzählt Ruth. »Als er sagte, das sei möglich, bin ich im ersten Moment schon erschrocken, denn ich wusste, was das für uns bedeuten würde.« Aber als auch Thomas einverstanden war und sich die Möglichkeit ergab, dass beide von der Schweiz aus als Freelancer arbeiten konnten – Ruth für die Designfirma, bei der sie schon in Dänemark beschäftigt war, Thomas für seine ehemalige Werbeagentur –, gab es nichts mehr zu überlegen, und das Paar zog kurz entschlossen in die Schweiz.

»Natürlich fiel dieser Entscheid nicht über Nacht, aber der Zeitpunkt stimmte einfach«, erzählt Ruth. »Ich war damals müde und auf der Suche nach neuen Inspirationen, und ich wusste, dass ich diese in Vals finden würde. Und da war ja auch noch der Traum, eines Tages Gastgeberin zu sein.« Andere Designer kreieren Kleidung, Accessoires oder Interior-Kollektionen. Woher stammte Ruths Wunsch, nicht nur eine kleine Pension zu führen, sondern diese auch nach ihren ganz eigenen Vorstellungen neu zu gestalten? Für einen Moment verdunkeln sich ihre klaren Augen, und ich spüre, dass die Traurigkeit in Zusammenhang zu ihrem verstorbenen Mann stehen muss. Doch Ruth fasst sich schnell und sagt lächelnd: »Das Ganze hat mit einem Erlebnis ganz am Anfang meiner Beziehung mit Thomas zu tun. Wir verbrachten auf einer USA-Reise ein paar Tage in einem Hotel am Lake Michigan.« Das grausige Wetter, eiskalt und windig, habe die beiden, frisch verliebt, wie sie waren, nicht gestört. »Eines Tages hatte ich plötzlich eine unbändige Lust auf ein Müesli mit Beeren. Und als mir überraschend und wie selbstverständlich eines serviert wurde, wusste ich, falls ich selbst einmal Gastgeberin sein würde, wollte ich einen genauso persönlichen Service anbieten. Meine Gäste sollten in einem schönen Ambiente ein Zuhause auf Zeit haben, wo sie sich fernab vom stressigen Alltag entspannen könnten.«

Die zehn gemeinsamen Jahre in Vals bezeichnet Ruth als »die schönsten meines Lebens«: »Während andere mit fünfzig an ihre Rente denken, haben Thomas und ich uns unseren kleinen Traum erfüllt.« Wenn Ruth von einem »kleinen Traum« spricht, ist das leicht untertrieben, denn es blieb nicht bei der »Brücke 49«. Da sich die vier Gästezimmer des Hauses nicht für Familien mit Kindern eigneten, erwarb das Paar das Nachbarhaus und baute dieses in drei Apartments um, natürlich im gleichen skandinavischen Mountain-

Style wie auch das »Mutterhaus«. Und als dritten Streich eröffnete Ruth eine kleine »Butik«, in der sie von ihr kuratierte Designstücke und selbst entworfene Kleider und Pullover anbietet. Auch hier zeigt sich ihre Liebe zu ausgesuchten Stücken, die durch ihr Handwerk und ihre Herkunft überzeugen.

Dass Thomas Ruth unglaublich fehlt, ist keine Frage. Aber ihr gemeinsames Projekt, das sich so schön entwickelt hat, ist gleichzeitig auch ein Vermächtnis ihres verstorbenen Mannes. »Wir konnten unsere Träume verwirklichen, und dafür bin ich bis auf die Knochen dankbar«, sagt sie. Diese Worte rühren mich sehr, denn sie zeigen Trauer in ihrer ehrlichsten Form: beinahe roh, realistisch und sehr nachvollziehbar. Doch bei allem Schmerz über den Verlust ihres Mannes weiß Ruth auch all das, was sie mit Thomas erleben durfte, zu schätzen: »Nicht die Zahl der gemeinsamen Jahre ist wichtig, sondern wie man sie gelebt hat.«

Sie habe jedenfalls nicht vor, sich zu schonen, was ihr Älterwerden angeht, sagt die 64-Jährige beinahe etwas trotzig. »Dadurch, dass ich fähig bin, meine jetzige Verletzlichkeit zu akzeptieren, spüre ich auch eine gewisse Stärke.« Dass sie sich ohne Thomas inzwischen nicht mehr »völlig heimatlos« fühle, habe damit zu tun, dass sie glücklicherweise in Vals neue Wurzeln schlagen konnte und so ihre Wahlheimat gefunden habe. »Hier habe ich alles, was ich brauche, um mich wohl und geborgen zu fühlen. Es ist eine kleine Welt, und ich weiß, irgendwann wird sie für mich wieder einigermaßen in Ordnung sein.« Neben ihrer Leidenschaft für alles, was die »Brücke 49« betreffe, liebe sie es, sich in der Natur zu bewegen, zu lesen und Schönes und Gutes zu genießen. »Einfach sein«, wie sie es nennt. Ihre Mutter, 91 Jahre alt, halte ihr immer wieder vor Augen, wie wichtig es sei, auch in schwierigen Situationen die Lebensfreude zu behalten, neugierig zu bleiben und sich immer wieder aufs Neue inspirieren zu lassen.

Ich hätte an diesem Nachmittag noch lange mit Ruth reden können. Aber ich weiß, sie muss nach Vals zurück, wo in der »Brücke 49« jede Menge Aufgaben auf sie warten. Ich bin dankbar für ihr Vertrauen und dafür, dass sie sich nicht nur mir gegenüber geöffnet hat, sondern auch gegenüber den Leserinnen dieses Buchs, die sich von ihrer Lebensgeschichte inspirieren lassen könnten.

Bevor wir uns herzlich voneinander verabschieden, zieht sich Ruth eine unglaublich tolle Jacke über, und ich kann nicht anders, als ihr ein weiteres Kompliment zu machen. »Mit diesem Stück ist eine besondere Geschichte verbunden«, erzählt sie, als wir das Hotel, in dessen Restaurant wir uns getroffen haben, gemeinsam verlassen. »Einen Monat bevor Thomas starb, wollten wir uns etwas Gutes tun, und so buchten wir in diesem wunderbaren Hotel ein Zimmer. Bei einem kurzen Spaziergang in der Stadt – mehr war wegen Thomas' Schmerzen nicht möglich – sah ich in einem Schaufenster diese Jacke. Ich probierte sie an, und sie gefiel mir unglaublich gut. Obwohl sie sehr teuer war, bestand Thomas darauf, sie mir zu schenken. Er lächelte, als er zu mir sagte: ›Man lebt schließlich nur einmal.‹«

Interview mit Dr. Eliane Sarasin,
Gynäkologin, Paar- und Sexualtherapeutin,
über Erotik in Langzeitbeziehungen

»Kein Sex ist auch eine Lösung«

Frau Sarasin, Sie haben zwei Kinder, einen 20-jährigen Sohn und eine 17-jährige Tochter. Was möchten Sie speziell dieser auf ihren Weg mitgeben?
Ich bin in einer Generation aufgewachsen, in der ein gutes Selbstbewusstsein bei Mädchen und jungen Frauen nicht erste Priorität bei der Erziehung hatte. Im Gegenteil, ich wurde beispielsweise immer wieder ermahnt, mir meine Leistungen ja nicht »zu Kopf steigen« zu lassen. Ich sage meinen Kindern oft, dass ich sie toll finde. Vor allem meiner Tochter will ich so vermitteln, dass man nicht immer allen gefallen muss und dass sie sich nicht verbiegen, sondern zu sich stehen soll. Zu lernen, wie man eigene Grenzen setzt, empfinde ich als eine der wichtigsten Lebenslektionen.

Gerade damit, eigene Grenzen zu setzen, tun sich bis heute auch viele erwachsene Frauen schwer.
Zu sagen, etwas stimmt für mich nicht, bedeutet, sich und seine Gefühle ernst zu nehmen. Das betrifft vor allem auch die eigene Sexualität. Wer in früheren Jahren immer wieder erlebt hat, in seinem Umfeld nicht ernst genommen zu werden oder, noch gravierender, dass die eigenen Grenzen verletzt wurden, hat es später umso schwerer, diese zu setzen. Aber nicht nur überschrittene Grenzen, auch nicht gelöste Konflikte mit dem Partner, Prägungen aus der Kindheit, ein nicht aufgelöstes Trauma, Unzufriedenheit mit dem eigenen Körper können dazu führen, dass wir Frauen die Sexualität nicht genießen können.

Sexualität scheint in unserer Gesellschaft ein Vorrecht der Jungen zu sein. Nacktbilder oder – »noch schlimmer« – sexuelle Aktivitäten von älteren Menschen werden, gelinde formuliert, als befremdlich erlebt.
Das stimmt. Nur junge, straffe Körper werden als ästhetisch empfunden. Es scheint, dass unsere Gesellschaft auch heute noch, lange nach der sogenannten sexuellen Revolution, lediglich ein Konzept für »faltenlosen Sex« hat. Eigentlich erstaunlich, dass gerade auch jene, die sich für die Achtundsechziger-Bewegung und ihre Ideale eingesetzt haben, heute nicht stärker aufbegehren, sondern die herrschende Situation zu akzeptieren scheinen.

Es sind aber nicht nur die Älteren, die dieses Thema schamhaft umgehen. Auch die jüngere Generation geht davon aus, dass Sexualität ein Verfallsdatum hat.
Dass auch die Generation 50 plus ihr Interesse an sexuellen Begegnungen nicht verloren hat und noch Sehnsucht nach körperlicher Intimität hat, wird allgemein tabuisiert oder – denken wir an den klassischen »lüsternen alten Mann« – als peinlich empfunden. Wenn überhaupt unseren Eltern beziehungsweise den Großeltern etwas »zugestanden« wird, so wird es auf Zärtlichkeiten und einander lieb haben reduziert. Die Vorstellung, dass die körperliche Beziehung darüber hinausgehen könnte, ist vielen jungen Menschen peinlich.

Für die meisten nimmt der Sex in längeren Partnerschaften kontinuierlich ab. Kann man das überhaupt verändern, oder muss man sich einfach damit abfinden?
Eine lebendige Sexualität in Langzeitbeziehungen aufrechtzuerhalten, ist Arbeit und meist eine anstrengende. Nicht immer ist man bereit, diesen Einsatz zu bringen, manchmal läuft innerhalb oder auch außerhalb der Beziehung so viel, dass man andere Prioritäten setzt. Außerdem meinen viele, die Sexualität sollte die gleiche bleiben wie zu Anfang der Beziehung, wo man noch Schmetterlinge im Bauch hatte und jede Gelegenheit nutzte, um übereinander her-

zufallen – was ein großer Trugschluss ist. So wie wir uns mit den Jahren äußerlich verändern, in neue Lebensphasen kommen, vielleicht eine Familie gründen oder viel Energie für die berufliche Karriere investieren und nicht zuletzt auch den Schritt ins Pensionsalter »verdauen« müssen, so spiegeln sich diese persönlichen Entwicklungen auch in der über die Jahre unterschiedlichen Bedeutung der Sexualität.

Wie könnte eine solche Entwicklung konkret aussehen?
Ich glaube, dass das Geheimnis einer lebendigen Sexualität gerade darin liegt, diese immer wieder neu zu verhandeln, die Neugier aufeinander zu pflegen und zu spüren, wo der andere sich gerade bewegt. Den Mut zu haben, zu seinen (sexuellen) Wünschen zu stehen, insbesondere zu formulieren, was vielleicht eben nicht mehr passt vom Liebesspiel der Anfangszeit. Wichtig ist, den Umgang zu finden, der den aktuellen Bedürfnissen nach Intimität entspricht, angenehme Stimulationen zu entdecken und sich vor allem nicht von äußeren Erwartungen im Hinblick darauf, wie und wie oft man Sex haben soll, bedrängen zu lassen!

Das Älterwerden wird mit Funktionsstörungen und -verlust assoziiert, auch in der Sexualität. Muss man sich damit abfinden?
Gelingt es, sich vom Dogma der ewig anhaltenden Leistungsfähigkeit und Jugendlichkeit zu befreien, so können neue Qualitäten in der Sexualität entstehen. Peggy Kleinplatz, eine kanadische Sexualforscherin, führte Interviews mit sexuell aktiven Langzeitpaaren und befragte sie nach ihren Kriterien für »großartigen Sex«. Interessanterweise kam es bei diesen »Expertenpaaren« nie auf sexuelle Funktionen wie Erektionsstärke und -dauer oder Anzahl Orgasmen respektive spezielle Techniken an, sondern viel mehr auf Authentizität, also sich selbst sein zu können, und auf die Verbundenheit mit dem Partner. Genau diese Voraussetzungen sind alterslos und bedingen eine Vertrautheit, die meist erst in länger dauernden Beziehungen zu finden ist. Und dies stimmt mich zuversichtlich.

Bei vielen Paaren ist es aber gerade diese jahrelange Vertrautheit, die die Leidenschaft killt. Wie schaffe ich es, dass dieser »Funke« nicht verglüht?
Schöner oder eben stimmiger Sex kann dann bedeuten, den anderen zu kennen, zu wissen, was er mag und was ihm guttut, einen Körper zu berühren, den man bis in jede Ritze (oder eben Falte) kennt, liebt, und mit der Erregung des Partners zu spielen. Gleichzeitig sollte man sich dem Partner immer wieder mit einer Haltung der Neugier sinnlich nähern. Auch wenn wir ihn zu kennen meinen, so gibt es immer noch etwas zu ergründen: Welche Sexualität interessiert ihn heute? Was möchte er noch erleben und ausprobieren? In einer langjährigen Vertrautheit kann man sich authentisch zeigen, auch mal etwas Neues wagen ohne Angst vor Blöße, bei der Sache sein, ohne sich ständig selbst beobachten zu müssen. Durch dieses Sich-gehen-Lassen sind viele lustvolle Momente möglich.

Kann eine Beziehung ohne Sex überhaupt glücklich sein?
In sehr vielen Beziehungen nimmt die sexuelle Aktivität im Lauf der Jahre stark und dauerhaft ab. Gewisse Paare haben überhaupt keinen Sex mehr. Trotzdem müssen diese Partnerschaften nicht unglücklich sein. Sex ist ja nie einfach »nur« Sex, es geht um viel mehr, insbesondere um Bestätigung als Mensch und innerhalb der Beziehung als begehrter Partner. Solange man sich diese Bestätigung auf andere Art geben kann, ist ein aktives Sexleben nicht die Voraussetzung für eine glückliche Zweisamkeit. Intimität kann ja auch bedeuten, dass man die Nähe des Partners, seinen Duft und seine Haut liebt, ihn gern küsst und Zärtlichkeiten austauscht. Schwierig wird es dann, wenn einer der beiden Partner die Sexualität mehr vermisst als der andere oder diese sogar einfordert.

Ist das einer der Fälle, die zu einer Paartherapie führen?
Oft kommen Paare, weil sie unterschiedliche Vorstellungen haben, wie sie Sexualität in der Beziehung leben möchten. Einer will mehr Gas geben, und der andere steht auf der Bremse. Es geht um

Häufigkeit, aber auch um unterschiedliche Vorstellungen, was im Schlafzimmer passieren soll. Und es ist lange nicht mehr so, dass es immer die Männer sind, die sich mehr Sexualität in der Beziehung wünschen. Gerade ab einem gewissen Alter müssen sie sich häufig mit sexuellen Funktionsstörungen, insbesondere mit Erektionsstörungen, auseinandersetzen. Und im Gegensatz zu früher braucht es dann mehr direkte Stimulation. Oft reicht das verführerische Dessous der Partnerin allein einfach nicht mehr aus.

Aber dann kann er ja zu Viagra greifen!

Das kann eine Möglichkeit sein, und dieses Medikament leistet ja auch gute Dienste. Doch können solche Hilfsmittel die Betroffenen auch in ihrer Männlichkeit erschüttern. Viele vermissen die Spontaneität oder haben das Gefühl, keine potenten Liebhaber mehr zu sein. Auch die Partnerinnen sind häufig mitbetroffen. Oft reagieren sie verunsichert, interpretieren die nachlassende Erektion primär als mangelndes Begehren und hinterfragen die eigene erotische Attraktivität. Vielen Paaren fällt das Gespräch schwer, wenn die Sexualität nicht mehr so gut klappt. Und häufig ziehen sich die Partner zurück, statt miteinander darüber zu reden.

Warum fällt das Gespräch über diese Themen auch in langjährigen Beziehungen so schwer?

In der Sexualität sind wir alle sehr verletzlich. Scham und Angst, dem Geliebten nicht mehr zu gefallen oder die Geliebte nicht mehr befriedigen zu können, lassen einen oft verstummen. Ein Dialog über diese eigenen Verunsicherungen könnte eine neue Nähe zueinander schaffen.

Männer haben Viagra. Warum gibt es keine Lustpille für die Frau?

Zuerst einmal gilt festzuhalten, dass Viagra keine Lustpille für den Mann ist, sondern lediglich eine medikamentöse Unterstützung der Erektion. Hat ein Mann keine Lust auf Sex, so hat auch Viagra keinen Effekt. Die weibliche Lust beruht auf einem komplexen Zusammenspiel von Hormonen und Neurotransmittern, das auch durch partnerschaftliche Faktoren beeinflusst wird. Aber um Ihre Frage zu beantworten: Für die Frau wurden bereits Substanzen wie das sogenannte »Pink Viagra« entwickelt. Es konnte sich allerdings nicht durchsetzen, weil es zu beträchtlichen Nebenwirkungen kam.

Es wird ja immer wieder behauptet, dass Männer in jungen Jahren am potentesten sind, während bei vielen Frauen die Sexualität erst in einem späteren Lebensabschnitt erblüht. Entspricht dies Ihrer Erfahrung?
Unsere Sexualität ist stark mit unserer persönlichen Biografie verbunden. In welcher Kultur sind wir aufgewachsen? Wie haben wir Sexualität in unserem Elternhaus erlebt? Welche sexuellen Erlebnisse haben wir selbst gemacht? Mit welchen Partnern? Dies alles beeinflusst unsere sexuelle Biografie. Ich kenne Frauen, die ihre Sexualität in der Menopause entspannter genießen können als zuvor, da etliche Verpflichtungen wie die Erziehung der Kinder, der Familienalltag weniger kräfteraubend werden und auch die Verhütung kein Thema mehr ist. Generell kann man sagen, dass die Dauer der Beziehung die gelebte Sexualität meist mehr beeinflusst als das Lebensalter der Beteiligten. Das heißt, dass ein jüngeres Paar, das bereits einige Jahre zusammen ist, oft weniger Sex hat als ein frisch verliebtes Paar in der zweiten oder gar dritten Lebensphase.

Frauen ab einem gewissen Alter suchen oft die Schuld bei sich, wenn Männer sich nicht mehr erotisch interessiert zeigen.
Das erlebe ich häufig. So hat sich während einer Paartherapie eine Frau in mittlerem Alter bei ihrem Ehemann beschwert, dass er sich körperlich immer mehr von ihr zurückziehe. Zuerst wies er diesen Vorwurf zurück, aber als sie ihn direkt fragte, ob er sie gar nicht mehr attraktiv finde, rückte er mit der Sprache heraus und gab zu, dass ihre Wahrnehmung stimmte. Er finde faltige Haut halt nicht so sexy, meinte er.

Eine harte, aber ehrliche Antwort. Und wie hat die Frau darauf reagiert?
Zuerst war sie zutiefst verletzt und weinte. Obwohl sie es bereits geahnt hatte, war der Standpunkt ihres Mannes doch sehr schmerzhaft und schien auch unveränderbar. In weiteren Gesprächen konnte die Frau jedoch für sich eine neue Perspektive entwickeln. Sie überwand ihre Kränkung und fand zu einem neuen, starken Selbstbewusstsein. Nämlich jenem einer reifen, nach wie vor sexuell interessierten Frau, die sich wieder mehr auf sich und ihre Bedürfnisse als auf jene ihres Partners konzentrierte. Ihren Mann ließ diese Entwicklung nicht unberührt. Die Selbstsicherheit seiner Frau strahlte eine neue Erotik aus, die ihn neugierig machte und anzog.

Was raten Sie Paaren, denen im Lauf der Jahre die Sexualität »abhandenkommt«?
Es ist schwierig, zu begehren, was man bereits hat. Dies gilt auch für die sexuelle Lust in Langzeitbeziehungen. Auch bleibt die Erkenntnis, dass sich der eigene Körper sowie der des Partners verändert, keinem erspart. In der Therapie schlage ich den Paaren oft vor, eine sexuelle Standortbestimmung durchzuführen. Warum soll die Sexualität die gleiche bleiben wie zu Beginn der Beziehung, während sich so vieles im Lauf der Zeit verändert hat? Vielleicht ist jetzt der Zeitpunkt, die gemeinsame Sexualität neu »zu verhandeln«: Was möchte man noch zusammen erleben? Und wovon will man vielleicht Abschied nehmen, weil es nicht mehr passt? Nicht selten ergeben diese Fragen und die Suche nach Antworten neue Impulse. Und so kann wieder Bewegung ins Schlafzimmer kommen.

Frischverliebte jeden Alters kennen ja diesen hormonellen Höhenflug, auch wenn er im fortgeschrittenen Alter leider häufig seltener wird. Wie beeinflusst der Körper unsere Sexualität, wenn wir älter werden?
Frauen leiden nach der Menopause oft an trockenen Schleimhäuten im Genitalbereich, und der Geschlechtsverkehr kann dadurch

schmerzhaft sein. Männer beklagen mit zunehmendem Alter Erektionsstörungen. Dass man beispielsweise auf Gleitgels oder gar medikamentöse Hilfe zurückgreifen muss, ist für viele beschämend. Die veränderte Sexualität, in der gewisse Funktionen plötzlich nicht mehr selbstverständlich, sondern eben eingeschränkt sind, führt die Alterung gnadenlos vor Augen. Es ist eine Kunst, sich nicht an der Sexualität der jungen Jahre zu messen, sondern die eigenen Bedürfnisse, die nun andere sind, ernst zu nehmen. Ich bezeichne diesen Prozess gern als resignative Reife.

Resignative Reife? Das klingt doch ziemlich deprimierend.

Muss es aber nicht *(lacht)*. Eigentlich bedeutet es nichts anderes als das Wahrnehmen und Annehmen von Situationen, die nicht zu ändern sind. Und sich danach auf das zu konzentrieren, was noch möglich ist. In diesem Sinn also kein Abschied von der Sexualität, sondern ein Anpassungsprozess an die zum Alter und zur Gesundheit stimmigen Bedürfnisse nach Intimität und ruhigeren Praktiken.

Muss ich versuchen, die Ursache zu finden, wenn ich unter Phasen sexueller Unlust leide?

Leiden Sie wirklich, oder meinen Sie, die Lust vermissen zu müssen? Solange kein Leidensdruck verspürt wird, braucht es auch kein Suchen. Es gibt Phasen im Leben, bei denen schlicht andere Dinge wichtiger sind. Wenn die Lustlosigkeit jedoch als Problem empfunden wird (und zwar vom Betroffenen selbst und nicht vom Partner!), so lohnt es sich, dies genauer zu untersuchen.

Und was ist mit den körperlichen Gründen?

Körperliche Gründe für fehlende sexuelle Lust können beispielsweise ein hormonelles Ungleichgewicht sein oder bei jüngeren Frauen die Pilleneinnahme. Einen Einfluss haben manchmal auch Antidepressiva. Hier würde es helfen, ein alternatives Medikament in ärztlicher Absprache auszuprobieren. Bei Frauen in den Wechseljahren ist ein Rückgang der Libido eine häufig beobachtete Begleiterscheinung. Die hormonelle Umstellung mit dem deutlich reduzierten Östrogenspiegel kann für viele Betroffene belastend sein, sodass die sexuelle Lust in den Hintergrund rückt. Andere Frauen erleben hingegen die Wechseljahre als Befreiung, haben mehr Zeit für sich selbst, müssen auch nicht mehr an die Verhütung denken und haben sogar mehr Interesse an Sex als in den Jahren zuvor. Die weibliche Lust ist zweifellos nicht nur hormonell gesteuert, oft sind psychische Faktoren wie auch die Beziehungsqualität maßgeblich beteiligt. Es ist wichtig, alle diese Aspekte bei der Lustlosigkeit zu berücksichtigen. Sicher kann ein Mangel an sexueller Lust der Anlass für die Frau sein, sich neu mit sich selbst und den eigenen Bedürfnissen auseinanderzusetzen: Will ich sexuelle Lust wirklich für mich oder nur wegen meines Partners? Was für Sex könnte mir wieder Lust bereiten? Was passt jetzt zu mir? Diese Suchprozesse können befreiend sein und vielleicht einen neuen Raum für Erotik öffnen.

Apropos Anziehung und Attraktivität. Viele Paare machen im Verlauf der Beziehung die Erfahrung, dass sie in ihrer Beziehung zeitweise nicht nur zu zweit waren. Warum ist es so schmerzlich, von einer Affäre zu erfahren?
Wer erfährt, dass er in seiner vermeintlich monogamen Beziehung betrogen wurde, steht zunächst oft unter Schock. Alles, was war, scheint nicht mehr zu gelten. Man spürt eine tiefe Verletzung, fühlt sich verraten, gedemütigt und plötzlich unendlich einsam. Schließlich kommt die Trauer um das, was man gemeinsam hatte, denn es wird nie wieder so sein. Wird überhaupt noch etwas sein, oder ist das nun das Ende der Beziehung? Das ist die zentrale Frage.

Wie kann eine Beziehung die Affäre überleben?
Da würde ich gern die Psychotherapeutin Esther Perel zitieren, welche die auseinanderdriftenden Bedürfnisse nach Sicherheit – also nach Liebe, Zugehörigkeit und Nähe – und nach Freiheit und erotischem Verlangen, nach Abenteuern, innerhalb einer Partnerschaft immer wieder anspricht und als eine Instanz in dieser Thematik

gilt. Sie hat zahlreiche Paare befragt, die eine Affäre »überlebt« haben, also zusammengeblieben sind, statt sich zu trennen. Sie fand drei verschiedene Arten des Umgangs:

Erstens: »Stuck in the past« – in der Vergangenheit stecken bleiben – »Wir können nicht vergessen und verzeihen«. Die Paare verharren in Bitterkeit und Rachegedanken. Oft bleiben Beschuldigungen – wenn auch nicht ausgesprochen – ständig präsent. Verletzungen und Schuldgefühle werden am Leben erhalten, dem anderen ständig vorgehalten und verhindern eine Weiterentwicklung als Paar.

Zweitens: »The survivors« – die Überlebenden – »Augen zu und weitermachen«. Für diese Paare ist das Zusammenbleiben das Wichtigste. Die Loyalität zum Partner und zur Familie sowie die Sicherheit wiegen mehr als die vermisste oder neu entdeckte Leidenschaft. Beide Partner möchten möglichst schnell wieder in den vertrauten Alltag zurück und vermeiden ein gemeinsames Aufarbeiten der Affäre.

Drittens: »The explorers« – die Abenteurer – »Lass uns einen Neustart machen«. Diese Paare nutzen die Affäre als einen Katalysator für einen Neustart oder für eine tiefere Verbundenheit. Das bedingt aber auch, Verantwortung für das Geschehene zu übernehmen, und gleichzeitig Verständnis vom Gegenüber. Beide entscheiden sich neu und bewusst füreinander und können so den Schmerz überwinden. Die Affäre wird zu einer gemeinsamen Erfahrung ohne Verdrängung oder permanente Schuldzuweisung. Diese Paare nutzen die schmerzliche Erfahrung, um bisher unausgesprochene Bedürfnisse zu thematisieren. Was suchte derjenige, der sich auf eine Außenbeziehung eingelassen hat? Oft ist es ja nicht die Sehnsucht nach einem neuen Partner, sondern vielmehr nach einem anderen Selbst oder einem anderen Leben.

Diese Träume davon, wie das Leben auch noch hätte sein können, kennen wir doch alle. Sind solch offene Gespräche innerhalb der Beziehung möglich, kann dies eine große Verbundenheit vermitteln. Allerdings ist auch mir bewusst, dass so eine Entwicklung nach einem Vertrauensbruch viel Energie, Mut und auch wieder einen Vertrauensvorschuss braucht. Trotzdem ist dieser Umgang für mich persönlich erstrebenswert.

Und was muss passieren, dass man dem anderen eine Affäre verzeihen kann?

Das ist natürlich eine sehr persönliche Frage, die sich nicht verallgemeinernd beantworten lässt. Frauen wie Männer reagieren sehr unterschiedlich auf eine Affäre des Partners. Wenn es ums Verzeihen geht, so stellt sich primär die Frage, wie die Außenbeziehung bekannt wurde (freiwillig? unfreiwillig?) und ob sie überhaupt beendet ist. Hat der Partner sich entschuldigt? Zeigt er/sie Reue, oder ist nur Trauer über das Ende der Affäre spürbar? Dies alles sind Faktoren, welche die Bereitschaft zum Verzeihen beeinflussen, und natürlich braucht es auch Zeit. Manchmal kann eine »Wiedergutmachung« helfen – ja, es gibt durchaus Frauen, die sich das Fremdgehen von ihrem Partner mit einem Schmuckstück »bezahlen lassen«. Oder man möchte einen »Gutschein« für einen eigenen Seitensprung. Oder man ändert die Spielregeln innerhalb der Partnerschaft komplett, trifft zum Beispiel die Abmachung, dass Fremdgehen künftig akzeptiert wird, wenn man jeweils nur einmalig mit einer anderen Person schläft, um die Gefahr einer Verliebtheit zu minimieren. Aber wenn es um echtes Verzeihen geht, dann ist es sicher wichtig für den Betrogenen, dass sich sein Gegenüber bewusst ist, welchen Schmerz er zugefügt hat, und ob er Reue zeigt.

Die sogenannten polyamourösen Beziehungen erfreuen sich momentan einer gewissen Beliebtheit. Ist das eine Lösung?

Bei Polyamorie geht es weniger um Sex als um eine möglichst auch dauerhafte Liebesbeziehung mit mehreren Partnern. Sex ist möglich, aber kein Muss. Es geht hier also nicht um ein sexuell-erotisches »Nebengleis« bei unbestrittener »Hauptbeziehung«, sondern um ein Miteinander von mehreren gleichberechtigten Beteiligten. Das ist sicher nicht für jede und jeden geeignet und nicht die einfachste Beziehungsform. Man muss sich zurücknehmen und teilen können, und oft bringt die Eifersucht so ein System zum Schwanken oder gar Einstürzen.

Die große Herausforderung bei Veränderungen innerhalb einer Beziehung ist ja, dass der Wunsch nach einer anderen Art der Beziehungsform oft einseitig ist.

Ja, meistens ist der Partner, der etwas verändern möchte, der aktive. Wichtig ist sicher Offenheit gegenüber dem anderen. Wenn er also zum Beispiel nach einer Affäre sagt: »Ich möchte mir diese Freiheit offenhalten«, dann ist die große Frage: Kann sich der andere Partner darauf einlassen? Wenn dies klar nicht der Fall ist, dann müssen sich die beiden mit ihren unterschiedlichen Einstellungen und Bedürfnissen auseinandersetzen. Und dann wäre vielleicht auch ein guter Zeitpunkt für eine Paartherapie.

Es ist noch nicht so lange her, da blieb man zusammen, bis einen der Tod schied. Egal, wie gut oder schlecht die Beziehung war. Heute sieht das anders aus.

Ja, die Beziehungen oder zumindest deren Anforderungen in der zweiten oder dritten Lebenshälfte haben sich verändert. Das zeigt sich auch daran, dass die Scheidungsrate bei älteren Paaren zunimmt. In meiner Praxis höre ich oft den Satz: »Jetzt habe ich noch zehn, zwanzig Lebensjahre vor mir, jetzt will ich noch einmal (oder endlich) so leben, wie ich möchte, und nicht so, wie es von mir erwartet wird.« Ein wichtiger Punkt, der solche Wünsche und Entscheidungen überhaupt möglich macht, ist auch: Frauen verfügen im Gegensatz zu früher über eine bessere Ausbildung und sind finanziell bessergestellt. Sie sind also weniger von ihren Männern abhängig und können sich eine Trennung »leisten«. – Das ist übrigens eine weitere Erkenntnis, die ich meiner Tochter auf den Weg mitgeben möchte: Behalte, wenn immer möglich, deine finanzielle Unabhängigkeit.

Die finanzielle Unabhängigkeit der Frau ist sicher mehr als erstrebenswert. Aber sobald es bei einem Paar um die Kinderbetreuung geht, rücken ideale Vorstellungen einer Beziehung auf Augenhöhe in den Hintergrund.
Das ist tatsächlich häufig so. Und darum ist es so wichtig, dass sich junge Paare schon frühzeitig damit auseinandersetzen, wie sie den gemeinsamen Alltag, insbesondere mit Kindern, organisieren wollen und sich gleichzeitig beruflich erfolgreich und zufrieden verwirklichen können. Dass sie sich darüber klar werden, wer welche Pflichten übernimmt. Entscheidend ist sicher auch, wie flexibel zum Beispiel die Arbeitgeber bezüglich der Arbeitspensa sind. Aber ich sehe hier eine klare Tendenz zur Verbesserung der Situation.

Lange stand die Zwei- oder Dreifachbelastung erwerbstätiger Mütter im Fokus. Ich erlebe aber in meinem Umfeld auch, dass junge Väter bezüglich ihrer Rolle verunsichert sind. Können Sie das bestätigen?
Ja, auf jeden Fall. Genauso, wie es die idealisierte Vorstellung gibt, dass Frauen nicht nur Partnerinnen, sondern auch Mütter, Geliebte und Freundin sein müssten, haben sich auch die Anforderungen an die Männer verändert und sind größer geworden – was diese verunsichern kann. Frauen wünschen sich häufig einen verständnisvollen und vertrauensvollen Partner, der sie bei der Kinderbetreuung und im Haushalt unterstützt, Karriere macht und gut verdient, aber auch ein heißer Liebhaber ist. Also einer, der den Staubsauger vor dem Schlafzimmer abgibt und im Schlafzimmer der Hengst ist. Manchmal würde es nicht schaden, wenn auch Frauen ihre unrealistischen Wunschvorstellungen an ihren Partner überdenken würden.

Comeback-Girls

Tochter, Freundin, Geliebte, Partnerin, Mutter: Die Rollen, die eine Frau im Lauf ihres Lebens übernimmt, sind zahlreich und verändern sich immer wieder. Veränderungen gibt es meistens in Zeiten von Auf- und Umbrüchen, dann, wenn etwas zu Ende geht und die Zukunft neu überdacht werden muss, etwa nach einer Trennung oder dem Verlust des Partners. Oder man hat, obwohl man längst erwachsen ist, nach dem Tod eines oder beider Elternteile plötzlich das Gefühl, »verwaist« zu sein, und es braucht Zeit, um seinen neuen Platz innerhalb der Familie zu finden. Vielleicht wird einem auch bewusst, dass man in Bezug auf das Sterben plötzlich in die »vorderen Ränge« gerückt ist. Oder man ist selber Mutter, und der Auszug der Kids hinterlässt zwiespältige Gefühle. Solch herausfordernde Zeiten finden selten in jungen Jahren statt, wenn einem nicht nur viele Wege und Türen offenstehen, sondern auch der Himmel bezüglich Träumen und Sehnsüchten noch »wide open« ist.

Es ist nur allzu menschlich, dass wir uns erst, wenn es ans »Eingemachte« geht, ernsthaft mit uns selber auseinandersetzen. Aber irgendwann kommt der Moment, in dem es nicht mehr möglich ist, gewisse Dinge zu verdrängen. Sei es, weil wir vor vollendete Tatsachen gestellt oder aus anderen Gründen dazu gezwungen werden. Andererseits können solche Phasen auch ein guter Zeitpunkt sein, um eine ehrliche Bilanz zu ziehen und sich nicht nur seiner Stärken und Schwächen bewusst zu werden, sondern sich auch zu überlegen, was man von sich und dem Leben überhaupt noch erwartet. Da man im reiferen Alter davon ausgehen kann, dass man aus gewissen Erfahrungen gelernt hat, sollte es auch einfacher sein, zu wissen, was einem wirklich wichtig ist und worauf man in Zukunft noch so gern verzichten kann.

Das Ende eines Buchs ist eine zwiespältige Angelegenheit. Einerseits bin ich jedes Mal froh, wenn es geschafft ist – und glauben Sie mir, es wird nicht einfacher, selbst wenn es bereits das siebte ist. Andererseits bedeutet es auch immer einen Abschied von einem sehr persönlichen Projekt, das ich monatelang gehätschelt und bemuttert, kritisiert und, ehrlich gesagt, auch immer wieder mal am liebsten in die Wüste geschickt hätte. Und dann kommt dieser wehmütige Moment des Loslassens: Ich gebe mein »Baby« in die Hände meiner Leserinnen und Leser, natürlich in der Hoffnung, dass sie es wohlwollend annehmen.

Apropos Loslassen: Wenn Sie dieses Buch gelesen haben, können Sie sicher nachvollziehen, wie schwer mir genau das immer wieder gefallen ist. Und dabei geht es nicht »nur« um Manuskripte, sondern auch um geliebte Menschen, Freundschaften und Haustiere, die ich loslassen musste, und auch um andere Lebensbereiche. So passierte es mir beispielsweise auch beruflich, dass ich einen geliebten Job verlor, weil mein Chef der Meinung war, ich hätte meinen Geburtstag schon zu oft gefeiert, sprich, ich war ihm zu alt und zu teuer. Nach dem ersten Schock – ich empfand es als Ironie und miese Masche des Schicksals, dass ich auf meine empfindlichste Schwachstelle immer wieder aufs Neue geprüft wurde – war es wieder Zeit, mich neu zu erfinden. Oder, wie es ich es vor allem früher empfand, mein Leben oder was davon übrig geblieben war, zusammenzuflicken. Zu meinem Erstaunen wurde mein seelisches Konstrukt nicht fragiler, sondern stärker. Dies führte dazu, dass mich mein Umfeld gerne als »Comeback-Girl« bezeichnet. Was wohl die politisch korrekte Bezeichnung eines Stehaufmännchens ist.

Und nicht nur ich, auch alle Frauen, die ich porträtiert habe, sind »Comeback-Girls«, die immer wieder beweisen, dass sie sich nicht unterkriegen lassen. Frei nach dem Motto: »Jetzt erst recht!«